暨南文库·新闻传播学
*JINAN Series in Journalism & Communication*

# 编 委 会

暨南文库·新闻传播学 ❷

*JINAN Series in Journalism & Communication*

# 新闻与文学的价值追寻

陈伟军 著

瞭望者

J

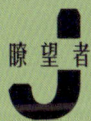

暨南大学出版社
JINAN UNIVERSITY PRESS

中国·广州

**图书在版编目（CIP）数据**

新闻与文学的价值追寻/陈伟军著. —广州：暨南大学出版社，2021.5
（暨南文库. 新闻传播学）
ISBN 978 - 7 - 5668 - 3149 - 1

Ⅰ.①新…　Ⅱ.①陈…　Ⅲ.①新闻学—文集 ②文学价值—文集　Ⅳ.①G210 - 53 ②I0 - 02

中国版本图书馆 CIP 数据核字（2021）第 083912 号

**新闻与文学的价值追寻**
XINWEN YU WENXUE DE JIAZHI ZHUIXUN
著　者：陈伟军

出 版 人：张晋升
项目统筹：黄圣英
责任编辑：冯　琳　姜琴月
责任校对：刘舜怡　刘　蓓
责任印制：周一丹　郑玉婷

出版发行：暨南大学出版社（510630）
电　　话：总编室（8620）85221601
　　　　　营销部（8620）85225284　85228291　85228292　85226712
传　　真：（8620）85221583（办公室）　85223774（营销部）
网　　址：http：//www.jnupress.com
排　　版：广州尚文数码科技有限公司
印　　刷：广州市穗彩印务有限公司
开　　本：787mm×1092mm　1/16
印　　张：14.25
字　　数：248 千
版　　次：2021 年 5 月第 1 版
印　　次：2021 年 5 月第 1 次
定　　价：59.80 元

# 总　序

…　…

如果从口语传播追溯起，新闻传播的历史至少与人类的历史一样久远。古人"尝恨天下无书以广新闻"，这大约是中国新闻传播活动走向制度化的一次比较早的觉醒。

消息、传闻、故事、新闻、报道，乃至愈来愈切近的信息、传播、大数据，它们或者与人们的生活特别相关、比较相关、不那么相关、一点也不相干，或者被视为一道道桥上的风景、一缕缕窗边的闲情抑或一粒粒天际的尘埃，转眼消失在风里。微观地看，除了极少数的场景外，新闻多一点还是少一点，未必会造成实质性的差别；本质地看，人类作为社会性的动物，莫不以社会交往，包括新闻传播的存在和丰富化为前提。

这也恰好是新闻传播生存样态的一种写照——人人心中有，大多笔下无。它的作用机制和内在规律究竟为何，它的边界究竟如何界定，每每人见人殊。要而言之，新闻传播学界其实永远不乏至为坚定、至为执着的务求寻根问底的一群人。

因此人们经常欣喜于新闻传播学啼声的清脆、交流的隽永，以及辩驳诘难的偶尔露峥嵘。重要的也许不是发现本身，而是有越来越多的研究者参与其中，或披荆斩棘，或整理修葺。走的人多了，便有了豁然开朗。倘若去粗取精，总会雁过留声；倘若去伪存真，总会人过留名。

走的人多了，我们就要成为真正的学术共同体，不囿于门户之见，又不息于学术的竞争。走的人多了，我们也要不避于小心地求证、深邃地思考，学而不思则罔。走的人多了，我们还要努力站在前人、今人的肩膀上，站得更高一些，看得更远一些。

这里的"我们"，所指的首先是暨南大学的新闻传播学人。自 1946 年起，创系先贤、中国第一位新闻学博士、毕业于德国慕尼黑大学的冯列山先生，以及上海《新闻报》总经理詹文浒先生等以启山林，至今弦歌不辍。求学问道的同好相互砥砺，相互激发，始有本文库的问世。

"我们"，也是沧海之一粟。小我终究要融入大我，我们的心血结晶不仅要接受全国同一学科学术共同体的检验，还要接受来自新闻、视听、广告、舆情、公共传播、跨文化传播等领域的更多读者的批评。重要的不完全是结果，更多的是过程。在这一过程中我们特别关注以下剖面：

第一，特定经验与全球视野的结合。文库的选题有时是从一斑窥起，主要目标仍然是研究中国全豹，当然，我们也偶或关注印度豹、非洲豹和美洲豹。在全球化时代，我们的研究总体会自觉不自觉地增添一些国际元素。

第二，理论思辨与贴近现实的结合。犹太谚语云"人类一思考，上帝就发笑"，或许指的是人力有时而穷，另外一种解释是万一我们脱离现实太远，也有可能会堕入五里雾中。理论联系实际，不仅是哲学的或革命的词句，也是科学的进路。

第三，新闻传播与科学技术的结合。作为一个极具公共性的学术领域，新闻传播的工具属于拿来主义的为多。而今，更是越来越频繁地跨界，直指5G、云计算、人工智能等自然科学的地盘。虽然并非试图攻城拔寨，但是新兴媒体始终是交叉学科的前沿地带之一。

归根结底，伟大的时代是投鞭击鼓的出卷人，我们是新闻传播学某一个年级某一个班级的以勤补拙的答卷人，广大的同行们、读者们是挑剔犀利的阅卷人。我们期望更多的人加入我们，我们期望为知识的积累和进步贡献绵薄的力量，我们期望不辜负于这一前所未有的气势磅礴的新时代！

编委会

2019 年 12 月

# 第一编

新闻与出版实践活动本质上属于人的认识行为，其中必然包含着特定的认识论立场和价值取向。新闻舆论、编辑出版工作的价值底蕴，最终是指向人们的价值观。做好新形势下宣传思想工作，必须自觉承担起举旗帜、聚民心、育新人、兴文化、展形象的使命任务，大力弘扬社会主义核心价值观，建构全国各族人民共同的精神殿堂。

在"一带一路"和人类命运共同体建设过程中，遵循人类共同发展的价值理念，积极推进中国价值观的国际传播，有利于实现中外文化相通、民心相通，增添共同发展新动力。中国价值观的跨文化传播，是一个长期、动态的过程，需要在内涵提炼、国际认知、文本创新、传播协同、效果评价等方面作出不懈努力。

# 新闻舆论工作中的价值观引导理路

新闻实践活动本质上属于人的认识行为，其中必然包含着特定的认识论立场和价值取向。因此，新闻舆论工作既是认识活动，也是一种价值活动，离不开真实再现、正向影响、价值引领等基本要求。深入解读习近平关于新闻舆论工作重要论述的学理内涵，价值观引导在其中占有显著位置。从马克思主义价值理论的维度来看，习近平关于新闻舆论工作的重要论述具有价值论建构的指导意义，为新时代的新闻舆论工作与社会主义核心价值观建设提供了根本遵循。

## 一、新闻舆论工作的价值底蕴

价值问题在新闻与传播实践活动中不容忽视，世界观、人生观、价值观是能否做好新闻舆论工作的"总开关"。新闻工作者的价值观念、舆论引导的价值立场、报道对象的价值选择、文本内容的价值意涵，都与价值问题息息相关。新闻舆论的价值倾向性，在很大程度上是社会化意识形态的反映，会直接或间接地作用于人们的价值观。

意识形态与舆论走向、社会价值取向有着密切关联，并对政治稳定、社会发展造成影响。马克思指出："如果从观念上来考察，那么一定的意识形式的解体足以使整个时代覆灭。"① 因此，主流意识形态建设的成效高低，关乎中国特色社会主义事业的成败兴衰。习近平历来重视宣传思想工作、新闻舆论工作在主流意识形态建设中的重要功能。在2013年全国宣传思想工作会议上，习近平强调了"意识形态工作是党的一项极端重要的工作"②。基于新闻舆论工作是意识形态工作的重要组成部分，习近平在2016年党的新闻舆论工作座谈会上明确

---

① 《马克思恩格斯文集》第8卷，北京：人民出版社，2009年，第170页。
② 《习近平在全国宣传思想工作会议上强调　胸怀大局把握大势着眼大事　努力把宣传思想工作做得更好》，《人民日报》，2013年8月21日。

提出，新闻舆论工作是"治国理政、定国安邦的大事"①。在 2018 年全国宣传思想工作会议上，习近平再次强调党对意识形态工作的领导权，"建设具有强大凝聚力和引领力的社会主义意识形态，是全党特别是宣传思想战线必须担负起的一个战略任务"②。宣传思想战线和新闻舆论媒体要占领意识形态传播制高点，用美好生活的奋斗目标和普遍接受的共同价值"强信心、聚民心、暖人心、筑同心"。

做好意识形态工作，事关旗帜、道路和制度等重大政治方向问题，也关系到主流价值观建构和思想上的团结统一问题。党的十九大报告指出：要"牢牢掌握意识形态工作领导权。意识形态决定文化前进方向和发展道路。必须推进马克思主义中国化时代化大众化，建设具有强大凝聚力和引领力的社会主义意识形态，使全体人民在理想信念、价值理念、道德观念上紧紧团结在一起"③。意识形态负载的社会思想和观念内容，从不同维度反映经济、政治、文化等状况，对现实社会发挥着利益传导、价值批判、价值整合和宣传教化等功能。社会主义意识形态整合功能的实现，离不开核心价值观的精神支撑。"精神文化产品潜移默化地影响着人们的思想观念、价值判断、道德情操，对培育和弘扬社会主义核心价值观具有不可替代的作用。"④ 以新闻舆论提升社会主义核心价值观的传播力和认同度，是主流意识形态建构不可或缺的一环。新闻舆论工作处于意识形态领域的最前沿，其公信力、传播力、引导力的高低，与思想文化阵地牢固与否直接相关。

新闻舆论工作的价值建构，对促进社会共识形成、巩固主流意识形态地位起着十分重要的作用。习近平在党的新闻舆论工作座谈会上指出："在新的时代条件下，党的新闻舆论工作的职责和使命是：高举旗帜、引领导向，围绕中心、服务大局，团结人民、鼓舞士气，成风化人、凝心聚力，澄清谬误、明辨是非，

---

① 《习近平在党的新闻舆论工作座谈会上强调　坚持正确方向创新方法手段　提高新闻舆论传播力引导力》，《人民日报》，2016 年 2 月 20 日。

② 《习近平在全国宣传思想工作会议上强调　举旗帜聚民心育新人兴文化展形象　更好完成新形势下宣传思想工作使命任务》，《人民日报》，2018 年 8 月 23 日。

③ 习近平：《决胜全面建成小康社会　夺取新时代中国特色社会主义伟大胜利——在中国共产党第十九次全国代表大会上的报告》，《人民日报》，2017 年 10 月 28 日。

④ 中共中央文献研究室编：《习近平关于社会主义文化建设论述摘编》，北京：中央文献出版社，2017 年，第 109 页。

联接中外、沟通世界。"① 这一新表述用紧密联系、相互贯通的"48 个字",高度概括了新闻舆论工作的职责和使命,既突出了政治方向、根本原则,也明确了总体任务、引导目标,同时蕴含着新闻志向、工作取向的要求。在这个全面系统的有机整体中,核心价值引导起着精神纽带的作用。引领导向最终是指向人们的价值观,也就是通过舆论的力量褒优贬劣、激浊扬清、增进共识、凝聚人心,大力弘扬社会主义核心价值观,从而达到"成风化人、凝心聚力,澄清谬误、明辨是非"的价值目标。

随着实践的发展,习近平关于新闻舆论工作和宣传思想工作的认识与论述在不断深化。他在 2018 年全国宣传思想工作会议上指出:"做好新形势下宣传思想工作,必须自觉承担起举旗帜、聚民心、育新人、兴文化、展形象的使命任务。"这一精辟凝练的重要论述,进一步阐明了新时代宣传思想工作的方位和坐标。承担"举旗帜、聚民心、育新人、兴文化、展形象"的职责,是新形势下宣传思想战线的光荣职责,其中"育新人"的使命强调了宣传思想工作是做人的工作:"育新人,就是要坚持立德树人、以文化人,建设社会主义精神文明、培育和践行社会主义核心价值观,提高人民思想觉悟、道德水准、文明素养,培养能够担当民族复兴大任的时代新人。"② 践行中国梦,需要培养有理想信念、高强本领和使命担当的时代新人。新闻舆论、宣传思想工作不只是传播信息,还需要沟通心灵。立言的目的首在立人,立人的过程也是价值熏陶、濡染的过程。

培养时代新人,要发挥社会主义核心价值观的引领作用。价值观内在于人的思维之中,是理想信念、精神取向、社会规范和评判标准等一系列社会意识的集中体现,为人们的行为选择和事物评判提供依据。马克思认为,"'价值'这个普遍的概念是从人们对待满足他们需要的外界物的关系中产生的"③。人类在认识、改造自然和社会的过程中,价值观相伴产生并发挥其精神作用。价值问题不只是认识论问题,而且是利益问题。马克思指出:"人们为之奋斗的一切,都同他们的利益有关。"④ 特定社会的规范机制和价值体系,对人们实现利

① 《习近平在党的新闻舆论工作座谈会上强调　坚持正确方向创新方法手段　提高新闻舆论传播力引导力》,《人民日报》,2016 年 2 月 20 日。

② 《习近平在全国宣传思想工作会议上强调　举旗帜聚民心育新人兴文化展形象　更好完成新形势下宣传思想工作使命任务》,《人民日报》,2018 年 8 月 23 日。

③ 《马克思恩格斯全集》第 19 卷,北京:人民出版社,1963 年,第 406 页。

④ 《马克思恩格斯全集》第 1 卷,北京:人民出版社,1956 年,第 82、187 - 188、194 页。

益的方式和途径起着调节与引导作用。核心价值观是一个国家的精神支柱，最大限度体现全社会的共同利益，为思想整合与共识塑造提供基础。实现国家发展、民族振兴的宏伟目标，需要全社会的价值观与之相适应，核心价值观引导、规范、激励着人们的思想与行为。习近平指出："实现'两个一百年'奋斗目标，需要全社会方方面面同心干，需要全国各族人民心往一处想、劲往一处使。如果一个社会没有共同理想，没有共同目标，没有共同价值观，整天乱哄哄的，那就什么事也办不成。"[①] 面对意识形态领域空前复杂、各种思想文化相互激荡的格局，"如何提高整合社会思想文化和价值观念的能力，扩大主流价值观念的影响力，掌握价值观念领域的主动权、主导权、话语权，是我们必须解决好的重大课题"[②]。我们要充分发挥社会主义核心价值观的整合力，用主流文化塑造心灵，凝聚中国力量，为时代新人成长提供良好的精神文化环境。社会生活方方面面都要贯穿主流价值规范，"使社会主义核心价值观内化为人们的精神追求，外化为人们的自觉行动"[③]。核心价值观的深层力量，在于它进入了日常生活，成为人们无意识世界中的一部分，不知不觉地调控着个体的思想与行为。

核心价值观既是现实社会发展、秩序建构的需要，也是一种理想形态的精神激励和愿景目标，需要通过制度安排、文化教育、宣传阐释、新闻舆论等推进社会共识形成。习近平强调："社会主义核心价值观是当代中国精神的集中体现，凝结着全体人民共同的价值追求。要以培养担当民族复兴大任的时代新人为着眼点，强化教育引导、实践养成、制度保障，发挥社会主义核心价值观对国民教育、精神文明创建、精神文化产品创作生产传播的引领作用，把社会主义核心价值观融入社会发展各方面，转化为人们的情感认同和行为习惯。"[④] 社会主义核心价值观引领教育、文化和新闻舆论工作，这是一个系统工程，需要多方面协同推进。"教育引导是培育和弘扬社会主义核心价值观的基础性工作。

---

① 习近平：《在网络安全和信息化工作座谈会上的讲话》，《人民日报》，2016 年 4 月 26 日。

② 中共中央文献研究室编：《习近平关于社会主义文化建设论述摘编》，北京：中央文献出版社，2017 年，第 107 页。

③ 《习近平在中共中央政治局第十三次集体学习时强调　把培育和弘扬社会主义核心价值观作为凝魂聚气强基固本的基础工程》，《人民日报》，2014 年 2 月 26 日。

④ 习近平：《决胜全面建成小康社会　夺取新时代中国特色社会主义伟大胜利——在中国共产党第十九次全国代表大会上的报告》，《人民日报》，2017 年 10 月 28 日。

要区分层次、突出重点，在全社会广泛开展社会主义核心价值观宣传教育。"①
从大众传媒的角度看，中国特色社会主义新时代赋予思想文化建设和新闻舆论
工作新的使命，必须促使社会主义核心价值观与新时代精神文化产品创作生产
传播以及新闻舆论工作无缝对接，以高度的文化自信占领意识形态和舆论导向
的制高点，为实现中国梦注入强大的精神动力。

精神文化生产和价值观传播需要通过大众媒介搭建的平台，培育和践行社
会主义核心价值观，就必须使之融入新闻舆论之中。新闻舆论引导的实质是价
值观引导，也就是对新闻事实、公共事务、社会现象和社会问题等公开表达合
乎主流价值观的意见，传递是非、善恶、对错等价值评判。习近平曾精辟地论
述新闻舆论的价值取向，阐明"舆论引导就是通过新闻报道，弘扬社会正
气"②。新闻媒体要在再现事实、还原真实的基础上，展示社会生活的内在精
神、内在本质，倡导向善之举、浩然之气，涵养真、善、美的价值理念。习近
平指出："我们正在进行具有许多新的历史特点的伟大斗争，面临的挑战和困难
前所未有，必须坚持巩固壮大主流思想舆论，弘扬主旋律，传播正能量，激发
全社会团结奋进的强大力量。"③ "主旋律"和"正能量"，都蕴含着积极向上
的价值观，是社会主义核心价值观的生动反映。

舆论导向的调控，需要不同媒体协同推进，放大主流声音，形成舆论引导
的整体优势，防止舆论传播过程中正面、负面价值相互抵消。牢牢锚定价值坐
标，新闻舆论工作才不会迷失方向。习近平强调，"新闻舆论工作各个方面、各
个环节都要坚持正确舆论导向。各级党报党刊、电台电视台要讲导向，都市类
报刊、新媒体也要讲导向；新闻报道要讲导向，副刊、专题节目、广告宣传也
要讲导向；时政新闻要讲导向，娱乐类、社会类新闻也要讲导向；国内新闻报
道要讲导向，国际新闻报道也要讲导向"④。这就为不同媒体在舆论导向问题上
统一思想、统一认识提供了依据，报刊、广播、电视、通讯社与互联网、移动
平台等传播载体，不能用两个标准来对待，不能形成不同媒体舆论之间的价值

---

① 中共中央文献研究室编：《习近平关于社会主义文化建设论述摘编》，北京：中央文
献出版社，2017 年，第 108 页。

② 习近平：《摆脱贫困》，福州：福建人民出版社，1992 年，第 65 页。

③ 《习近平在全国宣传思想工作会议上强调　胸怀大局把握大势着眼大事　努力把宣传
思想工作做得更好》，《人民日报》，2013 年 8 月 21 日。

④ 《习近平在党的新闻舆论工作座谈会上强调　坚持正确方向创新方法手段　提高新闻
舆论传播力引导力》，《人民日报》，2016 年 2 月 20 日。

冲突。必须统筹传统媒体和新兴媒体"两个舆论场",使主旋律和正能量全方位地融入媒体工作的全过程。习近平指出,要"引导广大新闻舆论工作者做党的政策主张的传播者、时代风云的记录者、社会进步的推动者、公平正义的守望者"①。我们要以社会主义核心价值观作为衡量舆论导向的首要标准,释放舆论导向内在的价值力量。

## 二、坚持人民利益至上的价值立场

新闻的主角是人民,将党性和人民性相统一,坚持以人民为中心、人民利益至上,是马克思主义新闻观的精髓。做好党的新闻舆论工作,必须立足人民立场,以人民为价值主体,坚持人民利益取向和人民利益标准,从根本上解决好"为了谁、依靠谁、我是谁"的问题。"我们要适应新形势下群众工作新特点新要求,深入做好组织群众、宣传群众、教育群众、服务群众工作,虚心向群众学习,诚心接受群众监督,始终植根人民、造福人民,始终保持党同人民群众的血肉联系,始终与人民心连心、同呼吸、共命运。"② 新闻舆论全部工作的生命线,都是为了人民、依靠人民、服务人民。习近平殷殷寄语,"希望广大新闻工作者坚定'四个自信',保持人民情怀,记录伟大时代,讲好中国故事,传播中国声音,唱响奋进凯歌,凝聚民族力量"③。新闻工作者要饱含对人民的深厚感情,把责任意识、人民情怀融入"铁肩担道义,妙手著文章"的履职尽责之中,不负党和人民的重托。

党代表人民的根本利益,党的意志与人民的意愿是一致的,新闻舆论工作应该"把体现党的主张和反映人民心声统一起来",情系中华大地、国计民生,为人民提供奋勇向前的精神力量。习近平强调,党的新闻舆论媒体的所有工作,"都要坚持党性和人民性相统一,把党的理论和路线方针政策变成人民群众的自觉行动,及时把人民群众创造的经验和面临的实际情况反映出来,丰富人民精

① 《习近平在党的新闻舆论工作座谈会上强调　坚持正确方向创新方法手段　提高新闻舆论传播力引导力》,《人民日报》,2016 年 2 月 20 日。

② 习近平:《紧紧围绕坚持和发展中国特色社会主义　学习宣传贯彻党的十八大精神》,《人民日报》,2012 年 11 月 19 日。

③ 《习近平致中国记协成立 80 周年的贺信》,《人民日报》,2017 年 11 月 9 日。

神世界，增强人民精神力量"①。这些论述精辟地阐明了新闻舆论工作的根本价值立场和价值取向。"坚持人民性，就是要把实现好、维护好、发展好最广大人民根本利益作为出发点和落脚点，坚持以民为本、以人为本。"② 新闻舆论的价值目标、价值评价、价值创造、价值实现等方面，都必须以人民为中心。

新闻媒体要当好党和人民的喉舌，基于党和人民的立场，将马克思主义利益观与价值观统一起来。习近平指出："我们党历来有一个传统，就是通过运用报纸、广播、电视等宣传工具，宣传党的路线、方针、政策，教育人民，反映人民的呼声，弘扬正气，揭露消极腐败现象，动员组织广大群众投身社会主义建设事业。我们强调的党性，包含着人民性的深刻内涵。我们党是代表人民利益的党，她没有独立于人民利益的自身利益。但我们党既代表人民的眼前利益，也代表人民的长远利益；既代表人民的局部利益，也代表人民的全局利益；党的路线、方针、政策，党对每一件事情的看法和主张，应该说就是人民愿望、要求的充分体现，就是人民的看法和主张。"③ 在谈到网络空间治理问题时，习近平指出："网络空间是亿万民众共同的精神家园。网络空间天朗气清、生态良好，符合人民利益。网络空间乌烟瘴气、生态恶化，不符合人民利益。谁都不愿生活在一个充斥着虚假、诈骗、攻击、谩骂、恐怖、色情、暴力的空间。"④对网络上的违法言行进行管控，深入推进网络空间的依法治理，加强网络内容建设，正是对社会负责、对人民负责的表现。

网络信息技术发展迈上新台阶，对经济、政治、社会和文化等方面产生巨大影响。习近平表示，"中国将大力实施网络强国战略、国家大数据战略、'互联网＋'行动计划，发展积极向上的网络文化，拓展网络经济空间，促进互联网和经济社会融合发展。我们的目标，就是要让互联网发展成果惠及 13 亿多中国人民"⑤。推动网络信息技术的整合应用和互联网产业的进步，加强健康向善的网络文化建设和主流价值引导，占领互联网舆论传播高地，就是要让互联网

① 《习近平在党的新闻舆论工作座谈会上强调 坚持正确方向创新方法手段 提高新闻舆论传播力引导力》，《人民日报》，2016 年 2 月 20 日。

② 习近平：《习近平谈治国理政》，北京：外文出版社，2014 年，第 154 页。

③ 习近平：《摆脱贫困》，福州：福建人民出版社，1992 年，第 63 页。

④ 习近平：《在网络安全和信息化工作座谈会上的讲话》，《人民日报》，2016 年 4 月 26 日。

⑤ 习近平：《在第二届世界互联网大会开幕式上的讲话》，《人民日报》，2015 年 12 月 17 日。

领域的发展成果给全体人民带来更多福祉。

新闻舆论媒体要为党和人民代言，反映群众的意见和呼声，成为凝聚人心的号角。习近平指出，"网民来自老百姓，老百姓上了网，民意也就上了网"。网络空间汇聚了无数人的意愿，承载着各种利益诉求和价值取向。"网民大多数是普通群众，来自四面八方，各自经历不同，观点和想法肯定是五花八门的，不能要求他们对所有问题都看得那么准、说得那么对。要多一些包容和耐心，对建设性意见要及时吸纳，对困难要及时帮助，对不了解情况的要及时宣介，对模糊认识要及时廓清，对怨气怨言要及时化解，对错误看法要及时引导和纠正，让互联网成为我们同群众交流沟通的新平台，成为了解群众、贴近群众、为群众排忧解难的新途径，成为发扬人民民主、接受人民监督的新渠道。"①  面对互联网上多元化的主体诉求，新闻媒体要在政府和公众之间架起沟通桥梁，形成相互理解、良性互动的关系，缓解现实生活中的价值观冲突。

习近平新闻思想中的人民观、价值观，鲜明地体现了马克思主义对新闻舆论工作的基本定位。马克思指出：报刊应该是"人民日常思想和感情的表达者"，"真诚地和人民共患难、同甘苦、齐爱憎"，"把它在希望与忧患之中从生活那里倾听来的东西，公开地报道出来"。报刊"始终是人民的思想、恐惧和希望的具体表现"，要"唤起人民热烈地关切国家，使国家同它的公民亲密相联、休戚相关"。②  "人民报刊"思想是马克思主义新闻观的重要组成部分，人民性是新闻舆论工作的动力根基和活力之源。

新闻舆论工作既要聚焦人民群众伟大实践、反映人民群众心声，也要以共同利益和价值引导人民群众前进。毛泽东在《对〈晋绥日报〉编辑人员的谈话》中说："马克思列宁主义的基本原则，就是要使群众认识自己的利益，并且团结起来，为自己的利益而奋斗。"新闻舆论媒体不只是提供信息服务，更要注重激发人民群众的共同理想和价值追求。占领舆论高地，以社会主义核心价值观导航定位，目的是凸显价值导向和精神引领。习近平强调，"更好构筑中国精神、中国价值、中国力量，为人民提供精神指引"③。有共同的价值追求和精

①  习近平：《在网络安全和信息化工作座谈会上的讲话》，《人民日报》，2016 年 4 月26 日。

②  《马克思恩格斯全集》第 1 卷，北京：人民出版社，1956 年，第 187 – 188、194 页。

③  习近平：《决胜全面建成小康社会  夺取新时代中国特色社会主义伟大胜利——在中国共产党第十九次全国代表大会上的报告》，《人民日报》，2017 年 10 月 28 日。

神家园，人民群众才不会贪图安逸、精神萎靡，才能抵御各种错误思潮的渗透，才能同心同德共创新辉煌。"人民有信仰，民族有希望，国家有力量。实现中华民族伟大复兴的中国梦，物质财富要极大丰富，精神财富也要极大丰富。"① 理想信念的明灯永远闪亮，人民奋勇前进的步伐就不会停歇。

新闻舆论引导效应要真正显示出来，必须与现实生活相交融、与民生问题相结合。习近平指出："'引导舆论'，就是要促进形成良好舆论氛围和社会预期，引导广大群众树立通过勤劳致富改善生活的理念，使改善民生既是党和政府工作的方向，也是人民群众自身奋斗的目标。"② 我们要增强新闻舆论的解释力、说服力和感召力，让人民群众发自内心接受主流价值观濡染，在自身实践中感知社会生活的美好，将个体的奋斗方向、价值目标与国家命运、整体利益相结合。

## 三、防范新闻舆论的价值取向偏差

我们处在一个社会转型的快速变革时代，思想文化领域遭受前所未有的冲击和震荡。各种新事物、新现象不断涌现，人们的生活方式发生种种变迁，价值观念的冲突错综复杂地展开。多元价值赋予了个体生活和行为选择的自由，但也很容易造成思想认识的困惑和迷惘。习近平指出："在我们的新闻宣传中，决不能出现政治性差错，决不能给错误的思想和观点提供传播渠道。"③ 在各种思想和意见相互交锋的话语场域中，新闻舆论媒体要针对多元喧嚣声音发挥价值观引导作用，批判负面价值，弘扬正面思想，塑造精神信仰，抵制错误社会思潮的侵蚀。

社会转型时期精神领域的矛盾和冲突十分突出，价值混乱、道德滑坡、精神扭曲等问题不容忽视。习近平指出："改革开放以来，我国经济发展很快，人民生活水平提高也很快。同时，我国社会正处在思想大活跃、观念大碰撞、文化大交融的时代，出现了不少问题。其中比较突出的一个问题就是一些人价值

---

① 《习近平在会见第四届全国文明城市、文明村镇、文明单位和未成年人思想道德建设工作先进代表时强调　人民有信仰民族有希望国家有力量　锲而不舍抓好社会主义精神文明建设》，《人民日报》，2015 年 3 月 1 日。

② 中共中央文献研究室编：《习近平关于全面建成小康社会论述摘编》，北京：中央文献出版社，2016 年，第 130 页。

③ 习近平：《干在实处　走在前列》，北京：中共中央党校出版社，2006 年，第 309 页。

观缺失，观念没有善恶，行为没有底线，什么违反党纪国法的事情都敢干，什么缺德的勾当都敢做，没有国家观念、集体观念、家庭观念，不讲对错，不问是非，不知美丑，不辨香臭，浑浑噩噩，穷奢极欲。现在社会上出现的种种问题病根都在这里。这方面的问题如果得不到有效解决，改革开放和社会主义现代化建设就难以顺利推进。我们始终强调，两个文明都搞好才是中国特色社会主义。邓小平同志早就告诫我们：风气如果坏下去，经济搞成功又有什么意义？会在另一方面变质！"① 物质文明建设和精神文明建设、物质力量和精神力量、物质生活和精神生活不可偏废，它们对中国特色社会主义事业顺利推进具有同等重要的作用。一段时间以来，由于精神文明建设相对滞后，个人享乐主义、道德虚无主义、价值相对主义、拜金主义等思想在社会上逐渐蔓延开来，一些人甚至丧失了基本的善恶、是非观念，底线缺失导致各种为非作歹的行为屡见不鲜。

错综复杂的思想状况和舆论生态，需要我们从总体上进行理性认识，针对不同情况采取相应的对策。习近平指出："当今时代，社会思想观念和价值取向日趋活跃，主流的和非主流的同时并存，先进的和落后的相互交织，社会思潮纷纭激荡。思想舆论领域大致有红色、黑色、灰色'三个地带'。红色地带是我们的主阵地，一定要守住；黑色地带主要是负面的东西，要敢于亮剑，大大压缩其地盘；灰色地带要大张旗鼓争取，使其转化为红色地带。"② 红色地带高扬主旋律、传播正能量，是弘扬社会主义核心价值观的主阵地，主要包括党和政府主办的各级各类报刊、广播电台、电视台等传统的主流媒体，以及重点新闻网站等网上正面力量。黑色地带上的负面言论、负面价值，主要是通过一些网站、网络论坛和自媒体传播，以及社会上的一些口头传播。"现在，国内国外、网上网下都有一些言论，贬低中华文化，否定中华民族的历史贡献，否定近代以来中国人民的奋斗史，歪曲中国共产党的历史、中华人民共和国的历史、歪曲改革开放的历史。"③ 这些便是黑色地带上释放出来的负能量。灰色地带介于红色地带和黑色地带之间，体现的是一种既不同于主流话语也有别于错误有害观念的边缘价值和意义。坚守红色地带，亮剑黑色地带，转化灰色地带，习

---

① 习近平：《在文艺工作座谈会上的讲话》，《人民日报》，2015 年 10 月 15 日。
② 习近平：《习近平谈治国理政》第二卷，北京：外文出版社，2017 年，第 328 页。
③ 中共中央文献研究室编：《习近平关于社会主义文化建设论述摘编》，北京：中央文献出版社，2017 年，第 34 页。

近平为中国舆论治理与价值引导指明了方向。

由于数字技术的发展，互联网和手机平台不断衍生出众多的新媒介形态，以微博、微信、微视频、移动客户端为代表的"三微一端"使新闻舆论格局发生了更大变化。智能移动终端的普及，为多元内容生产、传播和接受带来前所未有的便利，海量信息无序流动，给人们的文化行为、思维方式和价值观念带来很大的冲击。面对错误思潮和有害观念，决不能放弃舆论斗争。习近平指出："要敢抓敢管，敢于亮剑，着眼于团结和争取大多数，有理有利有节开展舆论斗争，帮助干部群众划清是非界限、澄清模糊认识。对那些恶意攻击党的领导、攻击社会主义制度、歪曲党史国史、造谣生事的言论，一切报刊图书、讲台论坛、会议会场、电影电视、广播电台、舞台剧场等都不能为之提供空间，一切数字报刊、移动电视、手机媒体、手机短信、微信、博客、播客、微博客、论坛等新兴媒体都不能为之提供方便。"① 在事关政治方向、政治立场、政治原则和大是大非问题上，新闻舆论媒体不能有丝毫的含糊。

在新媒体强势崛起的环境中，互联网成为舆论形成和发展的重要平台，也是舆论斗争的主战场、意识形态斗争的最前沿，多元思潮交锋、价值冲突十分激烈。习近平指出："要深入开展网上舆论斗争，严密防范和抑制网上攻击渗透行为，组织力量对错误思想观点进行批驳。"② 对于思想偏激、是非不分、黑白颠倒、别有用心的言论，决不能听之任之、任其泛滥。习近平强调，"落实意识形态工作责任制，加强阵地建设和管理，注意区分政治原则问题、思想认识问题、学术观点问题，旗帜鲜明反对和抵制各种错误观点"③。网络失范会对经济、政治、文化和社会等方面产生严重的负面效应，导致网络欺诈、社会冲突、道德滑坡、文化畸变、价值分裂等层出不穷的问题。习近平指出："要加强网络伦理、网络文明建设，发挥道德教化引导作用，用人类文明优秀成果滋养网络空间、修复网络生态。"④ 建构网络伦理和价值规范，在数字资源有效利用和网

① 中共中央文献研究室编：《习近平关于社会主义文化建设论述摘编》，北京：中央文献出版社，2017 年，第 27 - 28 页。

② 中共中央文献研究室编：《习近平关于社会主义文化建设论述摘编》，北京：中央文献出版社，2017 年，第 29 - 30 页。

③ 习近平：《决胜全面建成小康社会　夺取新时代中国特色社会主义伟大胜利——在中国共产党第十九次全国代表大会上的报告》，《人民日报》，2017 年 10 月 28 日。

④ 习近平：《在第二届世界互联网大会开幕式上的讲话》，《人民日报》，2015 年 12 月 17 日。

络生态良性维护之间形成动态平衡，"数字化生存"才不会陷入精神困境，网络社会方能实现健康、有序发展。

新闻舆论媒体要掌握话语权，举旗亮剑打好舆论斗争的主动仗，在辨析错误观点性质的基础上，清除不良价值观念的影响，帮助人民群众提高认知能力、澄清模糊认识。媒体并非不能曝光社会阴暗面，但要分清主流与支流、本质与现象，引导受众多看主流、本质和光明面，不被支流和表面现象迷惑、误导。

## 四、强化正面宣传的价值引领

改革创新的时代精神、奋斗拼搏的社会主流、和谐发展的社会本质、民生幸福的价值追求，以及人民在党的领导下建设中国特色社会主义、创造美好生活的伟大实践，这些是新闻媒体应该着力报道的重点，也是正面宣传的要义所在。"团结稳定鼓劲、正面宣传为主，是党的新闻舆论工作必须遵循的基本方针。"① 通过时政宣传、政策宣传、主题宣传、成就宣传、经验宣传、典型宣传等多样形态，新闻舆论媒体的价值倾向蕴含其中。把握好正面宣传的基调，新闻舆论工作用社会主义核心价值观凝聚社会共识和精神动力，才能发挥好鼓舞人、激励人的功能。

由于国内外形势的深刻变化、新媒体技术的迅猛发展、舆论格局的多维转换，新时代主流价值引导、社会矛盾化解、社会情绪疏导、社会共识塑造的任务更为繁重。只有更好地掌握互联网等新媒体的发展规律，强化主流舆论场，我们才能应对复杂意识形态环境的挑战。习近平指出："要加强网上正面宣传，旗帜鲜明坚持正确政治方向、舆论导向、价值取向，用新时代中国特色社会主义思想和党的十九大精神团结、凝聚亿万网民，深入开展理想信念教育，深化新时代中国特色社会主义和中国梦宣传教育，积极培育和践行社会主义核心价值观，推进网上宣传理念、内容、形式、方法、手段等创新，把握好时度效，构建网上网下同心圆，更好凝聚社会共识，巩固全党全国人民团结奋斗的共同思想基础。"② 互联网上开放、异质的话语空间，信息无序流动，各种意见、观

---

① 《习近平在党的新闻舆论工作座谈会上强调　坚持正确方向创新方法手段　提高新闻舆论传播力引导力》，《人民日报》，2016 年 2 月 20 日。

② 《习近平在全国网络安全和信息化工作会议上强调　敏锐抓住信息化发展历史机遇　自主创新推进网络强国建设》，《人民日报》，2018 年 4 月 22 日。

点自由表达，多元价值观的碰撞中需要有正面、主流声音引导。促进网络生态优化，必须高扬时代主旋律，提振网民精气神。

做好正面宣传，关键是要加强媒体内容建设，提升内容生产质量。在信息爆炸的环境中，人们的注意力被各种芜杂内容分散。特别是在新媒体虚拟、互动的空间内，主流话语和非主流话语变得越来越难以分辨。网络正面宣传就是要针对广大网民的利益诉求、精神文化需要，反映时代进步主潮，激励和动员网民努力奋斗、创造美好生活。习近平指出："加强网络内容建设，做强网上正面宣传，培育积极健康、向上向善的网络文化，用社会主义核心价值观和人类优秀文明成果滋养人心、滋养社会，做到正能量充沛、主旋律高昂，为广大网民特别是青少年营造一个风清气正的网络空间。"① 网络内容建设要着眼于构建共享的意义空间和价值体系，以弘扬真善美的多样化内容产品吸引网民，达到满足人们精神需求、丰富文化生活、陶冶情操、净化心灵的效果。

在正面宣传中，先进典型人物报道对培育和践行社会主义核心价值观具有积极的示范作用。新闻舆论工作善于抓典型宣传，就能起到良好的带动作用。习近平指出："新时期要抓什么样的典型？有的认为，要抓致富'能人'类的典型；有的认为，要抓行业'新人'类的典型；有的认为，要抓发展的'带头人'、群众的'贴心人'、政策的'传播人'这样的典型。无疑，这些典型都是我们所要倡导的，都是人们应该学习的。抓典型，更具意义的是要树立精神上的榜样，让人们学习典型所体现的精神，让典型身上的精神发扬光大。"② 各行各业涌现出来的先进典型走在时代前列，他们的精神风范和道德品质是社会主义核心价值观的生动体现，能够教育、启迪、滋润人们的心灵。习近平曾多次动情回忆起自己读初中时学习焦裕禄的情景："1966 年 2 月 7 日，《人民日报》刊登了穆青等同志的长篇通讯《县委书记的榜样——焦裕禄》，我当时上初中一年级，政治课老师在念这篇通讯的过程中多次泣不成声。特别是念到焦裕禄同志肝癌晚期仍坚持工作，用一根棍子顶着肝部，藤椅右边被顶出一个大窟窿时，我受到深深震撼……"焦裕禄精神是时代价值的结晶，能够给人以精神感悟，在潜移默化中陶冶情操、提升人格。习近平说："我们这一代人都深受焦裕禄精神的影响，是在焦裕禄事迹教育下成长的。我后来无论是上山下乡、上大

<hr>

① 习近平：《在网络安全和信息化工作座谈会上的讲话》，《人民日报》，2016 年 4 月 26 日。

② 习近平：《之江新语》，杭州：浙江人民出版社，2013 年，第 212 页。

学、参军入伍，还是做领导工作，焦裕禄同志的形象一直在我心中。"① 先进典型的精神价值具有强大生命力，是催人奋进的榜样和旗帜。

新闻舆论工作者要深入火热的现实生活，发现百姓身边的楷模，展示平凡中的感动。习近平在全国宣传思想工作会议上要求，"多宣传报道人民群众中涌现出来的先进典型和感人事迹"②。先进典型凝聚的精神价值，能够产生心灵的感召力。在谈到劳动模范的价值引领效应时，习近平强调："我们一定要在全社会大力弘扬劳模精神、劳动精神，大力宣传劳动模范和其他典型的先进事迹，引导广大人民群众树立辛勤劳动、诚实劳动、创造性劳动的理念，让劳动光荣、创造伟大成为铿锵的时代强音，让劳动最光荣、劳动最崇高、劳动最伟大、劳动最美丽蔚然成风。"③ 在阐述道德模范的价值意义时，习近平指出："道德模范是社会道德建设的重要旗帜，要深入开展学习宣传道德模范活动，弘扬真善美，传播正能量，激励人民群众崇德向善、见贤思齐，鼓励全社会积善成德、明德惟馨，为实现中华民族伟大复兴的中国梦凝聚起强大的精神力量和有力的道德支撑。"④ 对党和国家功勋荣誉表彰工作，习近平作出重要指示强调："充分发挥党和国家功勋荣誉表彰的精神引领、典型示范作用，推动全社会形成见贤思齐、崇尚英雄、争做先锋的良好氛围。"同时，要抓好功勋荣誉表彰制度的宣传解读，阐释其重大意义。⑤ 新闻媒体要深入把握劳动模范、道德模范、功勋荣誉英雄等先进典型的本质特征，揭示这些楷模形象所蕴含的深层精神，将其共性和个性鲜活地展示出来，让人民群众觉得可亲、可敬、可学。

正面宣传并非生硬的说教、强制性灌输，新闻媒体要加强统筹策划和安排，深入研究正面报道的采写技巧、传播机制和接受心理，使之"贴近实际、贴近生活、贴近群众"。习近平指出："做好正面宣传，要增强吸引力和感染力。"⑥

---

① 《大力学习弘扬焦裕禄精神——习近平总书记在河南兰考调研指导党的群众路线教育实践活动纪实》，《人民日报》，2014 年 3 月 19 日。

② 《习近平在全国宣传思想工作会议上强调 胸怀大局把握大势着眼大事 努力把宣传思想工作做得更好》，《人民日报》，2013 年 8 月 21 日。

③ 习近平：《在庆祝"五一"国际劳动节暨表彰全国劳动模范和先进工作者大会上的讲话》，《人民日报》，2015 年 4 月 29 日。

④ 习近平：《习近平谈治国理政》，北京：外文出版社，2014 年，第 158 页。

⑤ 《习近平对党和国家功勋荣誉表彰工作作出重要指示强调 发挥功勋荣誉精神引领典型示范作用 推动全社会见贤思齐崇尚英雄争做先锋》，《人民日报》，2016 年 5 月 19 日。

⑥ 《习近平在党的新闻舆论工作座谈会上强调 坚持正确方向创新方法手段 提高新闻舆论传播力引导力》，《人民日报》，2016 年 2 月 20 日。

只有遵循新闻传播规律，提升报道质量和水平，正面宣传才能增强穿透力、影响力。"现在，媒体格局、舆论生态、受众对象、传播技术都在发生深刻变化，特别是互联网正在媒体领域催发一场前所未有的变革。读者在哪里，受众在哪里，宣传报道的触角就要伸向哪里，宣传思想工作的着力点和落脚点就要放在哪里。"适应新媒体时代内容生产、传播格局的变化，正面宣传的理念和方法需要与时俱进，探索新的有效路径。"对新闻媒体来说，内容创新、形式创新、手段创新都重要，但内容创新是根本的。"① 新闻工作者要增强责任意识与使命意识，多深入基层和现场，用心投入，发掘鲜活素材。根据报道对象的特点，灵活运用丰富的新闻语言、形式和技巧，创作大量高水平、有内涵、有筋骨的作品，通过报刊、广播、电视、网络、官方微博、微信公众号等渠道进行全方位、立体式传播，使正面宣传的价值倾向性易于被大众接受和认同。

新闻舆论工作坚持正面报道为主的基本方针，在褒扬正面价值同时也需要针砭时弊，对落后、灰暗、消极的现象或事物进行舆论监督，揭示问题及其解决途径。习近平指出："舆论监督是加强党的建设和民主政治建设的一项重要内容。不受制约和监督的权力，必然会腐败变质。能否有效地制止腐败现象关系到党的生死存亡和社会主义事业的成败。这就需要建立各种有效的监督机制，而新闻媒介的舆论监督是最经常、公开、广泛的一种监督方式。"这就充分肯定了舆论监督的必要性。但是，舆论监督不能蜕变为负面新闻炒作。"舆论监督的出发点应该是积极的、建设性的。"② 舆论监督要摆正出发点和根本目的，不是一味地"报忧"，批评社会不良现象要立足于理性和建设性，积极推进改革与发展中问题的解决。

在讲政治大局的前提下，真实、客观的舆论监督也能发挥正面效应。习近平指出："舆论监督和正面宣传是统一的。新闻媒体要直面工作中存在的问题，直面社会丑恶现象，激浊扬清、针砭时弊，同时发表批评性报道要事实准确、分析客观。"③ 我们要用辩证思维看待和处理正面报道与舆论监督之间的关系，两者是对立统一的整体。正面报道与舆论监督的题材、采写角度虽有差异，但

---

① 《习近平在视察解放军报社时强调　坚持军报姓党坚持强军为本坚持创新为要　为实现中国梦强军梦提供思想舆论支持》，《人民日报》，2015 年 12 月 27 日。
② 习近平：《摆脱贫困》，福州：福建人民出版社，1992 年，第 66 页。
③ 《习近平在党的新闻舆论工作座谈会上强调　坚持正确方向创新方法手段　提高新闻舆论传播力引导力》，《人民日报》，2016 年 2 月 20 日。

其价值追求是一致的，都是为了维护公平、公正的社会环境，为人民的美好生活保驾护航。真实客观、合理合法的批评，考虑全局、导向正确、有助于问题解决的舆论监督，也能达到积极的社会效果。

弘扬社会主义核心价值观，是新闻舆论工作精神品格和价值底蕴的显现。以中国精神、中国价值为支撑，更好地在服务大局中履行职责使命，新闻舆论工作就能获得源源不竭的动力源泉，推出更多"有思想、有温度、有品质"的优秀作品，汇入时代发展大潮和民族复兴洪流。

（原载于《学术界》2019 年第 7 期）

# 社会主义核心价值观引领舆论导向

我们处在一个快速变革的伟大时代，市场经济向纵深发展，新技术革命和全球化浪潮汹涌澎湃，新事物、新现象层出不穷，人们的生活方式与价值观念趋向多元化。与物质生活的丰盈富足不协调的是，心灵世界的浮躁焦虑和价值迷惘成为十分突出的问题。基于不同的利益取向和话语立场，各种思想和意见相互交锋，给当今社会的主流价值观带来冲击。少数媒体迎合一些人的心理，追求"娱乐至上""娱乐至死"，导致低俗、无聊的内容泛滥，在价值导向上出现偏差。特别是在自由开放的网络上，消费主义、拜金主义、虚无主义和极端个人主义等思想拥有一定的传播空间，得到不少人的认同。抵制负向的社会价值蔓延，树立正确的舆论导向，大众传媒负有不可推卸的责任和使命。

价值观是行动的准则，思想信念是形成全社会精神凝聚力的基础，舆论导向的内核是价值观导向。核心价值观在一个国家的思想整合中起着十分重要的作用，直接关系到全局。大众传媒要肩负起习近平在党的新闻舆论工作座谈会上的重要讲话中所说"成风化人、凝心聚力"的职责和使命，必须大力弘扬社会主义核心价值观，形成全民族的向心力和凝聚力，焕发人民群众奋进的精神力量。面对舆论场上一些喧嚣的"杂音"，媒体要增强"引领意识"，提高正面宣传的针对性、有效性。按照习近平"2·19"重要讲话精神，新闻舆论工作各个方面、各个环节都要坚持正确舆论导向。各级党报党刊、电台电视台要讲导向，都市类报刊、新媒体也要讲导向；新闻报道要讲导向，副刊、专题节目、广告宣传也要讲导向；时政新闻要讲导向，娱乐类、社会类新闻也要讲导向；国内新闻报道要讲导向，国际新闻报道也要讲导向。① 由此可见，牢牢把握正确舆论导向，是新闻宣传工作的内在灵魂；全方位提高舆论引导能力，是新闻媒体的重要任务。各级、各类媒体形成强大的传播合力，巩固主流思想文化和

---

① 《习近平在党的新闻舆论工作座谈会上强调　坚持正确方向创新方法手段　提高新闻舆论传播力引导力》，《人民日报》，2016 年 2 月 20 日。

社会主义核心价值观的宣传阵地，不断激发正能量，就能够形成和谐、健康的舆论生态，为实现中国梦凝聚人心灌注强大的精神动力。

## 一、新闻舆论宣传与核心价值引领

作为社会舆论的重要组成部分，新闻舆论对人们价值观的影响不容忽视，舆论导向最终是指向人们的价值观。坚持正确的舆论导向，离不开正确的价值观指导。价值观是人们对什么是"好的"与"坏的"，什么是"对的"与"错的"，什么是"应当的"与"不应当的"，什么是"值得的"与"不值得的"等问题所持的各种看法和观点。现实社会中都是多种价值观并存，这就需要一种占支配地位的核心价值观来统领人们的思想，由此达成人们的基本共识。

纵观人类社会的历程，核心价值观是民族和国家发展最深层、最持久的力量。在几千年的历史长河中，精神的力量、文化的力量，是中华民族繁衍昌盛的原动力。虽历经劫难而不灭、屡遭困苦而不衰，中华民族在千锤百炼中始终保持着昂扬的民族自信心和顽强的修复能力，形成了以爱国主义为核心的共同情感和价值，孕育了自强不息、厚德载物、崇尚仁爱的博大精神。在不同的时代、不同的文化背景中，价值观是处于发展变化之中的，但也有着某些稳定的、普遍适应的因素。社会主义核心价值观，就充分体现了对中华优秀传统文化的传承和升华。每一个中国人的精神追求，我们评判是非曲直的价值标准，都应该以社会主义核心价值观为参照。

在今天的中国，社会主义核心价值观代表最广大人民群众的根本利益，契合了绝大多数人深层的意愿和诉求，是维系民族共同体的精神纽带，最大限度地使不同个体的思想共通、精神互渗和利益一致。如果缺乏广泛认同的价值标准，我们的发展、建设就会失去精神根基。习近平强调，我们要在全社会大力弘扬和践行社会主义核心价值观，使之像空气一样无处不在、无时不有，成为全体人民的共同价值追求，成为我们生而为中国人的独特精神支柱，成为百姓日用而不觉的行为准则。要号召全社会行动起来，通过教育引导、舆论宣传、文化熏陶、实践养成、制度保障等，使社会主义核心价值观内化为人们的精神追求、外化为人们的自觉行动。① 社会主义核心价值观维护着精神世界的秩序，

---

① 习近平：《在文艺工作座谈会上的讲话》，《人民日报》，2015 年 10 月 15 日。

使我们国家有了共同的思想道德基础和心灵准则。要将亿万人民紧密地团结、凝聚为有机的整体，就必须最大限度地寻求利益和价值观交集点，建构全国各族人民共同的精神殿堂。对新闻宣传工作来说，必须强化社会主义核心价值观传播的阵地意识，坚持"底线思维"，引导受众分清是非界限、辨明善恶标准、澄清模糊认识、明确行为准则。

任何一个社会要良性发展，都必须有核心价值观作为精神支柱。发达的资本主义国家历来重视核心价值观建设，新闻舆论界、主流知识界和教育界在培育核心价值观的目标上大体是一致的，并创造了一整套自相一致、圆融贯通的话语系统。西方国家的政府利用各种社会力量，借助多样化的方式巧妙地向民众灌输核心价值观，显示了在意识形态整合上的高超技巧。他们还通过强势的国际传播体系、文化产业体系对外输出他们的价值观，在与其他国家进行话语竞争时显示出了优势。西方所谓的民主观、人权观、自由观在全世界范围内扩张，给第三世界国家的核心价值观建设造成影响和冲击。西方发达国家主导着全球文化传播体系和国际话语权，这给我国的思想文化建设和核心价值引领带来巨大挑战。面对全球化以及新媒体环境中的舆论交锋、价值冲突，我们必须不断巩固、壮大社会主义核心价值观传播的渠道和阵地，夯实社会思想的主心骨，振奋民族精神，建设好各族人民共同的精神家园。

从某种意义上说，新闻舆论工作实质是争夺人、塑造价值观的过程。我们的舆论宣传必须有明确的价值指向，显示出强烈的政治敏锐性，发出高度自觉的、趋于平衡的理性声音，在对新闻事实、信息的选择和阐释中体现出正面价值取向，最大限度抵制不良思想观念的侵蚀，引导社会发展主流和前进方向，促进人的心理和谐，实现社会的和谐、进步。正确的舆论引导就是要传播正能量、弘扬主旋律，引导社会心理、社会情绪，在新闻传播活动中使社会主义核心价值观获得受众的理解和认同，并与他们的现实生活、社会实践结合起来，成为他们解释社会现象、定位自身方向的坐标和指针。

## 二、切实防范错误的价值观误导

近年来，"中国模式""中国道路"引起了世界性反响，中国取得的经济成就举世瞩目。然而，我们在总结发展经验、展望未来的同时，也不能忽视精神文化建设方面存在的问题。在多元思想的碰撞中，拜金主义、价值相对主义、道德虚无主义和个人享乐主义等思想冲击着人们的头脑，导致一些人价值观缺失，善恶、是非的观念模糊，行为的底线被肆意践踏。加上改革开放进入"深水区"后，各种社会矛盾频发，价值冲突比较激烈，信任危机成为一个必须高度重视的问题。

社会良性运行离不开价值观的整合，良好的社会秩序是建立在大众的价值共识基础之上的。当下错综复杂的思想状况与多元化的利益关系紧密相连，也给社会治理带来了很大的难度。社会建设和文化建设都需要合理引导人民群众的利益目标，即在尊重个人合理利益诉求的同时，通过卓有成效的体制、机制建设，努力实现个人"利益认同"与社会"价值认同"的统一。习近平从"不断提高运用中国特色社会主义制度有效治理国家的能力"的高度，强调"推进国家治理体系和治理能力现代化，要大力培育和弘扬社会主义核心价值体系和核心价值观，加快构建充分反映中国特色、民族特性、时代特征的价值体系"①。在国家治理中，社会主义核心价值观具有教化、整合和引导功能，可以为国家治理体系和治理能力现代化提供智力支持与价值保证。社会主义核心价值观既为社会治理注入强大的精神力量，也是社会治理的重要目标。将社会主义核心价值观融入舆论宣传之中，是化解现实风险和思想矛盾的必要选择。

从当前价值引导的总体状况来看，我国绝大多数的主流媒体能够坚持信息发布的权威性、公信力，努力发挥宣传教育功能，以正确的思想立场和主流价值观引导受众，激励广大人民群众积极投身中国特色社会主义建设的伟大事业。客观地说，主流媒体在传播先进思想文化、营造良好舆论氛围方面具有不可替代的作用。

必须看到，社会生活和媒介环境处于不断变化之中，新闻传播的形态和质态也发生了深刻变化，人们的思维方式和价值取向受到多种复杂因素的影响。社会生活日趋世俗化，功利主义、消费主义、享乐主义等价值观在不少人当中蔓延。受各种芜杂社会思潮的冲击，少数媒体的社会责任意识淡薄，片面追求"眼球效应"和注意力经济，导致庸俗的炒作之风盛行，特别是社会新闻、娱乐新闻更容易出现价值迷失。例如，有的媒体出于猎奇、猎艳的低级趣味，过度聚焦凶杀暴力、贪污腐化案件，对其中的一些细节大肆渲染，将原本严肃的

---

① 习近平：《不断提高运用中国特色社会主义制度有效治理国家的能力》，《习近平谈治国理政》，北京：外文出版社，2014 年，第 106 页。

新闻报道变成了娱乐文本，影响人们对当今社会主流和整体情况的正确认识。还有一些媒体热衷于报道演艺圈"潜规则"、明星绯闻和丑闻，以畸形的审美观欣赏所谓的"网络红人"，助长了恶俗的风气。再就是虚假新闻屡屡出现，有些媒体的品格和新闻的质量有待提升。甚至个别记者的人生观、价值观、职业观被扭曲，致使"有偿新闻"蜕变为"新闻敲诈"，违背了新闻工作者的职业操守，未守住道德底线和法律底线。

尤其值得关注的是，在数字时代，传统的信息流动方式发生了前所未有的改变，由单向流动变为多向交互流动，意义和价值生产方式相应发生了很大变化。互联网、手机、微博、微信等新媒介形态的崛起，为多元思想和价值观传播提供了便捷通道。新媒体建构的舆论空间，深刻地影响着大众的思想立场与价值观念。

互联网等新媒体改变了大众的生活方式和沟通环境，无数人在网络空间中释放出参与的热情，推动了新型网络民主的发展。然而，庞杂、无序的网络空间很容易出现"群体极化"，网络民意失控便很可能导致网络暴力，不当的"人肉搜索"侵犯着个人的隐私权。网络传播中海量的资源，降低了人们获取信息和知识的成本，但其中的内容也存在良莠不齐、泥沙俱下等问题，一些低俗化、欲望化的文字、图片和视频刺激着人们的感官。互联网赋予了人们极大的自由，现实生活中一些被压抑的情感、欲望和诉求，在网络上赤裸裸地呈现出来。不少网民以享乐主义、实用主义、虚无主义的态度看待世界，消解了传统的神圣价值。风靡一时的网络恶搞现象，以其夸张、变形的方式嘲弄严肃的对象。形形色色的"无厘头"恶搞文本，充满了对主流价值观的不屑和嘲讽。一些网络论坛、播客和微博"恶搞"民族英雄、历史名人、革命烈士和典型人物，狂欢式的网络庸俗文化表面上看颇有"创意"，迎合了部分年轻网民的心理，但其对主流价值体系的破坏性不容小视，民族精神、时代精神在游戏与调侃中被肆意亵渎。

以微博、微信为代表的自媒体、社交媒体激活了人们公共参与和传播的热情，其消息推送、朋友圈和公众平台等功能，迥异于传统的信息传播方式，相对于以往的导向把关也发生了很大的改变。涌动的信息大潮下潜伏着暗流，一些错误思想和价值观念在一定范围内传播开来。"一些人唯恐天下不乱，或望风捕影，夸大事实；或断章取义，歪曲事实；或杜撰虚构，伪造事实，推出一个个耸人听闻、似是而非的谣言。不管是以'亲眼所见'吸引眼球，还是打着

'还原历史'幌子，其目的都是要搞乱世道人心，不仅'惑众'，更欲'祸国'。"① 抵制谣言，防止错误的价值观误导用户，提倡以高品位内容净化社交媒体空间，这是数字时代的文明法则，也是建构主流文化不可或缺的。

## 三、以正确的价值导向凝心聚力

在新媒体环境中，舆论的形成机制更复杂、渗透力更强，我们更需要正确的价值导向，更需要创新方式提升媒体治理效能。要做到价值导向正确，实现习近平提出的"成风化人、凝心聚力"的要求，新闻舆论宣传就要顾全大局、着眼于建设性，把报道的重心放到鼓舞人民、充分调动人民为实现中国梦而奋斗的积极性和创造精神上来。媒体要引导人们正确认识社会发展的主流与支流，认真处理好正面报道与舆论监督、褒扬与针砭之间的关系，重点报道社会生活中积极、进步的内容，增强正面宣传的吸引力、感染力，努力取得良好的社会效果。具体而言，可以重点从以下几方面着手：

一是新闻媒体要加强正面报道的组织与策划，大力宣传先进人物和事迹，引领正确的价值导向。按照中共中央办公厅印发的《关于培育和践行社会主义核心价值观的意见》，新闻媒体要发挥传播社会主流价值的主渠道作用，"把社会主义核心价值观贯穿到日常形势宣传、成就宣传、主题宣传、典型宣传、热点引导和舆论监督中"②。党报党刊、电台电视台要强势推出专栏专题，强化议题设置功能，将社会主义核心价值观融入多样化的报道形式之中。都市类、行业类媒体要立足自身优势，以通俗化、大众化的方式宣传社会主义核心价值观。传统媒体还应该与新媒体加强联动，形成多种载体、多样渠道交叉融合的立体场域，增强价值引导的合力。在报道内容上，要强化先进榜样的示范和激励作用。如先进模范是正能量的具体展现，是价值观的鲜活外化。新闻媒体要深入探寻榜样示范的传播机制，遵循新闻规律和心理规律，使先进思想易于被大众接受。

二是新闻工作者要增强责任意识和能力，将新闻运作的价值倾向渗入真实、

---

① 钟新文：《别让谣言污染"朋友圈"》，《人民日报》，2014 年 8 月 11 日。
② 《中共中央办公厅印发〈关于培育和践行社会主义核心价值观的意见〉》，《人民日报》，2013 年 12 月 24 日。

平衡的报道和理性的思考之中。新闻从业人员要以马克思主义新闻观为指导，严格约束自己，强化道德自律和职业精神，坚持不采写、发表导向错误的稿件。正所谓"打铁还需自身硬"，新闻记者要不断提升自己的思想认识和业务水平，扎根实际、扎根基层，在火热的现实生活中挖掘正面报道的鲜活题材，以新的传播语态营造主流价值传播的舆论场，如春风化雨般浸润受众的心田。编辑人员要始终坚持"守土有责""守土尽责"，对稿件质量从严把关，在新闻稿件的选择、编排和处理中表现合理的价值倾向。通过编辑手段的运用，如根据报道内容灵活使用编者按、显著标题、大幅图片、背景资料等形式体现编辑意图，娴熟地驾驭版面语言，凸显有价值的强势信息。对于新闻评论工作者而言，应及时解读重大新闻、热点新闻，鲜明地昭示正确的政治立场和思想态度，引导受众以主流观点认识社会现实。面对满天飞的信息、喧嚣杂乱的声音，新闻评论的理性分析必不可少，对于错误的价值倾向必须敢于亮剑、勇于交锋，发出响亮的主流声音。

三是扶持重点新闻网站，掌握网络传播规律，营造清朗的网络空间。在网络媒介系统中，要让重点新闻网站发挥主力军作用，主要商业网站发挥积极的建设性功能，做好突发事件的信息发布、热点新闻的追踪报道、网民话题的及时回应。要加强网站内容建设，整合资源，构筑有广泛影响力的思想文化传播平台。要深入把握网民心理，通过有效的方式与网民互动，疏导公共危机事件中的偏激情绪，防止网民出现"群体极化"现象。同时，将新媒体中的代表性人士列为统战工作重点团结对象，发挥网络名人的价值引导功能。如习近平所说，"要加强和改善对新媒体中的代表性人士的工作，建立经常性联系渠道，加强线上互动、线下沟通，让他们在净化网络空间、弘扬主旋律等方面展现正能量"[①]。网络名人进入建设者行列，可以带动更多网民认同主流价值观。另外，要加强对微博、微信等社交媒体的管理，用文明法治为社交媒体立规矩，设置信息和言论发布不可逾越的界限，反对蛊惑人心的信息与言论，推进网络空间的法治化、规范化。

必须看到，舆论引导是一个长期的常态工作，不能有一丝一毫的松懈。而

---

① 《习近平在中央统战工作会议上强调　巩固发展最广泛的爱国统一战线　为实现中国梦提供广泛力量支持》，《人民日报》，2015 年 5 月 21 日。

人们价值观的形成、改变，也不是在一朝一夕之间。媒体在培育良好风尚、提升价值认同、凝聚发展力量方面承担着光荣的使命，只有创新传播方式，集聚舆论引导合力，才能守好阵地，当好价值评判"领航人"的角色。

（原载于《中国出版》2016 年第 7 期）

# 出版的文化维度与价值导向探析

社会的凝聚力在很大程度上依赖于主流文化及其核心价值体系，共同的价值观使不同的人在一种文化中获得精神归属感，并在思想和行为上遵循基本的价值准则、判断尺度。实现中华民族的伟大复兴，必须有强大的精神和信仰支撑。党的十八大报告指出，社会主义核心价值体系是兴国之魂，决定着中国特色社会主义发展方向。倡导富强、民主、文明、和谐，倡导自由、平等、公正、法治，倡导爱国、敬业、诚信、友善，积极培育和践行社会主义核心价值观。牢牢掌握意识形态工作领导权和主导权，坚持正确导向，提高引导能力，壮大主流思想舆论。

任何社会都有其核心价值观，大众传媒参与核心价值体系的建构，事实上存在于各国的新闻与传播活动中，几乎所有国家都以所信奉的主流意识形态和价值体系来掌控媒体，不同程度地影响着新闻出版的价值向度。可以说，新闻出版与价值领域有着非常复杂的互动，报纸、书刊提供了构成人的世界观、行为或认同性的材料。在建设文化强国的语境中，必须以社会主义核心价值体系引领出版文化建构，最大程度地提升主流文化的吸附能力，通过精神共同体的纽带将民众维系在一起，让创新、创造的源泉竞相迸发、充分涌流。

## 一、出版文化的价值内核

作为一个特殊的文化生产行业，出版业与特定时代的文化氛围、价值变迁有着紧密联系。从历史上看，印刷术对促进人的自我认识和价值裂变起到了巨大作用。印刷术及其携带的文化解放力量，在历史进程中逐步释放出来，它渗透到各个阶层之中，创造自己的受众。当人文典籍、启蒙著作从精英阶层向普通民众广为流布时，社会文化、价值观念的裂变便不可避免。正如恩格斯所描述的那样：原先"禁锢在独卷手抄书内的思想，无法传扬到四面八方"，而在印刷术普及应用后，"欧罗巴吵吵嚷嚷，多么激动，多么震惊；熊熊的火焰，宛若狂飙，喷射而出……"① 由此，沉重的思想枷锁被砸碎，理性、自由、智慧和真理被唤醒，文艺复兴、启蒙运动和科学革命的浪潮，被注入更为强劲的推动力。书籍拓宽了人们的精神领地，使个体与社会、历史、文化处于不断互动之中，不同的人能够分享相同的文化，造就一种情感、思想、价值的联系纽带和交流方式。

传承社会文化、建构价值体系是出版业与生俱来的本质属性，价值理念对出版文化具有深层的制约作用。所有的出版活动都是在特定的价值理念指导下完成的，出版工作者的价值理解、价值选择和价值评价，决定了文化生产、传播的方向和路径。出版文化是在历史传承、现实活动的纵向与横向关联中，主体生产的出版物及其精神效应的总和，体现了物质文化与精神文化的有机结合。人类精神创造的各种成果，在技术转换和制度约束下，通过出版实践物化为社会文化产品，进而表征为知识接受、文化积累、风气营造、价值建构、行为规范等多种功能。

价值是出版文化构成的内核或基本要素，政治、经济、社会、宗教、法律、历史、传统等各个领域的价值与出版文化融合，形成出版业的内在灵魂，为人们提供思维认知和行为规范体系，展示出认识世界、改造世界的壮丽情景。由于现代社会的多元性特征，价值冲突广泛存在于社会生活的各个方面。在建立社会文化秩序的过程中，新闻出版发挥了重要功能，主导的认知模式、价值体系，代表认识社会、理解世界的基本方式。丹尼尔·贝尔指出，"每个社会都设法建立一个意义系统，人们通过它们来显示自己与世界的联系。这些意义规定了一套目的，它们或像神话和仪式那样，解释了共同经验的特点，或通过人的魔法或技术力量来改造自然。这些意义体现在宗教、义化和工作中。在这些领域里丧失意义就造成一种茫然困惑的局面。这种局面令人无法忍受，因而也就迫使人们尽快地去追求新的意义，以免剩下的一切都变成虚无主义或空虚感"②。共同的价值体系凝聚为制度化的精神力量，是大众交流、社会整合的深层意义符码，它为社会成员提供相似的文化想象和普遍话语。

作为人类文化创造成果的社会表现形态，出版是一种追求价值实现的活动，

---

① ［德］恩格斯：《咏印刷术的发明》，《马克思恩格斯全集》第41卷，北京：人民出版社，1956年，第43-44页。

② ［美］丹尼尔·贝尔著，赵一凡等译：《资本主义文化矛盾》，北京：生活·读书·新知三联书店，1989年，第197页。

其基本功能在于精心选择、编辑加工、保存和传播有一定价值的知识与信息。在不同的历史时期，人们信奉不同的核心价值体系，其出版实践也呈现出不同的文化风貌和价值向度。核心价值体系是一个社会的主流观念和评价标准，与人们广泛信仰的社会观念、家国思想、道德符号和行为准则等相联系。不同的思想家用不同的术语来指称核心价值体系：莫斯卡的"政治手段"或"伟大的迷信"，洛克的"主权原则"，索雷尔的"统治神话"，T. 阿诺德的"民俗"，韦伯的"合法性"，涂尔干的"集体表象"，马克思的"占统治地位的观念"，卢梭的"公意"，拉斯韦尔的"权威符号"，曼海姆的"意识形态"，斯宾塞的"公共情感"——所有这些和其他类似术语证明这些支配符号在社会分析中居于中心位置。① 作为支配符号，核心价值体系是制度化的观念模式，具有标准性、普遍性、指导性甚至强制性，它在权力机构的支持下，通过持久的宣传教育和话语转换，转化为一种信仰、习俗、道德、宗教和法律等日常实践系统的思想基础，并促使社会成员认清其利益，树立一致的价值取向。出版物是信息、知识生产、传播和接受的载体，必然受到核心价值体系支配并根据时代要求不断变化。

在我国，社会主义核心价值观为出版文化活动提供了根本导向和依据。出版活动融精神生产与物质生产于一体，既是知识生产、信息传播、文化积累、心灵濡染的综合过程，又是文化产业的重要组成部分。随着媒介技术和文化产业的发展，互联网、手机等新媒体方兴未艾，信息技术进步和传播载体变革拓展了新闻出版业的内涵与外延，数字出版开辟了全新的产业空间，纸质书刊、互联网、阅读器、手机出版和 iPad 阅读同步发展。出版的形式和载体更为丰富，数字化成为新的时尚和潮流，但出版的文化本质并没有改变，经典著作、人文书籍能够激发人们的深度思考，让读者感受厚重的历史积累和文化底蕴，在沉思和怀想中燃起心灵的火花。尤其是在社会历史转型时期，出版人深邃的文化理念，敏锐的发现眼光，睿智的价值选择，可以造就、培育某种精神风尚、文化潮流，形成某种集体的价值心理，影响人们的思想、行为方式。促进文化认同，推动价值共享，生产丰富多样的文化产品，提升大众的精神文化质量，是出版活动追求的首要目标。文化内涵、价值导向、社会效益和经济效益相结合，构成了评价出版实践的综合标准体系。

---

① ［美］C. 赖特·米尔斯著，陈强、张永强译：《社会学的想像力》，北京：生活·读书·新知三联书店，2001 年，第 38 页。

## 二、社会主义核心价值观的导向作用

当今世界，人类对于发展的看法正在改变。经济社会发展，不能把市场作为唯一的风向标。创造财富，追求利润和效率，不应是人生存的终极核心价值。新闻出版业弘扬社会主义核心价值观，就是要坚持以人为本，树立远大的文化理想，倡导正确的价值导向，以服务人民为根本宗旨，以满足人民群众精神文化需求、促进人的全面发展为根本目的，在满足人民群众精神文化需求、尊重人民群众主体地位、实现人民群众基本利益诉求中推动发展。[①]

当代新闻出版所处的文化语境具有特定的时代内涵，人们的接受心理和价值期待也相应地发生了转变。丹麦未来学家沃尔夫·伦森认为，人类在经历狩猎社会、农业社会、工业社会和信息社会之后，将进入一个以关注梦想、历险、精神及情感生活为特征的梦幻社会。人们消费的注意力将从物质需要转移到精神需要，从科学和技术转移到情感和逸闻趣事。联合国世界文化与发展委员会指出，从人类的角度重新定义发展，便将文化从发展思想的边缘地带带到了中央舞台。在这样的情况下，经济发展观、人类发展观和文化发展观可能融合为一种更全面的发展中世界转型理论。[②] 文化的核心价值，对新闻出版、经济活动与人类发展具有深层的导向意义，它促使物质文明和精神文明得到全面发展，提升人的精神境界，避免人沦为纯粹的经济动物。

社会的核心价值观，应该在文化资源再生产中起到主导作用。出版业所提供的产品和服务不同于一般的商品，具有自身特殊的属性，它们既产生经济价值，又产生文化价值，出版物综合了文化价值与商品性特征，是文化与经济相联系的结合部。出版业包含着精神文化的创造，在战略目标上必须坚持把社会效益放在首位，着力提升书刊的人文内涵，以人为本抚慰心灵、陶冶情操，培养审美情趣，凝聚价值共识，提升人的精神境界，推动社会文明进步。市场经济以利润最大化为基本原则，而文化对经济活动具有纠偏作用，为商品生产、交换、消费设立价值底线。

---

① 新闻出版总署：《新闻出版业"十二五"时期发展规划》，http://www.gapp.gov.cn/cms/html/21/508/201104/715451.html，2011年4月20日。

② ［澳大利亚］戴维·思罗斯比著，王志标、张峥嵘译：《经济学与文化》，北京：中国人民大学出版社，2011年，第72–73页。

出版业内在地包蕴着价值维度和精神指向，其最终目的是服务于人的心灵，为人们提供丰富多样的精神体验，使大众在潜移默化中接受社会主流的价值观念。必须看到，全球性的消费文化扩张，使出版业遭遇了前所未有的挑战。约翰·汤姆林森指出，在全世界的文化商品中出现了明显的"趋同现象"（convergence）和标准化。从服装到食品、到音乐、到影视、到建筑，莫不如是。如果我们假定说，这些商品突出的遍布全球的存在现象，本身就是走向资本主义单一经营的一种趋同现象的标志的话，那么，我们或许就是正在使用文化的一个相当贫瘠的概念：把文化降低到了物质商品的地步。文化应当被看作是存在的意义的象征化和体验。① 就出版业而言，应该以创造价值归属感为核心，改变大众纯粹实用主义的需求方式，提升内容生产、心理体验的境界。

出版业的"价值链"，既联结着物质经济，也维系着精神向度，要防止出现畸形的消费主义文化，避免消费至上、拜金主义的倾向。在建设文化强国的进程中，出版业要大幅提升原创生产能力，注重高品质的文化品格，增强其对人的精神浸润作用，以净化人的心灵，提升公民思想道德素质，丰富大众的审美情感。发展出版业，是实现文化惠民、提升人民群众生活品质的重要途径，也即从根本上造福民生，让民众有更多的文化选择，更好地享受文化人生。

## 三、价值导向与市场取向统筹兼顾

必须看到，近年来的出版也一定程度地存在"精神滑坡"的现象，文化和价值缺失成为不容忽视的问题。在功利主义的价值取向下，一些出版机构为了迎合市场，追求眼前的经济利益，争编教辅书，或者热衷快餐读物，导致垃圾图书泛滥。更有甚者，个别出版社靠卖书号度日，为书商做来料加工；还有的出版社为了达到赚钱目的而不择手段，推出诲盗诲淫的书刊。如一本名为"令人战栗的格林童话"的"童书"充斥着色情、暴力等内容，在十年之间，该书竟然先后由三家出版社陆续推出，令人拍案惊呼："勿使出版文化堕落为印刷经济！"② 过度的商业化、世俗化和逐利心态，造成出版文化品位和内在价值的降低。

① ［英］约翰·汤姆林森著，郭英剑译：《全球化与文化》，南京：南京大学出版社，2002年，第120－121页。
② 贺圣遂：《勿使出版文化堕落为印刷经济》，《中国编辑》2011年第2期。

其实，强调文化追求和价值导向，并不是否定出版的市场取向。从我国的实际情况来看，新闻出版业不仅是文化的主阵地，还是文化产业的主力军，国民经济增长的新亮点。做优做大做强新闻出版产业，提高新闻出版业整体实力和竞争力，是实现新闻出版强国目标的主攻方向之一。激发市场主体活力，促使出版经济和出版文化协调发展、产业经营和文化建设齐头并进，出版业才能真正走向强大。

出版业的价值导向与市场取向是可以统筹兼顾、协调共生的。商务印书馆历经百年而不衰的秘诀，就在于它把对文化理性的追求与对商业利益的追求有机地结合在一起，是以文化理性为体，商业利益为用。中华书局、生活·读书·新知三联书店基本上沿袭了这条路径。德国的苏尔塔普出版社，规模并不大，但其社长翁泽尔德逝世时，德国总统和欧洲政要纷纷前来送行，因为这家出版社的"彩虹出版计划"为战后德意志民族重建自己的信仰及精神支柱，持续地提供了两千余种优秀出版物。① 当代中国出版置身于市场、竞争、技术变革的时代，文化环境发生了巨大变化，但出版物中的精神内容和价值指针仍然不可或缺。必须围绕社会主义核心价值观，释放文化生产力，更加理性地去认识和适应出版物市场，营造出版文化创新环境，使书刊等读物融认识、教育、审美、实用等多方面功能于一体。

在建构出版文化、倡导价值导向方面，出版人应该发挥专业化文化生产者与传播者的核心作用。按照马修·阿诺德的说法，文化是"通过阅读、观察、思考等手段，得到当前世界上所能了解的最优秀的知识和思想，使我们能做到尽最大的可能接近事物之坚实的可知的规律……达到比现在更全面的完美境界"②。思想传播、知识接受、价值渗透，都不是一个立竿见影的过程，而是潜移默化式的积累和沉淀。对于出版业来说，每一个编辑都可以为核心价值观普及起到自己的作用。"图书不只叙述历史，而且创造历史。"③ 出版物是出版从业人员理性判断、选题策划、筛选和加工的结果，出版人的知识结构、欣赏水平、价值理念和职业操守对出版产品的选择有着很大的影响。肩负着传播人类

---

① 郝振省：《重视对出版文化理性问题的研究》，《中国编辑》2010 年第 4 期。
② ［英］马修·阿诺德著，韩敏中译：《文化与无政府状态》，北京：生活·读书·新知三联书店，2002 年，第 147 页。
③ ［美］罗伯特·达恩顿著，熊祥译：《阅读的未来》，北京：中信出版社，2011 年，第 210 页。

思想文化、建构主流价值使命的出版业，完全可以与市场化取向取得某种一致，像经典著作、学术名著、文化读物也具有很高的商业价值，关键是如何去进行创意开发。在"快餐文化"的旋风中，出版业应完善出版机制、健全规章制度，研究制订出版物价值评估的新标准和新方法，努力成为高雅文化的普及者和主流价值建构的推动者、引领者，防止文化寻租、精神萎缩、粗制滥造、过度跟风及炒作等现象，避免出版文化生态危机。

社会主义核心价值观贯穿于出版文化建构中，应建立更为开放、有效的主流文化引领目标和认同系统，获取有益的出版资源。面对今天的新媒体生态及文化表征，主流意识形态如何对其进行引领，如何以更大的包容度吸收合理的成分，对核心价值观建构的方式作出调整，形成共识路径，这些都值得新闻出版业进行深入探索，从而彰显出版文化的先行性、先导性。我们正处于一个前所未有的历史文化转型期，出版工作者应站在历史的高度，秉持先进的出版理念，把握时代的价值流向，制订深邃的文化战略、长远的品牌谋略和科学的营销策略，以一种积极、自信的心态，推动出版文化发展和繁荣，为伟大的变革时代提供共享价值和精神家园。

（原载于《出版发行研究》2013 年第 4 期）

# "一带一路"背景下中国价值观的国际传播路径

习近平 2013 年提出建设丝绸之路经济带和 21 世纪海上丝绸之路的重大倡议，正逐步从理念变为现实。如今，"一带一路"建设取得重要进展，已经成为促进全球互联互通、合作共赢的中国方案。党的十九大报告要求，"积极促进'一带一路'国际合作，努力实现政策沟通、设施联通、贸易畅通、资金融通、民心相通，打造国际合作新平台，增添共同发展新动力"①。在"一带一路"建设的系统工程中，民心相通是至关重要的一环。按照习近平的论述，"民心相通是'一带一路'建设的重要内容，也是关键基础"②。而民心相通的关键是文化相通、价值观相通，也就是文化上的认同和价值观的相互理解与尊重。承载着中华民族伟大复兴的百年梦想，开启真正的全球性大国之旅，"一带一路"不仅仅是经贸之路，更是和平之路、文明之路，中国文化、中国价值观在世界范围内的传播将进入一个新阶段。

"中国梦"指引的中华民族伟大复兴，不仅是一个东方大国在和平发展道路上的崛起，更是有着辉煌历史的中华文明复兴。2017 年 5 月 14 日，习近平在"一带一路"国际合作高峰论坛上指出："'一带一路'建设要以文明交流超越文明隔阂、文明互鉴超越文明冲突、文明共存超越文明优越，推动各国相互理解、相互尊重、相互信任。"③ "一带一路"建设将有力推动文化交流与合作，形成"五色交辉，相得益彰；八音合奏，终和且平"的新乐章。延续中国五千年的文明传统，融汇现代人类文明成果，中华文明将在当代世界文明版图上展示其深远的内涵和价值。随着"一带一路"建设的深入，加强软力量建设，扩展文化交流，推动中国价值观的国际传播，显得愈发紧迫和重要。基于此，本

---

① 习近平：《决胜全面建成小康社会　夺取新时代中国特色社会主义伟大胜利——在中国共产党第十九次全国代表大会上的报告》，《人民日报》，2017 年 10 月 28 日。

② 习近平：《弘扬丝路精神　深化中阿合作——在中阿合作论坛第六届部长级会议开幕式上的讲话》，《人民日报》，2014 年 6 月 6 日。

③ 习近平：《携手推进"一带一路"建设——在"一带一路"国际合作高峰论坛开幕式上的演讲》，《人民日报》，2017 年 5 月 15 日。

文将着力阐明"一带一路"背景下中国价值观的跨文化传播路径，立足传播对象的文化语境，探析传播文本的叙述和修辞策略，实现传播内容的话语转换，以促进"一带一路"沿线各国对中国价值观的认同，为构建人类命运共同体提供文化支撑。

## 一、内涵提炼：中国价值观的理念概括与国际话语融通

要理解中国，首先必须理解中国的价值观。中国价值观是中国文化精神的核心构成要素，是中国文化的灵魂和意识形态的观念基础，是中国人民的心灵纽带和精神家园。中国价值观来源于中国人的实践与生活，又对实践与生活具有导向作用，是中国人民现实生活的生动诠释。中国价值观反映了中国人民的伟大实践、精神风貌和生命诉求。要让其他国家的人们了解中国社会、中国文化和中国人民，最重要的途径之一就是以一种恰切的方式阐明中国价值观。在"一带一路"背景下推进中国价值观的国际传播，其实质是提升国际社会对中国的文化认同和价值认同。中国国家形象的提升，离不开中国文化和中国价值观获得世界各国的广泛认同。2016 年 12 月 5 日，习近平主持召开中央全面深化改革领导小组第三十次会议，会议审议通过了《关于加强"一带一路"软力量建设的指导意见》。会议指出，"软力量是'一带一路'建设的重要助推器。要加强总体谋划和统筹协调，坚持陆海统筹、内外统筹、政企统筹，加强理论研究和话语体系建设，推进舆论宣传和舆论引导工作，加强国际传播能力建设，为'一带一路'建设提供有力理论支撑、舆论支持、文化条件"。① 软力量在"一带一路"建设过程中至关重要，通过软力量将相关国家构造为发展共同体、命运共同体，"一带一路"建设才能真正获得各方支持、参与，取得长远实效。

有效提升中国价值观的国际传播力，是软力量建设不可或缺的重要一环。从对外传播的角度来看，习近平高度重视当代中国价值观传播，他在中央政治局第十二次集体学习时指出，"要加强提炼和阐释，拓展对外传播平台和载体，把当代中国价值观念贯穿于国际交流和传播方方面面"②。"一带一路"沿线国

---

① 《习近平主持召开中央全面深化改革领导小组第三十次会议强调　总结经验完善思路突出重点　提高改革整体效能扩大改革受益面》，《人民日报》，2016 年 12 月 6 日。

② 习近平：《提高国家文化软实力》，《习近平谈治国理政》，北京：外文出版社，2014年，第 161 页。

家历史悠久，民族、宗教和文化丰富多样，价值观不尽相同，我们要以"一带一路"建设为契机，不断提高国际话语权，增强文化软实力，让不同的国家、民族从对话和交流的场域中重新发现中国，通过中国价值观的影响力来宣示自己在国际舞台的"在场"状态。

在世界文明转型的语境中，价值观是文明转型、文明对话的深层内核。面对全球范围内的价值多元化格局，西方价值观在国际上的强势影响，西方话语霸权以及少数国家对中国的意识形态偏见，我们必须推进中国价值观传播能力的现代化、国际化，需要在"和而不同"基础上优化中国价值观的国际传播策略，完善话语转换机制，提升中国价值观在"一带一路"沿线各国的认同度，树立富强、民主、文明、和谐的东方大国形象，使"一带一路"建设真正实现民心相通。

对外传播中国价值观重在说明阐释，旨在世界的认可理解。我们要用中国道理丰富世界通行的价值概念的内涵，用中国式的话语方式丰富全世界的价值表达。融社会主义核心价值、中国传统文化价值、西方现代文化价值于一体，以融通中外的话语提炼中国价值观及其表达方式，探索其国际传播的理念、内涵、功能、原则、形态、话语体系、生态、环境、受众、效果，将中国价值观的研究系统化，形成更加完善的基本框架和理论体系。

在"一带一路"建设过程中，我们要以新的理念提炼中国价值观，从内涵表达、话语转换等层面，推出一系列有针对性符合中国特色、民族特性和时代特征的新概念与新表达，使之易于被各国理解和接受，从而提升中国价值观的国际影响力。党的十八大以来，习近平提出实现中华民族伟大复兴的"中国梦"，就是建立在中国价值观的基础之上，建构起了中国人的民族凝聚力和认同感，充分凸显话语的概括性、内容理念的吸引力和表达方式的感召力，极大地提升了中国的国际影响力。可以说，"中国梦"是中国价值观凝练的典范。习近平谈治国理政包括"一带一路"建设的系列重要讲话中，提出的新理念、新表达，其中所蕴含的中国价值观，在国际上达到了良好的传播效果。

## 二、态度认知："一带一路"沿线各国的传播环境与利益格局

民心相通涉及领域广泛，不同的文化和价值观最能反映各国之间的相互态度。民心相通是"一带一路"建设中的社会和民意基础，跨文化对话是沟通民

心的有效途径。我们要摸清"一带一路"沿线国家的传播环境及其对中国的主流认知，跨文化对话才有可能进行。历史上，"一带一路"沿线国家之间的交流有着深厚渊源和人文基础。近现代以来，由于地缘政治格局的复杂性，亚欧大陆上不同文明的激烈碰撞和价值观冲突屡见不鲜。今天，"一带一路"面临的地缘政治风险更趋多样化，涉及政治、经济、社会、宗教、文化等诸多因素。"一带一路"沿线有多种文明、上百种语言并存，巨大差异往往容易带来误解和摩擦。

在复杂多变的国际传播环境中，由于文化、文明的误解和价值观念的差异，中国并不完全被"一带一路"沿线各国所理解和认同。国际舆情是价值评判最直接的反映，舆论背后深层的底蕴是价值观。"一带一路"建设在沿线国家引起的反响是不一样的，一些国家的媒体、智库和学者对"一带一路"表现出很高的热情，也有一些国家表现出疑虑、矛盾的态度，少数国家对此比较冷漠甚至是批评、抵触，这需要我们将调查研究与大数据工具结合起来，具体梳理外界的观察视角和代表性观点、他们对中国的态度认知，从而有针对性地进行回应、引导。

我们要深入研究"一带一路"的国际传播格局，把握沿线各国文化精神的内涵，寻找与中华文化的契合点、共通点，以求真正实现民心相通。中华文化、中国价值观的国际传播，必须要找到与各国不同文化、不同价值观的融汇点。从文化和价值观层面考量，民心相通包括了价值观的相互了解、主动调适、交融互渗，从而形成命运共同体。以佛教融入古代中国为例，作为外来文化的佛教之所以能够经由丝绸之路融入文明高度发展的中国，这与其在中国的本土化是密不可分的。起源于印度的佛教能够在古代中国兴盛，一是因为佛教传入时的中国社会与佛教产生时的古印度社会具有相似性；二是因为佛教弥补了儒教和道教的不足，释儒道三家实现了互补；三是因为佛教主动进行调适，积极适应中国社会。可以说，佛教传入中国是中外经济文化交往扩大、加深的结果，采取的是地缘渗透的方式。今天，中华文化、中国价值观的国际传播，必须考虑所在国的文化、宗教状况，积极适应所在国国民心理。

针对"一带一路"沿线国家的政治、经济、文化、宗教等特点，我们需要更好地塑造一个有利于中国价值观沟通民心的国际传播环境，实施更精准的人文交流专项规划。"一带一路"建设启动以来，各类丝绸之路人文合作项目在不同领域有效展开，诸如艺术节、影视桥、文化年、旅游年、智库对话、媒体合作、学术研讨会等取得了很大成效。在未来的中长期规划中，我们要制定实施更精准的人文交流专项规划，统筹协调已有各类人文交流渠道、系统规划，形成合力。创新合作方式，发挥地方和民间的积极性、主动性、创造性，发挥各类社会组织在人文交流中的积极作用。这要求我们坚持问题导向，着力补上中外人文交流的短板和薄弱环节，增进国外对中国发展道路和价值观的理解认同。

价值观与利益观是统一的，"一带一路"建设为中国价值观国际传播提供了新契机，但也为国际社会带来了新的政治利益和市场利益博弈。"一带一路"建设客观上符合大多数国家、地区和人民的根本利益，丰富了国际合作的内涵，是新时代全球治理新模式的积极探索，体现了中国智慧。从深层来看，"一带一路"建设也为中国与西方强国开展软实力竞争提供了平台，其中必然包含着全球治理格局中的利益博弈。在某种意义上说，中国价值观的国际传播也是一种利益取向，是中国引领的一种符合共同价值的利益取向。中国推动全球治理在价值取向上更加注重互利共赢，维护"一带一路"沿线国家、地区的利益。从人类命运共同体角度看待"一带一路"建设，利益共同体、价值共同体和责任共同体是有机统一的。

## 三、文本创新：公共外交和文化产品"走出去"的国际化叙事策略

要推动中国价值观的国际传播，必须依托一定的载体，载体拓展和文本创新是价值观国际传播的重要支撑。这些载体包括事件活动、公共议题和文化产品等。在这方面，美国特别重视以各种不同的载体输出其价值观，他们的政府、媒体、宗教乃至学术机构都在以各种方式向海外输出其价值观，扩大其价值观在全球的渗透力。美国价值观输出的文本创新体现在：一是文化产品的国际化叙事，如好莱坞电影、动画片等；二是全球公共议题的"正义"话语修辞，如打着民主、人权、人道主义的幌子；三是"去中心化"的公共外交，如媒体、NGO（非政府组织）、公关组织以及公民，更加强调公众主体和价值中立，其价值观输出更具隐蔽性、迷惑性。目前，中国价值观的国际传播如何在载体和文本方面进行创新，这是值得深入研究的。

反思中国价值观的国际传播，还存在诸多问题。例如，在公共外交方面，渠道和手段较为单一，对外传播未抓住主动权，未能把握好宣传与传播的适度

张力。公共外交的重要抓手是人文交流，但我们当前的运作理念和方式缺乏创意，在寻找共同话题、共同语言、共同叙事模式、共同价值观方面还有很大的提升空间；在文化产品"走出去"方面，缺少能够凝聚中国价值观的创意品牌，文本的国际化叙事探索不够，未能充分考虑不同国家的社会、文化、宗教和心理特征。针对这些问题，中国价值观国际传播中的文本亟须进行创新。无论是人文交流活动、公共议题或文化产品，都要借助文本符号形式和叙事方式，努力寻找其中的符号运作规律和国际化叙事策略。

公共议题要创新修辞和叙述方式，传播中国价值观。公共议题带有普遍性，中国如何以国际化的话语生产方式主导"一带一路"沿线的公共议题，通过价值观的相互贯通，塑造命运共同体意识，这是我们必须面对的问题。在人权、环保、气候、发展等全球议题的讨论中，中国需要打造新的叙述逻辑和修辞方式，由普遍化、同质化的"宏大叙述"的话语体系转向更务实、更贴近的国际话语，创新文化沟通思维，发展共同价值观。我们应关注公共议题背后的权力运作问题，"一带一路"沿线国家如何表达、理解与自身利益或远或近的公共议题，中国应该通过什么样的修辞、符号、叙事、解释框架、文本来建构自己的话语体系和价值观。

人文交流活动应该"以人为主"，使中国价值观进入人的心灵。人文交流对传播中国价值观有着十分重要的作用。但这种交流活动，不是简单地宣讲中国价值观，更不是随意"烘托气氛、装点门面"，我们需要转换人文交流的思路。人文交流的主体应该转变，政府成为引导者和监督者，各种民间力量应该走上舞台，在文化、科技、教育、体育等领域不断加强合作。特别是运用网络新媒体，推介各种文化活动。在活动中突出"以人为主"，寻找共同话题、共同语言、共同叙事模式、共同价值观，实现本区域文化的共同繁荣，践行"命运共同体"的价值理念。

文化产品需运用国际化叙事策略，实现中国价值观的具象符号转换。中国的文化产品要"走出去"，必须运用国际化叙事策略，讲好中国故事。在全球文化软实力竞争日益加剧的大环境中，价值观的国际传播愈发依赖文化贸易。越是遵循国际化叙事规律的文化产品，越具有商业价值，越占据着价值观传播的高地。在"一带一路"沿线，我国文化产品的竞争力与英国、韩国、日本等国相比，仍然有一定的差距。"一带一路"包含着中国千百年来的文化叙事，我们要在文化产品中延续这种叙事，以本土化的资源、国际化的视野拓展中国价值观的传播空间。中国的文化产品要适时转换策略，构建新的叙事类型，掌握对中国传统文化和改革开放伟大实践的阐释权，运用国际化思维，挖掘中国文化元素。我们要创新文化产业形态，消除语言文字、欣赏习惯、接受心理等障碍，积极开拓"一带一路"沿线文化市场，以实现自我文化身份在"一带一路"建设中的重新确认。

文化符号体系、国际化叙事方式是"一带一路"民心相通的重要纽带。新闻出版、影视、动漫、网络游戏等文化产品，对传播中国价值观有着不可替代的作用。我们要深入挖掘中国价值观国际传播的文化资源，对文化产品的国际化叙事策略进行研究。从叙事学的角度来看，对叙事文本的认同就是对文本背后所代表的价值观的认同，因此我们要不遗余力地推进文化创新与产业发展，通过国际化叙事文本传播中国价值观。文化产品积极探寻"讲好中国故事、传播好中国声音"的国际化叙事策略，从跨文化叙事学的层面为中国故事、中国价值观的对外传播提供新思路和新技巧，使中国的精神产品在"一带一路"沿线国家的吸引力、感染力不断增强。

## 四、协同推进：中国价值观国际传播的多维创新

中国价值观国际传播的主体包括政府、社会组织、传媒机构、公众和华人华侨等，多主体的协同作用，更能彰显传播效果。如美国价值观之所以能够在国际上处于强势地位，是多主体协同统一、整合传播的结果。

价值观国际传播的渠道，包括中国媒体海外落地、我国主办的外语版本频道或网站、借力境外媒体、社会化媒体、汉语文本外译等。目前这些渠道的协同机制建构还没有完善，传播效果不佳。"一带一路"背景下中国价值观的国际传播渠道应中外结合、兼收并蓄，通过强势传播和弱势传播的有效融通，实现对外传播效应的最大化。

在价值观国际传播过程中，我国的对外传播渠道建设已经取得了很大的进展，如中国网、人民网、新华网、央视网等都形成了多语种的对外传播渠道，但这些传播渠道不太注重表达策略、叙述策略和修辞策略，未能根据不同的传播对象采取灵活的传播策略。期待一个模式化的对外传播文本能吸引不同国家、不同阶层的受众，这显然是不现实的。我们应着眼于"一带一路"沿线国家的文化差异性、价值观差异性，采用多策略协同建构传播的扩散效应。

在新媒体时代，文本的内涵和形式都发生了极大的变化。除了传统的口头文本、纸质文本、视听文本之外，数字化符号文本方兴未艾，成为人们日常生活中更广泛和频繁阅读的"文本"。新形态文本是一种混合体，蕴含着更强的渗透力。不同的文本形式具有不同的传播优势，形式与内容、价值观有着紧密关系。在"一带一路"建设中，我们要根据不同的传播内容、传播对象，分别利用口头文本形式、纸质文本形式、舞台文本形式、影视文本形式、数字化符号文本形式等多种手段。多形式协同建构传播的文本矩阵，使文本的外化形式更贴近受众的期望，创制"亲近性"文本，潜移默化影响国外读者。

不同的话语体系，在价值观国际传播中的功能是不同的。如官方话语具有阐述政策、表达政治价值观和政治理念、回应舆论热点或公共议题、宣扬法律合理性和道德正义性、建构国家形象等重要作用。媒体话语与官方话语交错扭结，形成呼应或补充。学术话语则承载着思想交流、文明传承、价值观研究的功能，在当今不同国家的价值体系构建中发挥着不可或缺的作用。民间话语在价值观传播中的作用也不可忽视，公众也可以成为人文交流的使者、公共议题的评论者、价值观的践行者和阐释者、政策的推动者。华人华侨熟悉所在国的情况，其话语的针对性更强。我们要发挥官方话语、媒体话语、学术话语、民间话语、华人华侨话语的协同作用，推进中国价值观在"一带一路"沿线获得深度融通。

据统计，华人华侨在"一带一路"沿线各国的总数量超过 4 000 万，华人力量在东南亚地区的影响尤其明显。2015 年，国家发展改革委、外交部、商务部联合发布的《推动共建丝绸之路经济带和 21 世纪海上丝绸之路的愿景与行动》，特别提及要充分发挥广大海外侨胞的优势作用，积极参与和助力"一带一路"建设。[①] 从文化交流的角度来看，华人华侨是中华文化和中国价值观有效的传播者，也是跨文化传播主体互动与协同不可或缺的一环。华人华侨能够用当地人听得懂的语言，用中外两种文化融会贯通的方式来讲述"中国故事"，更易被接受。在"一带一路"建设中，中国需要向世界传递发展理念，同时也需要了解世界的需求，在此过程中，必然要克服不同文化间的隔阂，华人华侨通晓两国文化风俗，是最好的传播者。华人华侨在中国价值观国际传播中发挥

---

① 国家发展改革委、外交部、商务部：《推动共建丝绸之路经济带和 21 世纪海上丝绸之路的愿景与行动》，《人民日报》，2015 年 3 月 29 日。

桥梁作用，对促进中国价值观对外传播诸主体的协同创新以及侨务公共外交讲好"一带一路"的中国故事，具有独特的角色功能。

## 五、效果反馈：大数据语境下中国价值观国际传播的评价指标体系

"一带一路"沿线国家众多、文化多元、宗教多样、信息源复杂、价值评判标准迥异，动态监测各国的涉华舆情和价值态度，是了解中国价值观国际传播效度的基础工作。确定"一带一路"沿线中国价值观国际传播的效果，需要建立一定的评估体系，以此分析中华文化和中国价值观国际传播的各个要素，包括传播主体、传播渠道、文本内容、接受对象、价值评判、国际效度等方面。

在全球互联互通的互联网时代，新媒体和大数据工具为"一带一路"建设提供了技术动力。国与国之间的人文交流、价值观对话，新媒体在其中发挥着越来越大的作用。新媒体极大地改变了人们的信息获取方式，改变了传统的价值观表达方式、舆论生成机制和传导方式。不同国家的用户可以通过更为多样的渠道获取信息，并且可以对相关的信息进行评论与反馈，及时表达自己的价值观。在新媒体背景下，"一带一路"沿线文化传播模式有了更多的路径。新媒体在文化和价值观传播、增进互信、凝聚共识等方面发挥着不可替代的重要作用。

大数据技术为中国价值观国际传播效果评估提供了极大便利，大数据工具有利于我们及时掌握"一带一路"沿线国家的涉华舆情、价值评判，并采取相应的传播策略，拓展中国价值观传播路径。我们应借助大数据方法系统，整合大数据信息采集技术、信息智能处理技术和云计算技术，科学监测信息源，将定向采集和元搜索结合，对海量信息进行挖掘、整理，兼顾信息的广度和深度，把握"一带一路"沿线代表性国家的涉华舆情和价值态度，研究相关的、层次化的定量与定性相结合的监测模式、监测指标。

鉴于"一带一路"研究的已有成果在受众、效果等方面的实证性研究存在着严重不足，我们要大力加强以调查研究和大数据为基础的价值观国际传播的实证性研究，为跨文化传播提供更为有力的支持。学术界要走出"一带一路"对外传播研究的既有模式，借助新媒体技术和大数据工具，把握"一带一路"沿线国家的涉华报道、涉华舆情和涉华价值评判现状，提出更有针对性的引导策略和路径。无论是从应用还是理论层面，"一带一路"建设都需要我们建立

有关中国文化和中国价值观的国际传播主体、传播渠道、文本内容、国际效度等多个要素的评价指标体系，以应对国际传播的现实需求。这需要学术界对国际传播的多样性和复杂性进行充分、系统的考量，才能使得理论上构建的中国价值观国际传播评价指标体系在实践中发挥作用。我们应该充分考虑"一带一路"沿线受众因素的差异性、复杂性，从中国价值观的核心理念、理念落地、受众认知态度等多方面，探索中国价值观的影响因子，确定各指标的权重，使评估指标体系更具可行性与指导性，通过实证研究检验该评估指标体系的科学性、实用性。

依托大数据技术和人工定性分析进行的传播效果评价，是为了更好地完善"一带一路"背景下中国价值观国际传播的现实路径。我们应以大数据为基础，把数据仓库、联机分析处理、数据挖掘、模型库、数据库、案例库结合起来，通过互联网海量信息自动抓取，将"一带一路"沿线涉华舆情自动分类聚类、主题检测、专题聚焦，形成有关情绪、心理和价值观倾向性的研判，探讨其中的价值立场、公共议题倾向、叙述模式、价值标准、利益诉求等，形成简报、研究报告、图表等成果，并提供一整套涉华舆情和价值态度的处置方案，包括各方立场、问题诊断、传播路径改善、价值态度引导、传播效度提升等，及时向主管部门提交反馈，最大限度地提升各参与部门、主体之间的行动协调性，为中国价值观国际传播的各参与主体提供参考依据。

综上所述，随着"一带一路"建设的全面展开，我们必须把中国价值观贯穿于国际交流和传播的方方面面。但是，既有的跨文化传播方式遇到诸多挑战，原有的叙事方式、话语方式逐渐缺少说服力和解释力，其传播途径也存在单一等问题。必须促使中国价值观与"一带一路"沿线人文交流无缝对接，形成中国价值观国际传播的合力，让中国精神在国际上焕发蓬勃的生命力。

（原载于《学术界》2018 年第 5 期）

# 人类命运共同体构建与中国价值观的国际传播

以习近平同志为核心的党中央着眼于全球治理体系变革的新格局，倡导构建人类命运共同体，为促进世界各国合作共赢提供了新思路。党的十九大报告强调："坚持推动构建人类命运共同体。中国人民的梦想同各国人民的梦想息息相通，实现中国梦离不开和平的国际环境和稳定的国际秩序。必须统筹国内国际两个大局，始终不渝走和平发展道路、奉行互利共赢的开放战略，坚持正确义利观，树立共同、综合、合作、可持续的新安全观，谋求开放创新、包容互惠的发展前景，促进和而不同、兼收并蓄的文明交流，构筑尊崇自然、绿色发展的生态体系，始终做世界和平的建设者、全球发展的贡献者、国际秩序的维护者。"① 基于求同存异、和而不同的国际交往价值观，人类命运共同体思想以东方文化价值观为内核，传承了中华民族数千年的"和"文化精神，蕴含了中国传统文化的精华，为21世纪国际关系发展提供了不同于西方的新型文明交往范式，是东方古国在新时代为推动构建全球治理话语体系、促进世界各国合作共赢贡献的中国智慧。

构建人类命运共同体，要维护多样性的世界文化，以不同文化之间的融会贯通、不同国家和地区人民之间的心灵相通为基础。为了促进中国与世界各国的交流互鉴、合作共赢，我们必须进一步提升文化软实力，更加积极、有效地实施文化"走出去"战略，拓宽文化对外传播渠道和人文交流途径，使中国价值观成为全球共同价值建构中重要的精神力量，为人类寻求共同的价值目标提供来自中国的重要思想资源。习近平在全国宣传思想工作会议上指出："要不断提升中华文化影响力，把握大势、区分对象、精准施策，主动宣介新时代中国特色社会主义思想，主动讲好中国共产党治国理政的故事、中国人民奋斗圆梦

---

① 习近平：《决胜全面建成小康社会　夺取新时代中国特色社会主义伟大胜利——在中国共产党第十九次全国代表大会上的报告》，《人民日报》，2017 年 10 月 28 日。

的故事、中国坚持和平发展合作共赢的故事，让世界更好了解中国。"[①] 针对全球差异化、多元化的文化价值体系，加强中国价值观的对外传播，通过交流和对话确立一种共享的价值观念，在新时代显得十分紧迫和重要。特别是在中美贸易战以及"孟晚舟事件"错综复杂的背景下，中国价值观的国际传播有利于我们占据道义制高点，为我们在中美关系的战略博弈中赢得世界的道义支持，通过内外结合反击美国的贸易保护主义和强权政治。基于此，本文力图阐明构建人类命运共同体背景下中国价值观的国际传播路径，探讨其在全球多元文明场域中获得精神共享和价值认同的可能。

## 一、中国价值观与全人类的共同价值相通

信息时代经济全球化、世界多极化和文化多样化的趋势越来越明显，人类面临前所未有的大变局。当今国际秩序变革快速演进，世界力量对比发生种种变化，全球治理体系有待调整与完善。面对霸权主义、强权政治、保护主义和单边主义抬头所带来的严峻挑战，中国反对自私自利、短视封闭的国家利己主义，始终倡导共同发展、共享利益、共担责任、共同繁荣的人类奋斗目标。习近平在 2018 年中非合作论坛北京峰会开幕式上的主旨讲话中表示："中国把为人类作出新的更大贡献作为自己的使命。中国愿同世界各国携手构建人类命运共同体，发展全球伙伴关系，拓展友好合作，走出一条相互尊重、公平正义、合作共赢的国与国交往新路，让世界更加和平安宁，让人类生活更加幸福美好。"[②] 人类命运共同体理念旨在构建一种更加合理的全球生存和发展空间，昭示着对世界未来的总体构想和价值追求，是马克思主义社会价值理想的生动运用与集中体现。

遵循人类共同发展的价值理念，实现中国梦与构建人类命运共同体是和谐一致的，中国自身发展与世界各国整体发展息息相关。但是，由于特定社会历史文化语境中传播理念落后、传播技巧不足等种种原因，中国道路、中国形象、中国智慧、中国价值观被国际社会曲解的现象屡屡出现。正如习近平的论述，

---

① 《习近平在全国宣传思想工作会议上强调 举旗帜聚民心育新人兴文化展形象 更好完成新形势下宣传思想工作使命任务》，《人民日报》，2018 年 8 月 23 日。

② 习近平：《携手共命运 同心促发展——在 2018 年中非合作论坛北京峰会开幕式上的主旨讲话》，《人民日报》，2018 年 9 月 4 日。

"从历史上看，对价值观念来说，先进的未必一开始就能占据主导地位，落后的也不会自动退出历史舞台。由于西方长期掌握着'文化霸权'、进行宣传鼓动，当代中国价值观念存在太多被扭曲的解释、被屏蔽的真相、被颠倒的事实。同时，我们的阐释技巧、传播力度还不够，当代中国价值观念的国际知晓率和认同度还不高，有时处于有理没处说、说了也传不开的被动境地"①。因此，在国际交流方面，我们要加强当代中国价值观的提炼、阐释和对外传播，使人类命运共同体建设成为当代中国价值观走向世界的平台。

为了进一步推动中国梦与世界梦的有效对接，我们需要着眼于人类社会的共同利益，在超越国家、地区、民族和宗教之间价值观冲突的基础上，促进不同文明之间的兼容并蓄，追求基本的价值共识，使人类命运共同体建构为利益共同体、价值共同体和精神共同体。从文明维度来思考人类命运共同体构建，就是从文化交流、心灵沟通的层面来凝聚全球价值共识。文化是维系心灵的纽带，只有文化才能搭建不同国家"民心相通"的桥梁。而文化的核心是价值观，价值观相通便意味着文化相通、民心相通的真正实现。

由于主流价值观兼具历史性和现实性的特征，它必须植根于一个国家的国情，体现社会发展的根本要求。不同国家、民族之间的社会历史和文化传统不同，人们的价值活动、评判标准和思维观念不可避免地存在差异。习近平指出："价值观是人类在认识、改造自然和社会的过程中产生与发挥作用的。不同民族、不同国家由于其自然条件和发展历程不同，产生和形成的核心价值观也各有特点。一个民族、一个国家的核心价值观必须同这个民族、这个国家的历史文化相契合，同这个民族、这个国家的人民正在进行的奋斗相结合，同这个民族、这个国家需要解决的时代问题相适应。"② 当代中国价值观以社会主义核心价值观为内核，同时又有开放性和包容性。当代中国价值观熔铸丰富的精神资源，将传统文化与现代文化、精英文化与大众文化、民族文化与国际文化整合在一起，既保持中国特色，又与全人类的共同价值相通。习近平在第七十届联合国大会一般性辩论时的讲话中指出："和平、发展、公平、正义、民主、自由，是全人类的共同价值，也是联合国的崇高目标。目标远未完成，我们仍须

---

① 中共中央文献研究室编：《习近平关于社会主义文化建设论述摘编》，北京：中央文献出版社，2017 年，第 199 – 200 页。

② 习近平：《青年要自觉践行社会主义核心价值观——在北京大学师生座谈会上的讲话》，《人民日报》，2014 年 5 月 5 日。

努力。当今世界，各国相互依存、休戚与共。我们要继承和弘扬联合国宪章的宗旨和原则，构建以合作共赢为核心的新型国际关系，打造人类命运共同体。"① 当代中国价值观以其开放性和包容性为文明、和谐的东方大国奠定了精神根基，也与全人类的共同价值相通。

中国价值观的国际传播，应该是用文化浸润心灵，才能促成不同立场、不同观点、不同评价体系的相互认知、相互理解和相互尊重。人类命运共同体构建的过程，也是全球异质文明深度交流、碰撞的过程。"不同文明凝聚着不同民族的智慧和贡献，没有高低之别，更无优劣之分。文明之间要对话，不要排斥；要交流，不要取代。人类历史就是一幅不同文明相互交流、互鉴、融合的宏伟画卷。"② 在多元文明共存的当今世界，文化汇通、价值观相通是全球化良性发展的重要保障。正如习近平所指出的："每种文明都有其独特魅力和深厚底蕴，都是人类的精神瑰宝。不同文明要取长补短、共同进步，让文明交流互鉴成为推动人类社会进步的动力、维护世界和平的纽带。"③ 中华文明走向世界，其独特的精神内涵转化为人类共享资源，在文化的相互交流、碰撞、借鉴和融合中熔铸价值共同体。

立足于整个人类文明进步的全局，倡导合作与共赢的新型国际秩序，人类命运共同体思想从新的文明观出发，超越了西方中心论和霸权主义的"普世价值"，将世界各国相互尊重、交叉融合的"共同价值"作为文化理想和追求目标。2017 年 2 月 10 日，"构建人类命运共同体"理念首次被写入联合国决议中，体现了广大会员国普遍认同这一理念，也彰显了中国对全球治理的巨大贡献。④ 今天全球的利益冲突，究其实质是文化和价值观的差异。对此，西方学者从多方面进行过探讨。福山（Francis Fukuyama）的"历史终结论"将西方自由民主制度奉为"人类最后一种统治形式"，称之为"人类意识形态发展的终点"和人类历史的终结。福山的理论，是文化霸权主义和"西方中心主义"逻

---

① 习近平：《携手构建合作共赢新伙伴　同心打造人类命运共同体——在第七十届联合国大会一般性辩论时的讲话》，《人民日报》，2015 年 9 月 29 日。

② 习近平：《携手构建合作共赢新伙伴　同心打造人类命运共同体——在第七十届联合国大会一般性辩论时的讲话》，《人民日报》，2015 年 9 月 29 日。

③ 习近平：《共同构建人类命运共同体——在联合国日内瓦总部的演讲》，《人民日报》，2017 年 1 月 20 日。

④ 《"构建人类命运共同体"首次写入联合国决议》，《新华每日电讯》，2017 年 2 月 12 日。

辑的产物。而亨廷顿（Samuel P. Huntington）以文明、文化冲突的分析范式探讨国际冲突的根源，认为文明差异是导致国际冲突的决定性因素。尽管亨廷顿所说的文明冲突是客观存在的，文化差异很难完全消除，但这种冲突和差异并不妨碍人类追求价值共识和精神共同体。滕尼斯（Ferdinand Tönnies）认为，"共同体是一种持久的和真正的共同生活"，是"人的意志的完善的统一体"。①共同体的维系，需要身处其中的成员具有某种精神属性上的相似性和"默认一致性"。人类命运共同体以整体思维、和合意识重构文化价值，在抵制现存文化霸权的同时，努力调和不同文明之间的冲突，让各国人民找到共同的利益关联和精神归属。

作为面向未来的一种愿景，构建人类命运共同体的目标并非短时间内即可实现。必须看到，搭建共担责任、共同发展的全球性平台，需要各国平等相待、互商互谅，以开放包容、携手共进的姿态寻求互利互惠、合作共赢。今天的世界，尽管和平、发展是不可阻挡的时代大潮，但国际形势错综复杂，霸权主义、强权政治、零和博弈依然存在，对全球的繁荣稳定构成挑战和威胁。2018年以来美国挑起的旨在打压中国的贸易战，让我们清醒地认识到，推动世界共同发展、凝聚人类共同梦想的美好理想与现实之间仍然存在着一定距离。中美贸易战实质上不是经济问题，中美贸易不平衡只是表象，而政治、意识形态、价值观则是问题的症结。"孟晚舟事件"也让我们清醒地意识到西方世界遏制中国高新产业发展的险恶意图，某些国家串通对中国和平崛起设置障碍。合则两利，分则两害。在经济全球化的过程中，"国际社会日益成为你中有我、我中有你的命运共同体"②。全球经济越来越趋向于一体化和高度相互依存，国与国之间只有增进相互理解和信任，加深各个领域的交流与合作，才能在共享发展的基础上扩大全人类福祉、凝聚共同价值。

人类命运共同体致力于建构全球共同价值，使"各美其美，美人之美，美美与共，天下大同"的价值理念汇入世界梦的宏大愿景。与世界各国携手同行，融入全球化健康发展的时代潮，人类命运共同体构建为中华文明复兴、中国价值观国际传播提供了前所未有的契机，硬实力与软实力齐头并进，中华民族文

---

① ［德］斐迪南·滕尼斯著，林荣远译：《共同体与社会》，北京：商务印书馆，1999年，第3页。

② 习近平：《弘扬和平共处五项原则　建设合作共赢美好世界——在和平共处五项原则发表60周年纪念大会上的讲话》，《人民日报》，2014年6月29日。

化与世界共同价值相互呼应，中国将走出一条统筹兼顾、平衡协调、造福天下的发展新路子。作为一个有着悠久历史和文明底蕴的东方大国崛起，中国将在国际舞台上展示更良好的形象，扮演更重要的角色，承担更大的国际责任，发挥更积极的国际作用。

## 二、跨文化对话为人类命运共同体提供价值互动

世界文明转型给当今全球文化体系和价值观念带来巨大冲击与碰撞，构建全方位沟通交流的跨文化对话机制十分必要。全球治理面临各种各样的挑战，全球经济运行显示多元分化与不确定性，国际和地区热点问题频频发生，气候变化和环境污染深刻地困扰人们，文化冲突给人类未来带来严重影响。对世界的发展理念、发展模式和发展道路进行文化反思，我们需要在安危与共、兴衰相伴、利益交融的天下大局中重新审视人类的生存方式和生存意义。基于这样的逻辑，人类命运共同体的价值理想，蕴含着一种更科学的发展战略和更合理的行动路径，符合人类社会的发展规律，在未来实践中必然会显示出强大的感召力。

世界格局朝着多极化方向演进，我们应该以一种新的价值尺度和文化理想来协调国际关系、化解矛盾。"只有秉持'人类命运共同体意识'，以'天下人为天下计'的情怀，才能使平等与尊重成为国际交往的首要价值，实现国家间的和谐共处；才能让开放与互惠成为经济活动的主旋律，实现可持续的发展；才能赋予安全以正义和共享，保障世界的普遍和平；才能建立起包容和互鉴的文明交流，抚平文明冲突的伤痕；才能敬畏自然万物，打造绿色的人类家园。建设人类命运共同体已是全球化时代全人类的一种价值取向。"① 作为一个有着深厚历史传统的文明古国，中国以"和而不同"与"天下大同"的文化自觉，加强与世界各国在精神信仰和价值理念上的跨文化对话，提出建设全球美好世界的"中国方案"，以精练的语言集中展示了中国未来的世界观。这不仅是在文化个性上对中华文明独特气质的一种阐释，也是为多级化世界不同文明和谐共存提供价值支撑。

---

① 何毅亭主编：《以习近平同志为核心的党中央治国理政新理念新思想新战略》，北京：人民出版社，2017年，第205页。

以人类共同价值凝聚共识、减少分歧，并不是要否定世界各民族自身的特殊价值，各民族的独特价值是建立人类共同价值的基础。习近平在同上海合作组织成员国领导人共同会见记者时的讲话中指出："各国悠久历史和灿烂文化是人类的共同财富。各方愿在相互尊重文化多样性和社会价值观的基础上，继续在文化、教育、科技、环保、卫生、旅游、青年、媒体、体育等领域开展富有成效的多边和双边合作，促进文化互鉴、民心相通。"① 多年来上海合作组织取得的显著成效，正是缘于在广泛交流、对话的基础上探寻符合共同利益和共同价值的合作机制。

寻求人类普遍认同的价值观"最大公约数"，是建立在不同文明对话的前提之下的。从跨文化对话的视角出发，我们更能理解中国价值观国际传播的必要性，也能更清醒地意识到我们面临的挑战。中华文化博大精深，历史深处沉淀下来的厚重文化为我们回应公共议题、参与国际对话提供了智慧。习近平强调："中华优秀传统文化是中华民族的文化根脉，其蕴含的思想观念、人文精神、道德规范，不仅是我们中国人思想和精神的内核，对解决人类问题也有重要价值。要把优秀传统文化的精神标识提炼出来、展示出来，把优秀传统文化中具有当代价值、世界意义的文化精髓提炼出来、展示出来。要完善国际传播工作格局，创新宣传理念、创新运行机制，汇聚更多资源力量。"② 在全球化浪潮的冲击下，各国各民族也强化了对自我族群身份的重新确认和对本土文化的坚守张扬。我们需要遵循跨文化对话的内在规律，在多种文化角逐中为中国价值观的国际传播拓展话语空间。

从人类文明发展历程来看，文化互动、价值观对话是不同国家、民族和谐共处的重要基础。历史上的"丝绸之路"联结着多样的文明，积淀了深厚的文化内涵，承载着跨国交往、文明对话的厚重传统。在全球化的今天，我们更要理性地面对他者的文明，既要坚持自己的文化立场和价值立场，又要尊重其他国家和民族的文化多样性、价值观多样性。习近平赞赏"上海合作组织始终保持旺盛生命力、强劲合作动力，根本原因在于它创造性地提出并始终践行'上海精神'，主张互信、互利、平等、协商、尊重多样文明、谋求共同发展。这超

---

① 习近平：《同上海合作组织成员国领导人共同会见记者时的讲话》，《人民日报》，2018 年 6 月 11 日。

② 《习近平在全国宣传思想工作会议上强调　举旗帜聚民心育新人兴文化展形象　更好完成新形势下宣传思想工作使命任务》，《人民日报》，2018 年 8 月 23 日。

越了文明冲突、冷战思维、零和博弈等陈旧观念，掀开了国际关系史崭新的一页，得到国际社会日益广泛的认同"①。文明交流、文明互鉴、文明共存，是全球治理体系改革完善的重要基础。共同利益与价值共识，有利于推动更多的国家携手构建人类命运共同体。

中国倡导的"一带一路"建设，是在新时代推进"人类命运共同体"构建的重大实践，其中也包含着文明对话、价值观融合的意义。习近平指出："以共建'一带一路'为实践平台推动构建人类命运共同体，这是从我国改革开放和长远发展出发提出来的，也符合中华民族历来秉持的天下大同理念，符合中国人怀柔远人、和谐万邦的天下观，占据了国际道义制高点。"② 中华文明有着"以和为贵""协和万邦"的历史传统，文化的包容性也是中华文明之所以能在人类文明史上延续至今的深层原因之一。"和而不同""天人合一""德性精神"等价值追求，蕴含着深邃的智慧，对于化解全球客观存在的文明冲突具有启示意义，历史上中国价值观在亚洲便产生了深远影响。今天我们更要有在国际上传播中华文化的自觉与自信，以文化展示软实力，赢得全球的普遍理解、衷心折服与价值认同。中国价值观的国际传播，就是要以"协和万邦"的文化自信，释放中国价值观的文化魅力，在不同国家产生"共振"效应。

不同于一些国家所奉行的单边主义、保护主义政策，"一带一路"重大倡议立足于更高的站位，以宏阔的视野与古今中外的历史与现实对话，描绘了未来世界共享利益、共享价值最大化的壮阔蓝图，开启具有人类命运共同体意识的全球化发展新路径。"一带一路"建设业已取得的巨大成就，回应了外界的观望和疑虑，沿线越来越多的国家、国际组织和企业秉持互信、融合、包容的原则，在平等、开放和普惠的参与行动中获益。马丁·雅克（Martin Jacques）在《大国雄心》（*When China Rules the World*）中指出："随着西方的衰落，其价值理念、体制机制、程序安排的国际影响也将随之丧失主导地位。其他国家对西方规范、方法和机制的接受程度也会随之降低，因为西方世界已经无法享有

---

① 习近平：《弘扬"上海精神" 构建命运共同体——在上海合作组织成员国元首理事会第十八次会议上的讲话》，《人民日报》，2018 年 6 月 11 日。

② 《习近平在推进"一带一路"建设工作 5 周年座谈会上强调　坚持对话协商共建共享合作共赢交流互鉴　推动共建"一带一路"走深走实造福人民》，《人民日报》，2018 年 8 月28 日。

此前的意识形态和文化的影响力与优势。"① 西方主导世界的时代逐渐走向终结，西方规范并不是文明和发展的唯一标准。"一带一路"倡议自 2013 年提出以来，得到国际社会广泛反响和热情参与，越来越多的国家对完善全球发展模式和全球治理的中国方案投出了"信任票"与"支持票"，这也说明中国文化和中国价值观在国际社会的亲和力、影响力不断增大。

从跨文化对话的角度来看，中国价值观的国际传播是不同国家价值观之间的碰撞和对话，是基于不同文化之间的相互尊重、理解和沟通，而不是强制性让他国人民接受。中国与其他国家之间的跨文化对话历史十分悠久，外来的佛教文化之所以能够经由丝绸之路融入华夏文明，这与中国固有传统文化的开放性对话、吸纳能力是分不开的。起源于印度的佛教能够在古代中国兴盛，一是因为佛教传入时的中国社会与佛教产生时的古印度社会具有相似性；二是因为佛教弥补了儒教和道教的不足，释儒道三家实现了互补，不同文化之间进行对话、融合；三是因为佛教主动进行调适，积极适应中国社会。可以说，佛教传入中国是中外经济文化交往扩大、加深的结果，采取的是地缘渗透、跨文化对话的方式。

历史长河中形成的丝路精神，在今天仍然具有深远的现实意义。"古丝绸之路绵亘万里，延续千年，积淀了以和平合作、开放包容、互学互鉴、互利共赢为核心的丝路精神。"② 传承丝路精神，"一带一路"倡议和人类命运共同体理念闪耀着不同文明对话的东方智慧。通过跨文化对话"求同存异"，在差异和多元之间寻找切入点和交汇之处，构建基本价值认同，各国互相学习、共同享受各民族创造的精神财富。中国价值观的国际传播，应该视为与不同国家、不同民族、不同文化之间的心灵沟通与精神分享。同时，我们要客观、理性地看待中国价值观在跨文明场域的传播优势和劣势，既要充分展示自身的价值内涵和文化魅力，也要适应不同国家、民族的文化环境和价值信念而进行相应调节，合理吸收国外进步的价值元素和文化因子，以促进中国价值观的国际性、创造性转换，从而与人类各种文化和谐共生。

跨文化对话的方式，包括人文交流活动、媒介传播、文化产品贸易等方式，

---

① ［英］马丁·雅克著，孙豫宁等译：《大国雄心》，北京：中信出版社，2016 年，第 16 页。

② 习近平：《携手推进"一带一路"建设——在"一带一路"国际合作高峰论坛开幕式上的演讲》，《人民日报》，2017 年 5 月 15 日。

其目的是促进异质文化间的碰撞与交汇，在保持多样文化生态、传承各自文化基因的基础上凝聚基本价值共识，在多元文化体系中寻求价值观"最大公约数"，防止文化霸权主义横行。全球文化场域中的交流与传播，就是要通过信息和话语交换实现价值互动，消除国与国之间彼此的戒心和对抗，增进各国人民的相互理解与国际合作。即便是不同国家之间确定建立的所谓"战略互惠关系""战略合作伙伴关系"，也需要在"求同存异"中不断增加彼此的文化信任和价值认同。

着眼于国际环境的复杂多变，跨文化对话要整合多样渠道，采取灵活的方式，减少交流障碍，使中国价值观在对外传播过程中产生正向效应。价值观的国际对话是一个极为复杂的过程，其传播效应只有在综合评价体系中才能得到科学的衡量，不同的对话主体、媒介载体、文本形态和传播路径，使得价值观的国际传播效果都会存在差异。中国价值观在向全世界呈现自身、展开对话时，从受众的感性唤起到理性判断、从情感共鸣到认知构建、从模糊态度到文化认同，都需要探寻科学、有效的立体传播范式，向世界展示富强、民主、文明、和谐、自由、平等、公正、法治的东方大国形象，中国的崛起过程始终将与世界共享利益、和平共处，不会对任何国家构成威胁。

## 三、中国价值观国际传播的路径拓展

人类命运共同体构建是全球的长远目标，需要各国积极响应、共同参与。而中华文化和中国价值观在构建人类命运共同体过程中应该发挥独特作用，其国际传播有助于唤起世界对中国的全面、客观认识。我们要以宽广的全球视野推动中国价值观"走出去"，与世界各国的先进文化理念交融在一起，熔铸全球普遍认同的文化理想和价值共识。具体而言，需要从以下几方面拓展中国价值观国际传播思路和途径：

第一，必须明确中国价值观的丰富内涵和核心理念，精心构建与国际话语融通的对外话语体系。在某种意义上说，对外话语体系的完善程度，对中国价值观的国际传播效果有着很大的影响。文化话语、价值观叙事是对外话语体系极为重要的组成部分。当代中国价值观是中国人民立足时代潮流、实践经验和理想信念，以科学社会主义为基石，融中国传统文化价值、西方近现代文化价值的诸多精华于一体所形成的价值体系，社会主义核心价值观是其中的精髓。

中国价值观有着较为稳定的内核，但也随着社会历史的发展而增加新的内涵，在对外传播环境中更应该有新的话语方式，以跟国际"接轨"。对中国价值观内涵的提炼和传播，要将社会主义核心价值观的文化意义鲜明地凸显出来，既展示其与中国传统价值观、西方现代价值观之间的关系，同时要包含习近平新时代中国特色社会主义思想以及中国当前的外交话语与政治实践，并且还需要对其他国家的价值观和认知维度进行分析，以此来显现中国价值观的意义内涵。

我们要以社会主义核心价值观为重点，对中国价值观的理念进行提炼，研究国际传播中的价值观因素，深入探析"中国立场""中国视角""中国声音""中国观点"的价值内涵，准确、系统地诠释中国价值观，从国际传播和文化比较的视角研究其"走出去"的表现形态、主导话语和传播实践，"着力打造融通中外的新概念新范畴新表述"①。异质文明相互理解有赖于彼此的深入认知，我们要从探索中国价值观的内涵着手，通过中华文明与全球多元文明之间的碰撞和交流，求同存异，相互借鉴，寻找中国价值观与国际话语融通的表达方式，进行话语转换，使之与世界各国的文化心理、接受心理相契合。

第二，运用大数据工具分析全球的涉华舆情、利益格局，以及对中国的主流认知和价值态度，为跨文化传播、跨文化对话提供基础。大数据视角为传播学研究打开了新的空间。大数据分析方法、云计算平台及挖掘系统，以前所未有的方式将人、事、物三者之间的关系数量化、数字化，有助于我们对价值观传播这样异常复杂行为的分析和理解。传播环境中包含的价值立场，往往会通过舆情直接显现出来。由于文化、宗教、国际关系等情况的复杂性，我们需要选择不同类型有代表性的国家，对其涉华舆情传播规律进行研究，分析其对中国的认知态度，评判其价值立场，寻找其与中国价值观的差异与共性。大数据工具有助于海量数据的高效挖掘，以大数据信息采集技术、信息智能处理技术和云计算技术为支撑，建立全球涉华舆情动态监测和评估系统，既注重舆情数据的结果和效应，也强调揭示其中的相关关系、因果关系。

从对历史与现实的理性考察可以看出，价值观与利益取向是不可分的。世界各国的文明、宗教、语言和意识形态多样，巨大的文化差异、利益分歧很容易造成不同价值观的冲突。当今的国际和地区冲突，很多是由价值观冲突引发的，而价值观背后是利益取向在起作用，国际利益多元化导致不同主体利益的

---

① 习近平：《习近平谈治国理政》，北京：外文出版社，2014 年，第 156 页。

多元化。我们需要充分掌握全球的涉华舆情动向和利益诉求，明确价值观与利益观的一致性及其多种表现，通过利益触动、利益搭建、利益传导等环节和方式，建立文明沟通、价值观对话等民心互通的平台，以利益机制推进中国价值观在全球的有效传播，提高中国价值观的吸引力和感染力，避免价值观传播与利益诉求的"两张皮"现象，减少传播的空洞性和表面化，推动中国价值观与不同文化融合。我们只有真正理解世界不同文明的内涵，着眼于共同利益，实施更精准的人文交流专项规划和跨文化传播方案，才能使中华文化、中国价值观与各国契合、共通，为构建人类命运共同体确立精神支柱。

第三，公共外交、人文交流、外宣媒体和对外文化贸易产品要运用国际化叙事策略进行文本创新，讲好中国故事。中国价值观的国际传播，必须以文本为依托，文本是叙述中国经验、凝聚中国价值观的重要途径和资源。无论是公共外交、人文交流、外宣媒体，还是对外文化贸易产品，都需要进行文本创新，以跨文化的视野去推动中国价值观国际传播。从叙事学的角度来看，文化是一种叙事形态，价值观也需要通过叙事来嵌入。每一种文化都有适合其意义和价值表达的叙事策略，并通过口头语言、书面文字、图片和视频等具体的叙事形式和符码呈现出来。中国价值观国际传播的叙事意识，要明确价值观与叙事的关系，以及"什么是叙事、叙述什么、如何叙事"等基本命题，从叙事题材、主题、视角、技巧等方面不断创新讲述方式，采用外国人士容易接受的符号和话语形态，才能向全世界展示一个真实、立体、富有魅力的中国，使中国价值观的国际认同获得更多的叙事资源支撑，真正做到中国故事、中国价值、国际叙述、国际认可。

我们要创新公共议题叙述思维，搭建全球性的文化交流机制，提升外宣媒体在海外的文化影响力，拓宽对外文化贸易路径，建构一套本土化表达、国际化叙述和修辞的话语体系和文化规则。无论通过何种路径，公共外交、人文交流、外宣媒体、文化产品"走出去"等，都需要作用于传播对象的心灵，才能真正使中国价值观在不同的国家"落地"，价值观传播的目的是促进心灵认同。文本要被其他国家的受众接受，需要在多方面进行传播创新：首先，要确立文本的国际化叙事理念，基于不同国家的历史、文化和社会背景，有针对性地讲好中国故事；其次，要形成一套能被世界接受的编码技巧，通过非宣传性的、非灌输式的叙事方式贴近受众；再次，要考虑多元文明中不同的文化心理和思维习惯。价值观的国际传播有其自身的规律，不能靠强制性的输出。价值观理念的意义生产，离不开叙事策略和话语修辞，对待不同文明中的受众应该使用不同的叙事技巧和修辞手段。从面向国内传播转为国际传播，要求话语表达进行"再构思""再叙述"，而绝不是一般意义上的翻译。西方的价值观引导，就有着历史悠久的雄辩传统、论辩实践、叙述技巧和修辞模式。西方价值观的国际化叙事、修辞手段，可供我们借鉴。必须深入研究中国公共外交、人文交流和文化产品文本的叙事机理，将中国价值观的国际传播提升到文化叙事学层面来审视，厘清文化叙事和价值观传播的关系，形成理论性与实践性兼具的知识系统。

第四，中国价值观国际传播需要协调各方力量，通过系统协同传播主体、传播内容和传播渠道等要素，形成传播合力。价值观的国际传播本质是一种文化现象，而传播强调交流、互动和协同。作为一种重要的传播组合，协同传播在实践中的作用越来越突出。从协同观出发，我们要深入研究中国价值观国际传播的各要素如何协同，包括传播的多主体协同、多渠道协同、多策略协同、多文本形式协同、多话语体系协同等方面，形成有效的协同机制，使不同国家深化对中国价值观的认知。

系统协同发展不是内生的，也不可能一步到位，中国价值观的国际接受是一个极为复杂的过程。我们应该着重把握价值观国际传播过程中的互动性、协同性，将传播主体、文本内容、传播载体、受众对象等有机统一起来，其中的关键问题包括：传播主体的互动理念和协同实践；文本内容的贴近对象和国际化编码；传播载体的灵活切换和创新；受众对象反馈的即时跟踪。从传播主体来看，政府、社会组织、学术机构、媒体、企业、公民等多种主体需要协同实践，确保传播理念立足高位、传播方案统筹规划。从传播内容来看，各种文化资源需要优化配置，进行有效开发、利用，从不同角度、不同侧面相互补充，实现整体效应最优，形成中国故事的全方位讲述方式。从传播载体来看，传统媒体和新媒体需要融合创新、联动呼应，实现时间与空间的立体化配合，打造具有国际影响力和权威性的外宣立体化传播全媒体矩阵。从传播效果来看，价值观国际传播的感性印象和理性评价、具体表象和价值结构、情感唤起和认知构建、模糊态度和价值认同等，各种传播效应的监测和评价，都需要建立科学、可行的模式。

文明的融合与竞争，在全球化的进程中同时并存。多元文明之间的交流，既有融合，也会有摩擦、误解乃至冲突。在国际上推动中国价值观深入传播，并不是一种狭隘的对抗心态和国家利益所驱使，而是要为这个纷乱的世界贡献中国"和而不同"的独特思维方法，彰显中华文化包容、和合的价值底蕴，创造出交流互鉴、和平共处的"对话式文明"（dialogic civilization）。人类命运共同体理念的提出，显示了当代中国的底气和自信。在人类社会的未来发展阶段，中国能够为世界提供探索美好前景的东方智慧。汤因比（Arnold J. Toynbee）曾谈到世界统一的愿景，以避免人类走上"集体自杀之路"。他说："我所预见的和平统一，一定是以地理和文化主轴为中心，不断结晶扩大起来的。我预感到这个主轴不在美国、欧洲和苏联，而是在东亚。"汤因比的这一推测，是出于对中华文化本质的深刻洞察。在汤因比看来，两千年来中华民族培育了独特的思维方法，"他们显示出这种在政治、文化上统一的本领，具有无与伦比的成功经验。这样的统一正是今天世界的绝对要求"①。汤因比的论断，与中国古往今来的"大同"理想、"天下为公"的价值信念是相契合的。

当代中国取得的历史性成就，已经显示了我们在道路、理论、制度和文化等方面的优势。尽管国际形势扑朔迷离、风云变幻，但我们有理由相信，任何外来挑战都阻挡不了中国人民追求和实现中华民族伟大复兴的目标，中国梦和世界梦有机勾连、休戚与共，中华文明和中国价值观将在未来开创或引领一种新的世界大潮，推动全球秩序和世界体系的重塑。

（原载于《新闻界》2019 年第 3 期）

---

① ［日］池田大作、［英］阿·汤因比著，荀春生等译：《展望 21 世纪——汤因比与池田大作对话录》，北京：国际文化出版公司，1997 年，第 283 – 284 页。

# 第二编

改革开放以来，传媒业在时代大潮中演进，积蓄起跨越式发展的能量，不断奏响高歌猛进的华彩乐章，催生新的文化和价值理念。

随着移动互联网、大数据、云计算等技术的发展，媒介生态发生了巨大变化。尽管新闻生产格局迥异于传统媒体时代，但好新闻的重要标准始终不变，这就是要在高扬主流价值中彰显脚力、眼力、脑力、笔力；尽管微传播环境下新闻评论的功能和表现领域大为拓宽，但其价值立场必须坚守，这就是要用灵活的手段和策略对虚拟世界进行舆论引导；尽管新媒体改变了人们的生活方式和传统的产业格局，但文化价值底线不能突破，新媒体内容建设只有真正纳入了产业化、法治化、规范化的轨道，才能实现其发展目标。

# 改革开放 40 年来广东报业与广电媒体发展变迁

改革开放是前无古人的伟大事业，解放思想、实事求是、勇于开拓的时代潮流，为传媒业发展提供了强劲动力。回顾 40 年来的发展历程，广东传媒业创造了辉煌成就。伴随着经济高速发展之后的文化演进，广东传媒业为建设文化强省、提升区域软实力作出了巨大贡献。

基于历史的视域，追踪改革开放以来广东传媒业的发展轨迹，有助于我们总结经验，加深对传媒业运作规律的认识，在新时代进一步拓宽发展空间。本文重点考察 40 年来广东报业与广电媒体的发展变迁，根据其时间脉络，我们大致可以将其划分为四个阶段：复苏期（1978—1991 年）、成长期（1992—2002年）、壮大期（2003—2010 年）和转型期（2011 年至今），下面分别进行探讨。

## 一、复苏期的阔步向前（1978—1991 年）

改革开放的大潮，推动广东传媒业全面复苏，积蓄起跨越式发展的能量。

### （一）广东党报开辟走市场的先河

1979 年，广东公开发行的报纸仅有 8 种，内部发行（持地方准印证）的报纸不到 70 种。1980 年 2 月 15 日，《羊城晚报》复刊。1982 年 5 月 24 日，全国第一家特区报《深圳特区报》创刊。不久，珠海经济特区和汕头经济特区也先后办起了《珠海特区报》和《汕头特区报》。当时广东 19 个市中的 17 个市和 8个县先后创办和复办机关报。① 随着经济文化事业的发展，各种专业报和企业报应运而生。1984 年 2 月 11 日，《南方周末》创刊，当时这份仅 7 000 份发行量的报纸，后来成为中国新闻界的翘楚。同期，《粤港信息报》《信息时报》《亚太经济时报》《足球报》《广东公安报》《广东电视周报》《周末画报》等一

---

① 李子彪：《广东报业的现状与发展》，《新闻战线》2000 年第 2 期。

批较有影响的报纸先后创刊。

在报业经营过程中，广东的媒体加强和完善采编、印务、发行各个生产环节的现代化配置设施建设，并提高其科技含量以提高工作效率。如购买新的印刷机器，使印刷更及时；设立新的分印点，增强辐射能力；购置现代化的采编设备，以增强新闻时效性等，以强化硬件优势取得竞争优势。1988 年以后，《广州日报》《湛江日报》《茂名日报》《汕头日报》《韶关日报》及《南方日报》《深圳特区报》等相继自办发行，大大提高了发行时效，发行量得到显著增加。至 1993 年，广东省公开发行的报纸增加到 120 多种，内部发行的报纸超过了 280 种。当时，广东报纸数量位居全国第三名。① 量的增长与办报水平的提升几乎是同步行进的，广东报业在时代大潮中搏击，加快前行的步伐，不断奏响高歌猛进的华彩乐章。

广东报人最先感受到市场的脉动，大胆探索报业经营的规律。采编业务与经营管理并重，以及敢为人先的精神，使广东报业创造了中国报业的许多"第一"：作为省委机关报的《南方日报》在全国率先创办周末版——《南方周末》；《羊城晚报》在全国省级报纸中率先创办港澳海外版；《广州日报》在全国率先扩大为每日出 12 个版，后来又成为中国第一家报业集团。在这片土地上，产生了中国第一张 8 版报，第一张彩报，第一张全彩报，第一张广告收入过亿元报，第一张广告收入超 5 亿元报，第一支"扫楼"发行队伍，第一个自动售报站，第一家连锁店，第一个报业博士后工作站，第一家报业集团，等等。正是这许多"第一"造就了广东报业的辉煌，奠定了广东报业在全国的领先地位。②《南方日报》《广州日报》等的发展，创造性地树立起了党报在报业市场中占主导地位的竞争格局，开辟了党报走向市场的先河。

随着报业经营的拓展，广告业也开始复苏并逐步壮大。1979 年，《南方日报》广告收入只有 40 多万元，1983 年增加到 187 万元，1987 年又增加到 700 万元，1988 年为 1 000 万元，1989 年突破 1 500 万元，十年之内增长了 37 倍。③ 1986 年 12 月 26 日，《广州日报》在第七版正式开设分类广告栏，从此，《广州

---

① 吴文虎：《广东报业竞争的态势与未来》，《新闻大学》1999 年春季卷。
② 蔡铭泽主编：《新时期广东报业发展研究》，福州：福建人民出版社，2006 年，第 27 页。
③ 蔡铭泽主编：《新时期广东报业发展研究》，福州：福建人民出版社，2006 年，第 30 页。

日报》一直走在我国报纸分类广告市场化进程的最前列。1991 年，广州日报举办全国首家报纸广告评奖活动——"广州日报杯"报纸优秀广告奖评奖活动。本着提高报纸广告的创意和设计制作水平，"广州日报杯"后来发展成为一个覆盖亚太区域、高水平的行业评选活动，是中国广告评选活动中的一个知名品牌。

广告业务的增长，与广东经济的快速发展以及媒体的成长密不可分。1979 年，广东省广告公司和广州市广告公司成立，被视为国内广告业兴起的标志。这一年，广州市广告业共有 7 家经营单位，从业人员 40 多人，年营业额 132 万元。到 1990 年，广州市广告经营单位发展到 288 家、从业人员 3 290 人、经营额达到 2.24 亿元，居全国省会城市之首。同年，广告经营额前 10 名的单位是：广东电视台、羊城晚报、广州日报、广州市广告公司、南方日报、广州经济技术开发区广告公司、广东省广告公司、广东人民广播电台、广州电视台、广东文化广告装饰公司。① 广告界有一句行话"经济越发展，广告越兴旺"，而从地区角度来看确有其道理。据报道，1991 年我国人均广告费用已突破 3 元，在经济发展较快的广东、北京、上海等地，这个指标已达 30 元以上，而在经济发展相对滞后的云南、贵州、西藏等地，该指标还不到 0.3 元。② 广东企业广告投入的增长，是商品经济不断发育的结果。广告市场的大门敞开，品牌营销、商业大战的序幕随即开启。

人们对于广告的态度，同时经历了从反感、无所谓到需要的转换过程。据调查，20 世纪 80 年代珠三角已有 60% 的人认为广告能提供商品信息，有 20% 的人表示喜欢电视广告。这种态度的转变，正是商品经济建设逐步深入，商品意识在人们头脑中加强的表现。企业界纷纷与大众传播媒介联姻，电视、电台、报刊的某些栏目愈来愈多地被客户（企业）用钱买下，名为"特约节目"。另一种形式是由电台、电视台、报社、杂志社主办一种活动，由企业提供赞助。如 1989 年上半年由广东电视台、广州日报社和广东强力集团公司合办的"全国强力公关小姐选拔赛"，有 59% 的人收看了决赛的现场直播，甚至还兴起了一场"公关热"。由企业赞助出版社出书，赞助文艺演出、体育表演已是很自然

① 王林生主编：《广州之最（1949—2009 年）》，广州：广东经济出版社，2009 年，第 192 页。

② 张新伟、武巧珍：《中国广告业现状与发展趋向分析》，《山西财经学院学报》1994 年第 5 期。

的事。① 市场竞争需要企业强化整体形象传播、重视营销。广告意识的形成，有利于拓展商品经营，提高企业或产品的知名度。

改革开放后广东报业的成长态势，与区域经济发展水平是总体协调的。思想解放的大环境，GDP（国内生产总值）高速增长的硬实力，以及行政管理机制与市场机制逐步对接，导向思维与营销策略融会贯通，为报业扩张提供了坚实的基础。

### （二）广播"珠江模式"和粤产电视剧红极一时

广东毗邻港澳，得改革开放风气之先，捕获文化产业发展先机。而香港很早就开始了全球化、国际化的进程，各种文化在这里交汇，具有较为成熟的发展文化产业的经验。香港在 20 世纪中叶塑造的文化产业，为 20 世纪 80 年代的广东开辟文化市场提供了重要参照。粤港澳同根同源，在文化心理上有着天然的亲近感，广东很容易接受港澳的东西。香港的流行文化、影视文化，对广东的广播影视业起了很大的推动作用。

广东最早听到的境外电台是香港电台，最早看到的境外电视是香港电视。港台大众文化的熏陶，使得广东的广播影视较早打破了传统思维模式的禁锢。1980 年，中国内地第一座调频立体声广播电台——广东文艺电台建立。1986 年12 月 15 日，中国第一家经济电台——珠江经济广播电台开播。该台实际是以经济信息和新闻为骨架的综合性电台，是大众化、通俗型的电台。珠江电台采用大板块综合式的节目结构，主持人集采编播控于一体，以"一对一"与听众亲切交谈的形式直播，听众通过热线电话直接参与广播，这些被广播界称为"珠江模式"。② 珠江电台开播后，在广播界乃至新闻界引起了巨大的反响，形成了一股强烈的冲击波。国内外媒体纷纷报道，国内的许多电台登门考察、取经。③"珠江模式"在形式和内容上的创新，体现了审时度势、勇于探索的精神内涵。珠江经济广播电台的诞生，使广东电台的收听率奇迹般地急剧回升，并很快就创造了历史空前的纪录，华南刮起了一股强大的广播旋风。后来，广东人民广

---

① 周大鸣：《珠江三角洲的大众传播与大众文化》，《社会学研究》1990 年第 5 期。

② 余碧君：《"珠江模式"实质初探》，《中国广播电视学刊》1996 年"中国广播改革回顾与展望研讨会"增刊。

③ 白谦诚：《"珠江模式"论》，《中国广播电视学刊》1996 年"中国广播改革回顾与展望研讨会"增刊。

播电台陆续建成了 9 个电台（广东新闻台、珠江经济台、广东音乐台、广东文艺台、广东教育台、广东英语台、羊城交通台、珠江股市台、广东儿童台）。广东电台系列台的建立，不但力图满足不同听众对不同信息的需求，而且还力图满足不同听众对不同种类的音乐的需求。① 珠江电台的成功和后来系列台的建设，是广东广播界紧贴时代大潮、服务受众而推出的大手笔。瞄准不同的目标受众和服务人群，广东电台在广播的分众化传播方面创造了新鲜经验。

与广播发展同步，新时期以来，岭南影视界推出了《虾球传》《心香》《雅马哈鱼档》《太阳雨》《女人街》《商界》《外来妹》《公关小姐》和《情满珠江》等脍炙人口的力作，当年在国内红极一时。

1981 年，广东电视台开始摄制 8 集电视连续剧《虾球传》，这是中国内地制作的第二部电视连续剧，开创了当时内地电视剧的收视高峰，红遍大江南北。后来，香港电视购买了该片的播映权，《虾球传》成为第一部打进香港、东南亚地区的中国内地电视剧，"粤产电视剧"时代由此到来。1987 年底开始，广东电视剧制作走上正轨，先后组织创作了《公关小姐》《海瑞传奇》《康梁变法》《过埠新娘》《乱世香港》《外来妹》《商界》《泥腿子大亨》《情满珠江》《英雄无悔》《和平年代》《外来媳妇本地郎》等。1989 年广东电视台的广告收入名列全国第二，数额相当于中央电视台同期广告收入的 50% 多。② 带有鲜明广东地方特色的粤产电视剧风靡全国，让广东电视台实现了社会效益和经济效益的双丰收。

广东的电视媒体还善于吸引公众的注意力，制造"眼球经济"效应。1988 年，中国内地第一次电视选美——"美在花城"电视广告模特大奖赛成功举办。随着大赛的投入加大、节目质量的提高，"美在花城"的品牌不断增值。2003 年，仅冠名赞助就已达到了 1 000 万元，比第一届足足翻了 50 倍！广州电视台对选美活动的运作，带动了全国的地方选美热潮，以"美女经济"开启了大众化的娱乐文化时代。经济学家李江帆认为："选美过程对电视、广告、消遣、信息、通信、旅游及相关产业都具带动效应；对赞助厂商的知名度和产品销售有扩大作用；推动文化产业的发展。"③ 广州电视台采用市场化、商业化的

① 曾广星：《迎接挑战 共创繁荣——广东电台与广东乐坛十五年发展的回顾与思考》，《现代传播》1994 年第 6 期。

② 张中南、杨德建：《广东电视广告市场发展特点》，《市场观察》2005 年第 7 期。

③ 陆青：《从"美在花城"走到"姿本经营"》，《广告人》2005 年第 9 期。

操作方式，将美丽与时尚、娱乐和经济挂钩，形成了新的注意力光圈，美女成为娱乐文化和诸多经济活动的代言人、形象使者。制造美丽、展现美丽的选美比赛，在传播过程中制造出热点效应。

在电影生产方面，20 世纪 80 年代初至 90 年代初，珠江电影制片厂（以下简称"珠影"）迎来了发展的一个高峰。当时每年拍摄 10 部到 12 部电影，影片的题材许多都是表现广东改革开放火辣辣的生活，给观众的感觉很鲜活，加上厂内推行了一系列改革，珠影当时在全国的"江湖地位"非常高。那时与香港的合作也达到了一个高峰，香港人来内地拍摄，几乎都是先找珠影，珠影跟香港的合拍片《英雄本色》，当时就卖了 1 000 多个拷贝。[1] 珠影拍摄的《雅马哈鱼档》是改革开放以后全国第一部反映民营经济、个体户生活的电影，也是改革开放后内地最早在香港公映的一部电影。据《雅马哈鱼档》小说作者和电影编剧章以武回忆，1984 年完成的电影《雅马哈鱼档》公映后，风靡一时。据说电影发行公司后来赚了 9 000 多万元，而拍摄这部电影的成本才 48 万元。珠影的这部影片赚了 400 多万元，后来片子以 100 万元卖到香港。[2] 类似《雅马哈鱼档》的影片还有《他在特区》《街市流行曲》《给咖啡加点糖》《花街皇后》《太阳雨》等。1990 年全国各电影厂向国家上交的总利润为 1 200 万元，其中仅珠影公司一家就上交了 600 万元。珠影公司故事片厂创作摄制的反映改革开放以来广东的新生活、新人物、新风貌的影片，占其影片生产总量的 80% 以上。

20 世纪 80 年代，广东传媒业迈出了坚实的一步。由于经济高速增长、思想观念深刻裂变、传播载体多元变革、文化市场快速发育，广东传媒业蔚然兴起，在很多领域抢占了先机。如在影视广告方面，广东省白马广告公司在 1986 年拍摄了中国第一条电影胶片的电视广告。1989 年，白马公司摄制"健力宝"广告，制作费用达到创纪录的 68 万元，李宁成为中国第一位拍广告的体育明星，其广告一经播出，令"健力宝"的"冠军品质"形象深入人心。[3] 在动漫方面，1985 年，内地第一个港资动漫公司翡翠动画设计公司落户深圳。其后，太平洋动画、彩棱动画等数十家有港资、外资背景的动画公司相继进入深圳，吸引了

① 贺雅佳：《广州有珠影，好戏在后头》，《新快报》，2011 年 6 月 10 日。

② 广东省省档案馆编：《广东改革开放先行者口述实录》，广州：广东人民出版社，2008年，第 87 页。

③ 李江涛、孙云主编：《广州关键词（1949—2009）》，北京：商务印书馆，2009 年，第171 页。

众多动画从业者，同时这些动画公司也为深圳动画行业培育了大批高素质的管理人员和制作人员。当时加工动画的方式主要是由"外方"出技术和管理，国内企业出劳动力和厂房。深圳的动画加工开始兴盛。[①] 从 20 世纪 80 年代末、90 年代初开始，广东奠定了动画加工雄厚的实力，并逐步取代香港和台湾地区成为动画的最大加工输出基地。

## 二、成长期的潮流引领（1992—2002 年）

1992 年初，邓小平同志视察武昌、深圳、珠海、上海等地，发表著名的南方谈话，掀起新一轮影响中国前途命运的思想解放和改革开放大潮。同年 10 月，党的十四大确立我国由计划经济向市场经济转变，明确我国经济体制改革的目标是建立社会主义市场经济体制。由此，传媒业发展在政策上、体制上获得了更多支持，广东传媒业改革发展的步伐进一步加快。

### （一）广东率先全国组建报业集团

改革开放以来，广东省新闻出版系统的总资产年均递增 25.1%，销售收入年均递增 19.1%，利润总额年均递增 18.8%。广州地区被认为是我国报业发展程度最高、竞争最激烈、最具产业化和市场化特征的地方。20 世纪 90 年代，《南方日报》《羊城晚报》《深圳特区报》和《深圳商报》以及各市县报纸也纷纷增张扩版和采用彩色印刷，其他经济、文化、体育、娱乐等专业性报纸也普遍扩版。[②] 1992 年，为了充实报纸内容，扩大宣传效果，《广州日报》由原先每天出 8 版扩充为每天出 12 版，《羊城晚报》逢星期一、三、五增加 4 版，《南方周末》由 4 版扩充为 8 版。1997 年，广东公开发行报纸有 130 多种，而内部发行的报纸增至 322 种，较 1979 年分别增长了 16 倍和 4.6 倍。广东印行的报纸数量、发行量和总印张都仅次于中央级报纸而位居全国各省市的榜首。[③] 到 2002 年，广东公开发行报纸 169 种，总印量 40.35 亿份。

广东率先展开报业集团化的尝试，这在当代中国新闻业发展史上具有里程

---

① 王为理：《从边缘走向中心——深圳文化产业发展研究》，北京：人民出版社，2007 年，第 41 页。

② 李子彪：《广东报业的现状与发展》，《新闻战线》2000 年第 2 期。

③ 吴文虎：《广东报业竞争的态势与未来》，《新闻大学》1999 年春季卷。

碑式的意义。1994 年，全国宣传工作会议之后，广东省委宣传部就提出组建报业集团，并设想从省里选出几家条件比较成熟的报社进行试点，其中包括《南方日报》《羊城晚报》《广州日报》和《深圳特区报》。可以说，正是广东省新闻宣传主管部门的积极工作，对报业集团起到了催生作用。[①] 1996 年 1 月 15日，广州日报报业集团获批成立，是全国首家报业集团，也是全国版面最多、经济规模最大、经济效益最好的报业集团。1998 年 5 月 18 日，南方日报报业集团、羊城晚报报业集团同时在广州成立。至此，广州地区有 3 家报纸成为我国扩大报业集团的试点单位，广东省成为全国最早组建报业集团和拥有报业集团数量最多的省份。1999 年 11 月 1 日，深圳特区报业集团正式挂牌。2002 年 9 月30 日，深圳特区报业集团与深圳商报社合并成立深圳报业集团。通过整合、优化资源，扩大规模，广东报业的竞争力持续提升。

广东报业的经营业绩不断攀升，在印刷、广告、物流配送和实业拓展等方面探索出了新的路径。1993 年，广州日报社广告处开始在国内报纸中率先推行广告公司代理制。1994 年，《广州日报》广告收入首次跃居全国报纸广告收入的第一位。1995 年，广州日报在全国报纸中首创"洗楼"发行模式——挨家挨户主动上门征订。1995 年 1 月，广州日报在国内第一个设立报业连锁店。1998年 11 月 21 日，《广州日报》发行量突破 100 万份大关。2000 年和 2001 年，广州日报报业集团的广告收入超过 12.5 亿元，居全国平面媒体之首。2001 年，南方日报报业集团的广告收入已达到 9 亿元，比 10 年前增长了 60 倍。而整个广东报业的广告收入相当于全国新闻媒体广告总额的 1/5 左右。[②] 广东报业以全新的理念和经营管理方式，致力探索媒介与市场互动的最佳模式，形成高速发展的态势，不断拓展报业的价值链。

### （二）广东广电业主要经济指标连续多年居全国第一

21 世纪初，广东广播电视行业始终处于全国领先地位，综合实力名列前茅。其中总资产、净资产、经营收入和有线电视用户等主要经济指标连续多年排全国第一。截至 2004 年，广东共有电台 22 座、电视台 24 座；广播电视节目制作经营单位 300 多个，从业人员 37 161 人；全省广播、电视综合人口覆盖率

---

① 曹鹏：《中国报业集团发展研究》，北京：新华出版社，1999 年，第 113 页。
② 何平：《广东出版：一张金质的名片》，《出版广角》2004 年第 7 期。

分别为96.1%和96.36%；有线电视传输实现了全省光纤联网，用户超过1 000万户；全省广播电视行业资产总额183亿元，经营创收收入76亿元，经济总量约占全国广电行业的1/10。其中，省直广电系统广告收入从1998年的3.7亿元增长到2004年的13.7亿元，省级电台、电视台主营收入全国排名第一。[1] 广东广播电视产业经营规模迅速扩张，广告业绩不断飙升。

20世纪90年代，广东广电行业稳步发展。广东人民广播电台系列台之一的羊城交通电台，于1993年7月30日正式开播。1994年10月8日，广东电台利用广播副讯道开办了广东儿童台。1996年，广东电台对系列台布局进行了调整，把原文艺台的频率FM103.6MHz改为"城市之声"台，把教育台、英语台、儿童台三台合并组建成"广东电台教育培训中心"，并把原教育台频率AM999KHz改办为"健康之声"台，使效益有较显著提高。[2] 根据受众的特点，进行专业化细分，完善运行机制，广东电台系列台的发展思路逐渐清晰。

广东的广播影视受港澳的冲击很大，香港的电视节目在广州及珠三角收视市场一度形成了垄断格局。在广东各地有线电视网络陆续开始播香港无线和亚视两家电视台的四套节目之后，广东电视台的广告收入不断下滑，1995年广东电视台收入1.5亿元，仅同上一年持平，相当于中央电视台同期广告收入的7.5%，在全国排名第5位。[3] 广东电视传媒在巨大的竞争压力中谋求发展。1996年7月8日，广东电视卫星台正式开播。广东卫视上星之后，珠江台以"导向性、大众性、接近性、娱乐性"为宗旨进行了改版，与时政性较强的卫视台定位明显区别开来。广东电视台一系列改革创新的措施，为其良性发展开辟了路径。到2004年，广东电视台完成广告创收超过5亿元。

1999年，香港电视与内地电视的收视市场占有率比例为72.5%比27.5%。2001年以来，国家广电总局先后批准凤凰、华娱、星空等9个境外电视频道在广东落地，广东成为全国唯一有境外电视频道公开落地的省份，南粤的天空成了境外电视信号的乐园。[4] 在新的竞争形势下，2001年12月20日，由原广东有线广播电视台和广东经济电视台整合而成的省级电视台——南方电视台举行

① 方健宏主编：《广东文化产业调研报告集》，广州：南方日报出版社，2006年，第38页。

② 《广州年鉴》1995年、1997年，中国广州网，http://www.guangzhou.gov.cn/node_450/。

③ 张中南、杨德建：《广东电视广告市场发展特点》，《市场观察》2005年第7期。

④ 王首程：《广东电视传媒的贡献不应被低估》，《南方电视学刊》2011年第1期。

启动仪式。该台以"专业化、本土化、对象化、通俗化"为主要特色，设置经济、都市、影视、综艺、科教、少儿6个频道。2002年，南方电视台节目收视市场占有率从上年7%上升到8.6%。南方电视台在大力提升节目收视率的基础上，采取事件营销模式和分利代理制策略，广告创收成倍增长。2001年南方电视台的广告总收入仅为4 700万元，2002年完成1.4亿元，2003年完成2.2亿元，2004年完成3亿元，平均年增长率为40%。① 短时间内，南方电视台进入高速发展的轨道。

除了省级广播电视台外，广东的市县广播电视业也在稳步发展。2001年，广东积极推进市县播出机构职能转换，努力增强各级广播电视播出机构的整体赢利能力。从1996年至2004年，全省广电业经营收入增长了7.6倍（较1983年增长83倍），资产总量增长11倍，市场份额提高了110%，初步扭转了本土媒体在市场竞争中的弱势局面。② 市县广播电视的产业价值逐步显现出来，庞大的用户资源成为产业化改革的动力，只有不断更新经营思路，为受众提供更多服务项目，才能赢得更好的效益。

广东电视剧创作的历史虽然不长，然而在经历了20世纪70年代末草创期的艰辛，80年代探索期的奋斗之后，很快就迎来了90年代的辉煌。从1994年起，广东的精神产品在全国影响最大的，当属长篇电视连续剧，下面这张成绩单颇能说明问题：1994年，《情满珠江》（36集）获全国"五个一工程"奖、"飞天奖"一等奖；《农民的儿子》（16集）获全国"五个一工程"奖、"飞天奖"二等奖；《英雄无悔》（39集）在中央电视台播出后，名列该台"最受全国观众喜爱文艺类作品"收视率第一，获全国"五个一工程"奖榜首和"飞天奖"一等奖；1997年，《和平年代》（23集）被专家誉为"近年来中国电视剧的扛鼎之作"，获全国"五个一工程"奖、"飞天奖"一等奖。③《和平年代》《情满珠江》《外来妹》《钢铁是怎样炼成的》，在央视播出的收视率都进入当年文艺类节目的前五名，有的还名列榜首。

---

① 张中南、杨德建：《广东电视广告市场发展特点》，《市场观察》2005年第7期。

② 方健宏主编：《广东文化产业调研报告集》，广州：南方日报出版社，2006年，第87页。

③ 温朝霞：《论改革开放30年广东影视的发展历程及其启示》，《广州城市职业学院学报》2008年第4期。

## 三、壮大期的布局优化（2003—2010 年）

2003 年 6 月，文化体制改革试点在全国启动，广东被中央确定为全国文化体制改革综合试点省份。2003 年 9 月，广东文化大省建设工作会议召开。会上下发了《中共广东省委、广东省人民政府关于加快建设文化大省的决定》《广东省建设文化大省规划纲要（2003—2010 年）》和《广东省文化体制改革试点工作方案》。《广东省文化体制改革试点工作方案》提出了改革文化管理体制、加快文化市场建设、优化文化资源配置等六项改革试点任务，确定了广州、深圳、东莞为省文化体制改革试点地区，南方日报报业集团等 12 个单位为省文化体制改革试点单位。

2010 年 7 月，广东省委十届七次全会专题研究部署文化强省建设工作，出台了《广东省建设文化强省规划纲要（2011—2020 年）》，提出未来十年广东省文化强省建设的指导思想、发展目标、总体要求和主要任务，并提出相应的政策保障措施。广东传媒业发展，迎来了新的历史性机遇。

### （一）报业品牌地位进一步提升

"十一五"期间，广东新闻出版产业规模迅速扩大，产业结构日趋优化。图书、音像电子出版单位转企改制基本完成，经营性报刊出版单位改革逐步展开，组建了一批出版、发行、报业、期刊集团，培育了一批合格的市场主体。统计数据显示，传统出版平稳发展，印刷复制保持较快增长，印刷复制业规模居全国之首。全省各类印刷企业近 2 万家，占全国 10% 左右，总产值 1 650 亿元，约占全国 1/4，中国印刷 100 强广东约占 1/3。广东是全国最大的印刷产品出口基地，1 035 家印刷企业承印世界 60 多个国家和地区的印刷品，年出口额 450 亿元。光盘生产能力和市场占有率均占全国 60% 以上。[①] 深圳与北京、上海一起成为中国三大印刷基地。据广东省新闻出版局公布的数据，广东新闻出版产业生产总值由 2005 年的 1 173 亿元增加到 2009 年的 1 850 亿元，提前完成了"十一五"规划的各项目标。2010 年数字出版产业规模达 200 亿元，占全国 1/5。"十一五"期间，广东培育了 42 个"版权兴业示范基地"，广交会成为首

---

① 邓琼、何嘉嘉：《广东文化产业中全国第一知多少》，《羊城晚报》，2011 年 3 月 30 日。

个 "全国展会版权示范单位"。建设 "版权基层工作站"，评选 "最具价值版权产品"，建立广东省版权资源信息库，建设南方国际版权交易中心，全省版权产业创作、经营、管理和保护享有版权作品的意识、水平进一步提高。

2010 年，广东省共有 98 种报纸（不含校报、学报），总发行量 48 亿份，总收入 130 亿元；有期刊 379 种，总发行量 24 亿册，总收入 9.2 亿元，均位居全国第一。《南方都市报》等 4 种报纸发行量超百万份，有 10 种报纸的广告收入超过 1 亿元。

广东报业的品牌地位得到了进一步的巩固与提升。如《南方都市报》升级为集 "报刊网站手机广电户外 LED 屏官方微博群等新旧媒体、广告发行物流活动营销品牌增值业务 + 汽车旅游娱乐文化行业运作 + 内容售卖等业务" 于一体的、无处不在的 "南都全媒体集群"，力争实现 "现代型信息集成商、全媒体数字信息运营商、媒体和信息的混合运营商" 的目标。同属南方报业传媒集团的《南方周末》，广告额连续多年过亿元，成为名副其实的中国第一周报。《南方周末》荣获 "2003 艾菲广告实效奖"，是第一份获得国际营销大奖的中国报纸。2006 年，世界品牌实验室公布的《中国 500 最具价值品牌排行榜》中，《南方周末》以 20 亿元的品牌价值位居周报第一名。2008 年，《南方周末》在由中国商务广告协会和中国传媒大学主办的 "2008 中国消费者理想品牌大调查" 中，位列报纸类 "理想品牌" 第一位。

21 世纪的中国报业格局发生了深刻变化，在日益激烈的报业竞争中，羊城晚报报业集团坚持巩固、提升、扩张品牌。自 2004 年以来，《羊城晚报》品牌价值连续八年共增长近 50 亿元，多年稳居国内平面传媒第四位、晚报和都市报类媒体第一位。羊城晚报报业集团也是发展文化产业的先行者，该集团与广州合作建设的羊城创意产业园，已经成为广东省、广州市的重点产业园区。同时，羊城晚报报业集团在数字媒体建设方面勇于探索：2010 年 10 月 20 日，广东首家数字媒体公司——广东羊城晚报数字媒体有限公司正式成立。该公司负责实施羊城晚报报业集团的数字化战略，将统一整合集团的所有数字资源，包括金羊网、羊彩网、TOGO 自游网等数字资源，着力开发 "数字家庭"，努力建设社区生活服务平台。

广州日报报业集团一直致力于探索传媒发展的最优模式，以锐意创新的姿态勇往直前。2007 年 11 月，由广州日报报业集团控股的广东九州阳光传媒股份有限公司（股票简称 "粤传媒"）在深圳证券交易所正式挂牌上市，成为第一家经过国家新闻出版总署批准的在境内主板上市的传媒公司。该集团旗下拥有《广州日报》《足球》《信息时报》《赢周刊》《第一财经日报》《南风窗》《看世界》等报刊，以及广州传媒控股有限公司、广州市报刊发行公司和广州大洋实业有限公司等一系列经济实体。《广州日报》同时也是全国经营最为成功的报纸之一，2011 年《中国 500 强最具价值品牌榜》显示，《广州日报》品牌价值达 99.36 亿元，首度超越《参考消息》，紧随《人民日报》，一举跃居中国报业品牌价值第二。2011 年《广州日报》广告收入再度稳居全国第一，自 1994年来连续第 18 年位居中国平面媒体第一名。

深圳新闻出版业在记录着特区发展历史的同时，也在书写自己的历史，描绘出一幅"从无到有、从小到大、从弱到强"的时代画卷，其发展成为深圳速度最生动的演绎。深圳市文化局的统计数字显示，深圳新闻出版业 2009 年产值达 348 亿元，占深圳文化产业的半壁江山。深圳报业集团 2010 年总资产超过 60亿元，旗下两大主报《深圳特区报》和《深圳商报》，分列当年《中国 500 最具价值品牌排行榜》的第 151 位和第 190 位，两报品牌总价值达 107.52 亿元。为创建国际化的媒体集团，确立集团地区龙头和行业领先地位，深圳报业集团2008 年在清湖工业园征地 10 万平方米建立传媒产业园，耗资 9 亿多元建成新的大型现代化印务中心，拥有当时亚洲最先进的大型印刷设备。深圳报业集团引入战略投资者成立新媒体发展公司，通过深圳集全国之力举办"大运会"的契机，抓住深圳地铁全线开通的机会，在 2011 年 2 月 14 日隆重推出免费报纸《地铁早 8 点》，在新一轮报业竞争中抢占市场先机，争夺报业的细分市场。①空前激烈的市场竞争促使报业重新思考战略布点，争夺区域内的主导权。

### （二）广电资源整合

广东建设文化大省的帷幕拉开之后，电视业阔步前行。2004 年，广东组建中国首家初步实现全省广播电视资源整合的南方广播影视传媒集团。该集团由广东人民广播电台、广东电视台、南方电视台、广东省广播电视技术中心和全省 19 个地级市、76 个县级广播电视台组成。2005 年，广东电视台、南方电视台和广州电视台在广州地区的市场份额合计达到 50.7%，占据了本地电视市场

---

① 钟侯才：《浅议报业经济可持续发展——深圳报业集团可持续发展实践探索》，《当代传播》2012 年第 2 期。

的半壁江山。2006 年之后，广东省内电视媒体的优势进一步扩大。国际著名收视调查机构 AC 尼尔森公司的统计显示：2006 年，南方广播影视传媒集团所属两家省级电视台在广州等广东重要城市的收视率已经处于绝对优势地位。比如2006 年上半年在境内外电视媒体竞争最激烈的广州地区，境内电视的收视市场份额从 1999 年的 27.5% 上升到 64.8%，境外电视的收视份额则从 1999 年的72.5% 下降到 35.2%。又据央视索福瑞公司调查，2006 年上半年，南方广播影视传媒集团在广东全省 21 个市的收视市场份额为 35.1%，中央电视台为16.5%，香港两家电视台同期的市场份额合计为 17%，在广东全省城市加农村，南方广播影视传媒集团收视份额高达 49.4%，基本改变了广东电视与境外电视的竞争格局。[①] 集团化改革大大促进了广东广电事业和产业的快速发展。从2002 年到 2007 年，南方广播影视传媒集团本部和直属五大单位，经营性收入以年均 23% 的幅度增长，实现了五年翻两番的目标。南方广播影视传媒集团已成为全国规模最大、实力最强的省级广电传媒集团。[②]

2010 年 8 月 5 日，由南方广播影视传媒集团和 19 个地级市电视台以"联合发起、资产入股"方式组建的广东省广播电视网络股份有限公司开业运营。该公司是以广播电视节目传输为主业的大型现代化有线广电网络运营商，网络覆盖了全省 20 个地市、68 个县区，家庭用户规模达到 1 300 多万户。[③] 同时，广东省广播电视网络股份有限公司还发起设立了 50 亿元规模的广东广电基金。2011 年，广东广电网络继续加大整合力度，分别完成广州广电网络和全省 45 个县（市、区）广电网络的挂牌工作，创造了我国广电网络改革重组史上惊人的"广东速度"。[④] 经过改革重组，广东省广播电视网络股份有限公司成为全国广电网络龙头企业和"巨无霸"，对整合各地资源、拓展增值业务、满足人们个性化视听文化生活享受起到积极作用。

与全省的情况一样，深圳的广播电视行业也在积蓄力量。2004 年，深圳卫视正式上星播出，深圳进入卫视时代。不久，深圳广播电影电视集团成立，是一家拥有多种业态的综合性传媒集团。该集团控股、设立了天威视讯股份有限

① 王首程：《广东电视传媒的贡献不应被低估》，《南方电视学刊》2011 年第 1 期。

② 南方广播影视传媒集团网，http://www.smc.gd.cn/smc3/smcje/fzzl/index.shtml。

③ 钱玮珏：《争当文化强省建设排头兵——全国文化企业 30 强、省广播电视网络股份有限公司董事长张健访谈录》，《南方日报》，2012 年 5 月 28 日。

④ 广东广电网络，http://www.gcable.tv/about.html。

公司、移动视讯有限公司等20多家产业经营企业，形成了广告、网络传输与服务、新技术新业务、内容"四足鼎立"的产业结构。

## 四、转型期的多元融合发展（2011年至今）

随着新媒体强势崛起、媒介竞争格局的改变，传统媒体的发展受到前所未有的挑战，原有产业布局、产品结构存在的不合理因素日益凸显出来。夯实发展基础，转变增长方式，建立新的赢利模式，是传统媒体转型必须作出的抉择。

### （一）多元经营推进大传媒文化产业

新闻采编、广告、印刷和发行等业务，是传统报业集团的主业，也是其固有的优势所在。"传统"并不能简单地等同于落伍，更不能将其弃置，传统主业是立足之基、生存之本，是报业集团最重要的核心竞争力所在，也是其拓展业务领域、发展文化产业、扩大市场份额的依托。传统报业的可持续发展，有赖于理念更新、资源整合、内容优化和路径开拓。近年来，南方报业传媒集团深耕平面媒体领域，通过资源的优化、整合、重组和再造来强化主流内容和传播渠道，进而确定自己的核心竞争优势。

传统主业的根据地打牢基础之后，报业集团逐步进军新媒体领域，其产业拓展就有望实现突破。依托报业主业推进全媒体转型，使传统媒体和新媒体互相推动，进而形成全媒体产业发展格局，激活文化产业新兴业态，这是实践证明行之有效的途径。报业全媒体转型的关键，是要充分利用各类媒介资源，根据不同的终端和受众特点，重新进行整合和配置，在新的技术平台上实现新媒体与传统媒体资源的共享、互补与融合。通过媒体资源多方位、多渠道的运营，延长内容增值链，实现单一的报业经营向多样的内容产品经营和信息增值服务转变。具体而言，在介质上，覆盖报刊、网络、手机、电子阅读器、iPad、户外传播；在产品上，包括纸质报、数字报、邮件版新闻资讯、手机报、iPhone + iPad客户端、Android版等。南方报业传媒集团2011年初成立南方报业新媒体有限公司，把它定位为集团新媒体资源的整合和综合开发利用平台、新媒体业务的投资控股平台、新媒体资产管理和技术研发平台、新媒体业务的拓展和培育平台，重点研究网站内容业务的整合以及电子商务的可行模式、户外电子媒体板块和移动互联网板块。该集团着力打造具有南方报业特色、具备独特竞争优势的六条产品线：平面媒体、互联网媒体、手机移动媒体、广播电视、户外LED、电子阅报栏。①

传统媒体市场产业单一薄弱，而当今的产业融合浪潮模糊了区域与行业的边界。广东的传统媒体积极建设"传媒文化创意产业园"，以传媒为纽带集聚文化创意产业。在广州众多的文化创意产业园中，有两家由当地报业集团建立，即羊城晚报报业集团旗下的羊城创意产业园和南方报业传媒集团旗下的南方传媒文化创意产业园。羊城创意产业园利用羊城晚报印刷基地占地面积大、旧厂房形态各异、功能多样、空间结构条件良好的特点，将其改造为创意工作室、创作室、展馆、影棚、多功能厅、个性化写字楼等。进驻羊城创意产业园的企业，形成了以文化和设计类为主的文化创意产业基地，包括建筑设计、室内设计、服装设计、广告创意设计、网络游戏设计、动漫设计以及画廊、书吧等业态类型。

而南方报业传媒集团希望以南方传媒文化创意产业园为依托，不仅开辟出一个新的经济增长点，还能拓展出一条整合传媒经济的新路子，打造一条有传媒基因的产业链。南方传媒文化创意产业园一期项目入驻企业主要来自文化传媒、电子商务、动漫设计、影视出版等领域，包括广东省南方文化产权交易所、广东文化产业投资有限公司、腾讯大粤网、中大科创、南方新媒体公司等重点企业；同时还有一些配套服务性企业，如招商银行、农业银行等。同时，南方报业传媒集团立足将总部的文化创意产业园区做实做强，然后依托该集团在广东省内外的资源，以此模式开拓新的创意园区分部。② 2012 年 2 月底，南方报业传媒集团与揭阳市政府签订战略合作框架协议，正式启动南方（揭阳）潮汕文化产业园建设。该园区将形成一个以传媒文化为龙头，集旅游、艺术、文化金融、休闲服务和产业配套于一体的文化产业集群。③ 这些主打"传媒类"的文化创意产业园区，突出传媒主体特色，促进媒体产业链的逐步建设、完善和升级，力争推动整个行业的发展。

经过多年的积累，南方报业传媒集团在融合发展的探索实践中取得不少成

---

① 张东明：《改变与坚守：党报集团全媒体转型的实践与思考》，《中国记者》2011 年第 12 期。

② 梁益畅、程征：《广州报业文化创意产业园初探》，《中国记者》2013 年第 2 期。

③ 陈清浩、陈作成、林少敏：《打造粤东文化产业发展极》，《南方日报》，2012 年 3 月 1 日。

功经验。如推动《南方日报》与南方网融合发展、建设"南方＋"App、推进南方舆情数据服务、创建289艺术园区、组建南方财经全媒体集团等，取得了阶段性重要成效。① 在未来的发展战略上，南方报业传媒集团提出建设传媒智库，顺应分众化、差异化传播趋势，通过推出个性化、对象化、定制化的内容产品，提供高品质、专业化、特色型的智慧服务。南方传媒智库矩阵的推出，既是该集团在推进媒体智库化建设进程中的阶段性成果，也是他们继续探索前行的新起点。② 而羊城晚报报业集团则大力推进文化创意产业发展，努力将该集团建成现代传媒文化集团。③

报业集团发展文化产业，应遵循市场导向原则、高成长原则和产业关联原则，紧扣文化主题，促进文化生产要素的集中，使传媒产业与多元文化形成产业互动。同时，要规避风险，建立风险管理机制，避免盲目投资，保障跨界经营在良性轨道上运行。

### （二）广电延伸产业链，增加新的赢利模式

随着科学技术的迅猛发展和全球化进程的逐步加快，"一个建立在诸多媒体相互叠加并且高度融合基础之上的多维传播时代"，即"泛媒介"时代已经到来。在融合竞争的新形势下，各种传输网络让视听内容更快捷地延伸渗透到各个角落，传媒汇流使得视听无处不在，广播影视产业链纵向和横向整合加速。

几年前，广东大力推进电信网、广播电视网、互联网的"三网融合"。广东省广播电视网络股份有限公司加快全省广电网络整合，实现"全省一张网"。大规模的网络升级改造完成后，全省广电网络的数字化、双向化可以真正实现，构建起一条安全可靠、可管可控、全省贯通的"信息高速公路"。2012年4月28日，广东省广播电视网络股份有限公司高清互动电视平台正式商业运营，这是全国首个全省统一的高清互动电视平台，在技术先进性、业务丰富程度、可扩展性上均走在了国内三网融合运营商的前列。同时，广东率先探索广电高清数字产业集群。广电高清数字产业群是基于下一代广播电视网（NGB）而产生的一种网络新业态，是广电高清数字网络产业链纵横衍生而形成的产业集合：

① 黄常开：《推动供给端改革　实施全媒体改版》，《新闻战线》2016年第12期。
② 刘红兵：《着力传媒智库建设，迈向智慧型文化传媒集团》，《传媒》2018年第15期。
③ 刘海陵：《深入贯彻落实十九大精神，将羊晚集团建成现代传媒文化集团的几点思考》，《中国记者》2018年第1期。

广电高清数字网络产业、高清数字设备制造业（网络设备、光纤、高清电视、高清机顶盒、家庭网关）、高清数字内容生产（影视、音像、动漫、游戏、出版、广告等创意产业）、基于广电网络的智能家电家居产业（智能家电、家居设施）、基于广电网络的新型社会管理服务产业。广东将这一全新的数字化产业群以战略性新型产业的先导产业融入全球产业化发展新阶段，积极助推传统产业的全面转型升级。① 数字化是广播电视发展不可逆转的大趋势，广电高清数字产业群以技术创新为主要驱动力，直接面对新的媒介竞争生态，将为用户提供更便捷、更人性化的数字化服务，抢占市场战略制高点。

高新技术产业代表广播影视产业的发展方向，广东紧紧围绕推进数字化、网络化和"三网融合""三屏合一"，加快技术进步和创新步伐。着力实施下一代广播电视示范网、有线电视数字化和网络整合等高新技术项目，推动"三网融合"，创新广播电视传播手段，加快构建传输快捷、覆盖广泛的现代传播体系。② 突破传统广播影视的"行业""系统"思维苑围，打破不同领域的界限，着力发展基于数字技术、网络技术的广播影视新型业态，开创大视听文化发展繁荣的新局面。

从这方面来看，作为拥有内容资源、用户资源和平台资源等多重优势的南方广播影视传媒集团，早在数年前即已确立了重点发展新媒体产业的策略，成为国内涵盖新媒体业务范围最广、跨越平台最多、拥有各类新媒体业务牌照最全的传媒集团之一。其中，手机视频是南方广播影视传媒集团开发的重点项目，也是应用最广的业务之一。此外，南方广播影视传媒集团的互联网电视、"精准多媒体终端"、户外移动终端和结合传统电视媒体与网络新媒体优势于一体的网络视频以及打造电视、互联网、无线移动网"三网合一"的360°互动传播平台——天迈互动等诸多新媒体业态，共同构成了南方广播影视传媒集团的新媒体产业格局。③ 媒介技术改变了人们的生活方式、娱乐方式和传统的产业格局，广播电视的数字化、网络化、互动化与产业化要有机结合起来，掀起更新换代、

---

① 钱玮珏：《争当文化强省建设排头兵——全国文化企业 30 强、省广播电视网络股份有限公司董事长张健访谈录》，《南方日报》，2012 年 5 月 28 日。

② 朱虹：《落实〈文化产业振兴规划〉发展广播影视产业》，《电视研究》2009 年第 10 期。

③ 刘丽、张标、王维强：《简单：手机视频微博随拍随传》，《南方日报》，2012 年 5 月 19 日。

推陈出新的高潮，逐步拓展延伸广电的服务内容，探寻新的赢利模式。

随着数字技术、网络技术的快速发展，广播正向数字广播、网络广播、多媒体广播方向发展，电视正向数字电视、高清电视、超高清电视、网络电视、移动电视、下一代电视方向发展，电影正向数字电影、立体电影方向发展，广播电视网正向数字、双向、智能、多功能、全业务方向发展，并积极为物联网提供有力的支撑平台。① 移动多媒体广播影视、互动电视业务、宽带接入业务以及个人点对点音视频等增值电信业务，将成为未来更加广泛、更加普及的消费模式。广东要着力转变发展方式，推动广播影视从模拟、分散、单一服务向数字、集约、综合服务转变。要更多地依靠科技进步和自主创新，推动跨越式发展。

由于媒介生态发生巨大变化，传统的广播影视业要延伸产业链，培育新的文化娱乐消费市场，使广播影视业从单一赢利模式向多种赢利模式转变。

我国广播影视产业长时间处在主要依靠广告、网络、票房三大来源的"点"式经营状态，这种结构赢利模式单一，产业链过短，过于依靠广告和国内票房，赢利能力与抗风险能力不强，难以充分开发和利用媒介资源，不仅导致节目同质化和低层次竞争，而且严重制约着广电产业做强做大。2007年以来，在广播电视产业链中，广告收入的比重一直在50%左右，有线收视费收入的比重在20%左右，作为核心的版权收入及其衍生收入有所增加，但占比依然很小；在电影产业链中，国内票房比重一直在90%以上，竞争主要体现在放映市场，大多数影片难以挤进院线。而在美国，在广播电视产业中版权销售等衍生产业收入占绝大部分，其电影产业中，国内票房收入的比重仅为15%左右，国外票房及衍生产业收入占到85%左右。比较来看，中国广播影视产业链的特征是短且窄，纵向延长和横向拓展均严重不足。② 在互联网时代的网状传播模式中，广播影视要打通产业链，完善视听内容服务，创新产品形态。同时，变革运营方式，再造适合媒介融合语境的业务流程，拉长产品线，加强衍生产品开发，向旅游、玩具、餐饮、服装、娱乐、时尚和物流等相关产业渗透。

在战略思维的层面上，广东广播影视业赢利空间的拓展有赖于资源整合。从某种意义上说，当今媒介的竞争是整合力的竞争。资源整合是系统论的思维

---

① 张海涛：《积极推动广播影视发展方式转变》，《求是》2011年第3期。
② 杨明品：《论中国广播影视发展的转型升级》，《视听界》2012年第4期。

方式，也即着眼于宏观、全局，优化资源配置，就是要有进有退、有取有舍，就是要获得整体的最优。

在媒介融合的发展趋势中，广电行业的内容资源具有明显的优势，并掌握着内容的采集和播控权，这使得内容资源成为传媒集团核心的竞争力。南方广播影视传媒集团致力建设广东数字媒资中心，目标是将该中心建成中国南方储存量最大的声音、影像数字媒资库，以服务广播电视编播、服务各类新媒体内容需求、服务社会、服务政府为己任，以"播出节目、音像资料、宣传资料三位一体""云计算模式的管理、数字处理、网络传输三位一体""收集整理存储、制作播出、市场开发三位一体"为目标，实现广播影视媒介资源的二次甚至多次开发。① 南方广播影视传媒集团还积极开拓市场，调动优势资源，在全国率先在广东电视台、南方电视台、广东电台以及广东省内 19 个地级市广播电视台建立了各自的新媒体发展部门。这些新媒体发展部门整合、挖掘原有资源，逐步开拓其他新媒体形态。以广播电视网站为起点，开办了车载移动电视、手机电视等。南方广播影视传媒集团在此基础上，联合各台，或与移动、联通等各种社会资源合作，以股份制或公司制的形式，开创了南广手机电视、车载移动电视、地铁电视、数字付费电视、网络广播电视、互联网电视、IPTV 等新媒体产业集群，抢占新媒体高地。2010 年 9 月，南方广播影视传媒集团以"资产和业务"为纽带，整合广东电台、广东电视台、南方电视台等新媒体业务和资源，即所属 20 多家新媒体实体，组建南方新媒体发展有限公司。南方新媒体公司的成立，实现了广播电视节目资源由单一广播电视播出转变为新旧媒体融合发展的格局，贯通了广电产业链和商业链，实现了媒体资源多方位、多渠道应用和运营。② 传媒机构的资源整合，是对不同来源、不同层次、不同结构、不同内容的媒介资源进行识别与选择、汲取与配置、激活和有机融合，使其具有较强的柔性、条理性、系统性和价值性，并创造出新资源的一个复杂的动态过程。整合媒介资源，发挥资源优势和资本优势，形成规模以后，有利于增强广播影视业整个产业链的竞争优势。

2014 年 4 月 23 日，由原南方广播影视传媒集团、广东人民广播电台、广东

---

① 白玲：《长风破浪会有时——南方广播影视传媒集团全面实施跨越式发展》，《中国广播电视学刊》2012 年第 3 期。

② 张惠建：《南方传媒转型及应对策略》，《中国广播电视学刊》2012 年第 6 期。

电视台、南方电视台整合组建的广东广播电视台正式挂牌。2017 年 12 月 23 日，广东广播电视台 4K 超高清电视试验播出启动。按照建设新型传播体系的战略思路，广东广播电视台积极推进媒体融合转型升级，由全媒体平台搭建转向全媒体传播，大力发展具有互联网特质的内容生产，推进新媒体产业的资本发展之路。①

在资源整合的基础上，广播影视业要积极拓展国家许可开展的电信业务，加快融合集成创新，延长产业链条，培育壮大以互动电视和宽带互联网等为核心的综合业务群，建立起融合型全业务体系。必须按照社会化大生产的规律进行结构调整、资源重组、合理分工，建立适应数字广播影视产业链的新体制、新机制，使各个环节权责分明、利益明晰、标准统一，保持公开、公正、公平、规范的运行秩序。② 要抢占产业发展主导权，关键在于迅速提高基于创意研发、内容制作、播出发行、衍生产品开发、终端服务的产业链重构和整合能力。应紧紧抓住新技术发展带来的产业竞争新机遇，降低广告在广播电视产业、票房在电影产业中的比重，加大付费电视、点播业务、新媒体、新业态的发展，加快后产品开发，创新赢利模式，优化产业结构。③ 面对复杂多变的经济环境和文化消费市场，广播影视产业结构要走向合理化、高级化，才能适应变化多样的接受心理。在这个高速发展的社会，大众显然已经厌倦了一成不变的信息传播、审美类型、文化模式，多样化、个性化的视听服务才能满足用户的心理需求和审美期待。

改革开放以来，广东的崛起，从某种意义上讲，就是文化软实力的崛起。文化软实力提升的标志，便是文化事业和以传媒业为代表的文化产业的跨越式发展。孙家正曾指出："广东改革开放走在全国前列，开风气之先，广东人每天都在创造着新的生活，取得了辉煌的成就，这些成就不能仅仅看成是经济上的成果，实质上它也是一种文化的成果。作为一个改革开放的先行地区，它对全国的贡献不只是那些看得见的数字，我认为最核心的还是文化，广东人所创造的文化对全国有巨大的贡献，形成了一些适应时代所需、符合我们国情的新的

① 张惠建：《重建传播新体系 构建广电媒体融合发展新格局》，《中国有线电视》2016 年第 9 期。

② 何兰平：《广播影视数字化、产业化分析》，《中国广播电视学刊》2009 年第 9 期。

③ 杨明品：《论中国广播影视发展的转型升级》，《视听界》2012 年第 4 期。

文化理念。"① 改革开放以来广东的传媒业，在许多方面取得了突出成就，整体推动了新岭南文化建构，显示了源于现实生活的蓬勃旺盛的生命力。在全球性的文化与经济融合、文化与科技融合浪潮中，广东传媒业必须进一步抢占文化发展的制高点，焕发创新创造的活力，推动岭南文化、中华文化走向世界。

（原载于《岭南传媒探索》2018 年第 5 期）

---

① 梅志清、陈燕云：《文化部部长：广东对全国贡献的核心是文化》，《南方日报》，2005 年 4 月 13 日。

# 脚力·眼力·脑力·笔力

## ——第二十八届中国新闻奖获奖消息、系列报道、新闻摄影评析

2018 年 11 月 2 日，中华全国新闻工作者协会主办的第二十八届中国新闻奖、第十五届长江韬奋奖评选结果揭晓。作为"两奖"评委，笔者此前阅读了大量相关参评材料，同时与其他评委进行学习、交流，在这里愿意谈谈自己在评奖过程中的粗浅感悟和体会。

此次"两奖"评选会于 2018 年 8 月 22 日至 8 月 28 日在北京举行。8 月 22 日晚，中国记协主席张研农主持召开"两奖"全体评委会，中国记协党组书记胡孝汉传达学习全国宣传思想工作会议精神，就以习近平关于新闻舆论工作重要论述做好"两奖"评选工作作专题辅导报告。

党的十八大以来，习近平高度重视新闻舆论工作，多次发表重要讲话，为新形势下做好党的新闻舆论工作指明了方向。习近平关于新闻舆论工作的重要论述，是做好中国新闻奖、长江韬奋奖评选的根本指导思想。"两奖"的评选宗旨、评选标准，都要认真贯彻落实习近平关于新闻舆论工作的重要论述，真正评选出堪称新闻行业标杆的年度优秀作品，集中展示新闻工作年度业绩，表彰践行"四向四做"、保持人民情怀的优秀新闻工作者，发挥优秀新闻作品和优秀新闻工作者的引领示范作用。

习近平在全国宣传思想工作会议上指出："宣传思想干部要不断掌握新知识、熟悉新领域、开拓新视野，增强本领能力，加强调查研究，不断增强脚力、眼力、脑力、笔力，努力打造一支政治过硬、本领高强、求实创新、能打胜仗的宣传思想工作队伍。"① 习近平对宣传思想干部提出的素质和能力要求，具有很强的实践指导意义。2016 年 2 月 19 日，习近平在党的新闻舆论工作座谈会上强调，新闻舆论工作者"要转作风改文风，俯下身、沉下心，察实情、说实话、

---

① 《习近平在全国宣传思想工作会议上强调  举旗帜聚民心育新人兴文化展形象  更好完成新形势下宣传思想工作使命任务》，《人民日报》，2018 年 8 月 23 日。

动真情，努力推出有思想、有温度、有品质的作品"。① 从新闻舆论工作到宣传思想工作，习近平的这些重要论述一脉相承，"有思想、有温度、有品质的作品"正是新闻工作者"不断增强脚力、眼力、脑力、笔力"的结果。因此，中国新闻奖和长江韬奋奖评选，"四力"（脚力、眼力、脑力、笔力）和"三有"（有思想、有温度、有品质）是非常重要的标准。

好新闻，就是要在高扬主流价值中彰显"四力"。本文以第二十八届中国新闻奖部分获奖作品为例，探讨新闻作品如何才能浸润"四力"、蕴含"三有"。

## 一、脚力：深入基层

好的新闻题材，记者需要用"脚力"到基层去寻找。在深入基层的过程中锻炼好脚力，这是新闻采写的基本功。基层是百姓火热生活的最前沿，也是改革开放伟大实践的第一线。走基层，历来是新闻工作者的优良传统。记者深入调研，也就是从距离群众最近的现实中发现鲜活的新闻题材，折射人性的闪光点，反映社会的进步轨迹。

在某种意义上说，"写什么"（题材内容）比"怎么写"（形式技巧）更重要。好的题材内容，需要记者用非凡的脚力丈量大地，发现生动、典型的百姓故事。第二十八届中国新闻奖获奖消息《收养脑瘫儿 14 年　环卫工夫妇感动众人》（《三秦都市报》，2017 年 10 月 14 日）、《安徽阜南 8 275 名学生今年"回流"乡镇学校》（《中国青年报》，2017 年 9 月 18 日）、《35 名贫困村第一书记申请留任》（《安徽日报》，2017 年 4 月 10 日）、《寸土寸金地　让与贫困户》（湖南日报，2017 年 9 月 7 日），系列报道《寻找"最美女孩"》（《西安晚报》，2017 年 4 月 19 日至 5 月 17 日）、《聚焦绝活儿不能成了"绝"活儿》（《工人日报》，2017 年 3 月 7 日至 12 日），新闻摄影《孤岛・夫妻・三十年》（新华通讯社，2017 年 2 月 27 日）、《风雪夜　大营救》（《漯河晚报》，2017 年 2 月 9 日）等，都是新闻工作者深入基层抓到的"活鱼"。

上述作品中，特别值得一提的是《孤岛・夫妻・三十年》组照。该组照再

---

① 《习近平在党的新闻舆论工作座谈会上强调　坚持正确方向创新方法手段　提高新闻舆论传播力引导力》，《人民日报》，2016 年 2 月 20 日。

现了"时代楷模"王继才夫妇守岛卫国三十年如一日的感人场景，他们用无怨无悔的坚守和付出，在平凡的岗位上书写了不平凡的人生华章。相关材料显示，新华社江苏分社记者自 2015 年来，持续关注王继才夫妇坚守孤岛的事迹，不间断记录他们的影像资料。画面展示了王继才夫妇以海岛为家的日常点滴，他们与孤独相伴，在没水没电、植物都难以存活的孤岛上默默坚守，具有极强的震撼力。

新闻在路上，记者腿脚勤、步伐快、脚印深，其作品自然能出彩。羊城晚报记者拍摄的组照《龙腾港珠澳》（金羊网，2017 年 1 月 28 日首发）便是如此，该组照获第二十八届中国新闻奖新闻摄影二等奖。港珠澳大桥这一"超级工程"，"中国制造"以举世瞩目的成就创下多项"世界之最"。《龙腾港珠澳》组照截取不同时间节点中港珠澳大桥的施工场景，形象地展示其龙腾虎跃的建设过程。组照中既有雄伟壮观的人工岛画面，也有建设者代表人物——港珠澳大桥岛隧工程项目总工程师林鸣欣慰的笑脸，还有青州航道桥美轮美奂的"中国结"。这些照片从不同侧面呈现了立体可感的港珠澳大桥形象。据相关材料，该组照的作者自 2015 年开始，参与了沉管安装、大桥隧道最终接头、主体工程全线亮灯等重大节点报道，拍摄了很多独家照片。[1] 勤快的脚力，是记者推出好作品的基础。

新时代中国人民波澜壮阔的生活实践，为新闻工作者提供了异常丰富的题材。全身心融入人民群众生活，深度发掘、展示社会历史变革和人性光辉，记者必然能够推出有内涵的感人作品。

## 二、眼力：独特视角

新闻价值的判断，与记者的眼力密切相关。眼力是记者专业素养的外化，表现为对新闻的敏感度和发现力。优秀的作品，往往有着独特的视角，记者能够从常态的生活与实践中开掘出新意。

当前，技术人才缺失是一个值得关注的话题，甚至出现"招聘一个熟练的数字机床工，比招聘一个研究生还困难"的情形。鉴于高水平技术工人难招，

---

[1] 《第二十八届中国新闻奖正式揭晓　羊城晚报两件作品分获二等奖三等奖》，《新快报》，2018 年 11 月 3 日。

知识型、技能型工人不足，已成为影响未来经济发展的短板，《工人日报》刊发的系列报道《聚焦绝活儿不能成了"绝"活儿》，从一些绝活儿传承面临后继乏人的小切口入手，不断转换视角：呼吁培育高技能工人需全社会"总动员"；别把培养高技能工人当作成本与负担，民企也该学国企好传统；建设高素质产业工人队伍，工会大有作为。这组系列报道不仅标题给人巧妙生动的感觉，而且报道视角多维转换，包括制度设计、企业运作、培训机制、工匠精神等维度，使得整组报道显得结构完整、层次清晰、立体丰满。

记者的独特眼力，是独家发现和独家视角的来源。《中国纪检监察报》2017 年 4 月 12 日至 18 日推出的系列报道《来自巡视一线的报道》，便是以专业精神呈现独家视角。记者通过一系列的新闻特写，"首次零距离'贴身'观察、报道中央巡视组，全面呈现巡视工作方式、工作流程和工作状态，揭示巡视工作锋从何出、威力倍增的力量之源"。这样的定位，揭开了中央巡视组"神秘的面纱"：

中央第十一巡视组副组长刘立宪说："从进组第一天起，组里就反复强调守纪律、讲规矩，像爱护自己的眼睛一样，维护巡视工作的形象。"全体组员自觉做到"滴水不漏""滴酒不沾"。"滴水不漏"就是在保密上守口如瓶，不该说的一个字都不能说；"滴酒不沾"就是严格遵守中央八项规定精神，高标准要求自己。

写工作总结的、查阅资料的、讨论交流的……4 月 10 日晚，马上要到十二点，在中央第十一巡视组云南党小组驻地，却一点"夜已深"的感觉也没有。"忙到凌晨一两点是常态。"巡视干部小赖笑着说。

"巡视工作是真刀真枪干出来的，要开动脑力、提高眼力、增强脚力，组长副组长和大家一样，都是战斗的一员。"中央第十一巡视组组长徐令义表示。

他们"武装"自己然后"探照"别人，下沉一级察实情；他们"像显微镜一样查找问题"，不放过任何蛛丝马迹；他们"与群众紧紧拧成一股绳"，确保发现的每个问题都经得起检验。这组独家报道体现了独到的眼力，真实描述了巡视一线的现场情况，展示了中央巡视组的工作作风和实绩。

眼力绝非一朝一夕所能练就，它需要记者做有心人，以犀利、睿智的眼光见人之所未见。获第二十八届中国新闻奖二等奖的特稿《54 年，老兵回家路》

（《南方周末》，2017 年 2 月 16 日），以人性视角呈现滞留印度 54 年的陕西老兵王琪回国的故事，稿件中包含着深沉的家国情怀。该报道以零距离的采访为基础，穿越历史与现实的通道，抵达人物的情感与内心世界，显示了《南方周末》一以贯之的人文风格和特稿叙事范式。

新闻采写的水平与记者眼力是密切相关的，特殊的眼力一旦养成，"留心处处皆文章"。记者要综合运用直觉思维和理性思维，善于发现新闻事实及其背后的深层逻辑与问题，选择独家新闻视角，减少机械的重复，写出题材新颖、形式独特、具有较高新闻价值的作品。

## 三、脑力：思想深度

脑力是理性思维品质的显现，是对社会实践和新闻事实本质属性的一种认识。记者不能成为生活的旁观者，也不是事实的简单记录者，而是应该以真挚的情感和睿智的思想，切实履行新闻舆论工作肩负的职责使命，为实现中华民族伟大复兴的中国梦提供精神力量和舆论支持。

《解放军报》2017 年 7 月 11 日至 10 月 8 日发表的系列报道《以习近平同志为核心的党中央领导和推进强军兴军纪实》，完整记录了习近平主席领导推动强军伟业的历史进程，文章大气磅礴、立意高远，具有思想的深度。该系列报道的代表作之一《领航人民军队，向着世界一流军队迈进》，分为审势、筑梦、布局、铸魂、浴火、变革、砺剑、跨越、倾情、聚力十个部分，全方位展现人民军队在习主席的坚强领导下开始了新的伟大迈进。正如文章所写：

日月经天，江河行地。每一段壮美的航程，都会在历史长河中刻下深深的印迹。

党的十八大以来，短短 5 年，在我军 90 年光辉历程中如此厚重、极不平凡——党在新形势下的强军目标鲜明确立，政治建军深入推进，练兵备战紧锣密鼓，改革攻坚大刀阔斧，正风肃纪雷霆万钧……习主席领导和指引人民军队全面重塑、浴火重生，在强军兴军征程上迈出历史性步伐。

关山重重的新长征，离不开登高望远的领路人。作为党中央的核心、全党的核心、人民军队最高统帅，习主席以马克思主义政治家的政治智慧、理论勇气、卓越才能和驾驭全局能力，大气魄治党治国治军，大视野运筹国内国际大局，大手笔推动改革发展稳定，党、国家和军队面貌发生巨大变化，赢得人民群众和全军官兵发自内心的爱戴。

山高愈前行，扬帆再起航。全军官兵满怀对习主席的信赖拥戴，满怀建设世界一流军队的坚定信心，在中国特色强军之路上阔步前进。

类似这样力透纸背的文字，内在地包含着思想深度和智慧力量。这来源于记者对新闻事实背后本质和规律的深刻洞察，把握"5年来国防和军队现代化建设的辉煌成就"，叙述"实现强军目标、建设世界一流军队"的思想意义。

主题深刻，离不开记者的脑力。获第二十八届中国新闻奖二等奖的国际传播系列报道《重走淘金路　再访新金山——纪念澳大利亚华人罗布之行160周年》（《南方日报》，2017年5月31日至6月8日），将"一带一路"的宏大叙事与"重走淘金路"的鲜活题材相结合，站在历史和现实的高度书写华人在澳大利亚的奋斗史，用厚重的笔墨擦亮华人的精神丰碑。

新时代实践不断创造着新经验，不断刷新着人们的头脑与思维方式。《常州晚报》2017年10月31日至11月2日刊载的系列报道《"三块地"》，探讨农村土地制度改革如何深化的热点和难点问题，也显示了较强的思想性。"三块地"制度改革，是指农村土地征收、集体经营性建设用地入市和宅基地制度改革。《常州晚报》对江苏省常州市武进区的大胆探索、先行先试进行连续报道，介绍当地在"三块地"制度改革上取得的突破和丰富经验，其报道的深度来源于思想认识的高度，对全国具有导向性意义。

## 四、笔力：改进文风

笔力是语言文字的表现力，它要求新闻工作者不断改进文风，摆脱形式上的枯燥和呆板。"言之无文，行而不远"，新闻写作要努力跳出僵化的套路，摒弃模式化倾向，用精炼、生动的语言和清新的文风增强作品的生命力。

好记者不仅擅长于讲故事，而且会用心经营语言文字，用灵活多样的技法来组织材料、表现主旨。《湖南日报》于2017年3月20日起连续推出14篇名为"走近科学家"的系列报道，显示了强劲的笔力。如该系列报道的代表作之一《谢永宏：踏遍洞庭情正浓》开篇写道：

洞庭湖区原为"江南古陆"的一部分,古称"云梦泽"。

沧海桑田。湘资沅澧流注,最终留下东洞庭、南洞庭、西洞庭。唐代诗人孟浩然留下"气蒸云梦泽,波撼岳阳城"之恢宏诗句。

诗情画意的洞庭湖,迎来送往的不仅仅是豪情万丈的诗人,守望千年的也不仅仅是渔歌唱晚的渔民。

在洞庭一隅,在岳阳市君山区,在东洞庭湖核心区,在采桑湖,在不太为外界所知的地方,还有一个人,为了保护洞庭湖湿地,在付出,在奔忙。

这个人就是中国科学院洞庭湖湿地生态系统观测研究站站长谢永宏。一位来自湖南永兴的44岁汉子,"长江之肾"的呵护者。他一"站",就是整整10年。

上述文字以优美的散文笔法交代新闻背景、概述人物事迹,避免对科学家的人物报道变成令受众厌烦的"俗套"。清新的文风、传神的白描、浓厚的趣味性和故事性,贯彻在这组系列报道之中,增强了文章的可读性。

获第二十八届中国新闻奖一等奖的消息《创造港珠澳大桥的"极致"》(《珠江晚报》,2017年5月11日),同样包蕴着酣畅的笔力。该稿的导语便别具匠心,以记者步行穿越海底隧道见证港珠澳大桥建设的伟大成就:

港珠澳大桥海底隧道工程近日完成"最终接头"的安装,已经可以步行穿越了。昨天,记者来到这条世界最长的海底隧道采访,除了兴奋之外,还得到了一个令人震惊的消息:在"最终接头"成功安装后,还进行了一次耗时34小时"返工"式的精密调整,最终误差缩小到了"毫米",建设者们说:"我们没留遗憾。"

这篇消息的语言朴实、精练,在有限的篇幅内善用背景材料,同时灵活穿插新闻当事人的言语,烘托现场氛围,具备了良好的表达效果。

记者的笔力与其脚力、眼力和脑力是一个有机的整体,这"四力"融会贯通、相互激荡,做到事实与见识、理性与情感、题材与表达并重,文本必然成为"有思想、有温度、有品质"的力作。

(原载于《新闻战线》2018年第21期)

# 微传播环境下新闻评论的嬗变

随着移动互联网、云计算、卫星传播等基础技术的发展，以及大众生活水平、文化程度的提高，手机、iPad等新媒介终端长驱直入青年的日常学习、生活，在很大程度上掌控着他们的眼球和手指。数字化信息充斥日常空间，悄然改变着人们的认知方式乃至价值观念。微博、微信等微媒体方兴未艾，改变了语言的呈现形式和表达方式，开启新的交往模式、社区群落和社会文化生态，从而营构起全新的微传播环境。

微媒体强化了符号生产和传播的能力，加速虚拟空间中的话语膨胀，为思想观点传播提供了新的路径。微媒体正在迅速地创造新的思想交流平台，成为思潮、价值与意义生产的集散地。技术的发展使得对微媒体的信息监管或意识形态调控异常困难，主流文化与非主流文化之间似乎不再存在清晰的范式边界，当代各种话语、思想观念和价值体系多元共生，有的通过对热点社会现实问题的争论而制造注意力效应。微媒体丰富了新闻评论的功能和表现领域，打破了传统的文体界限，它以只言片语的言说方式营造了全新的话语空间。

## 一、微媒体与新闻评论"变体"

新传播互动科技增强了普通人参与媒体的能力，极大地释放了个体力量，微博、微信等微媒体让个人获得前所未有的话语权。由于草根传播力量的壮大，传播的泡沫化也在增长，越来越多的亚文化开始在虚拟平台上有了自己的声音。微媒体技术在运作、使用中，承载了不同阶层人们的目的、利益、标准与价值，真实传递了各种"奇思妙想"的观点，拓展了新闻评论的发展空间。

新的移动载体使人们热衷于"快闪"，不断点击屏幕然后赶快走人。面对高速传播的信息流、符号流和影像流，一些人感叹：有了博客，就不看书了；有了微博、微信，连博客都不看了。新媒体技术、新传播形态吸引了人们的眼球，但也分散了人们的注意力，尤其是减弱了大众对于长篇大论的兴趣。由于微媒体的盛行，人人都可以发表意见，新媒体的便捷性和时尚特征重塑了既有的新闻评论言说方式，使新闻评论呈现种种"变体"。

在微传播环境中，传统媒体新闻评论主体单一化的状况大为改变，表达的场域被大幅拓宽，话语主体呈现多元化趋势。人们谈论民主法制、公平正义、个人幸福、明星绯闻等各种话题，各种声音、多样化的观点相互碰撞、交锋，方方面面的代言人被推上虚拟舞台，不同的意见主张纠结在一起，形成此起彼伏的网络思潮。每个人在微媒体中既是被动的又是主动的，每个人都有言说的权利与被倾听的可能，都可以传播自己的思想，并吸引一大群人的关注。由于技术本身具有对抗和反控制的属性，微媒体延伸了交流思想和协调行动的场域。在微博、微信这些难以被控制的信息平台和流动的思想空间内，个人问题与公共议题交相呼应，突发事件与群体效应同构共振。

就文本形态而言，微媒体新闻评论着重于"一事一议"，以简洁、凝练的观点表述取胜。报纸新闻评论通常是以文字为核心、辅之以漫画，而微媒体新闻评论的形态丰富多样，包括文字、图片或链接等，尤其在评论的互动性方面是传统媒体不可比拟的。海量信息本身并不是问题，微媒体用户会根据自己的兴趣进行选择性过滤，撷取他们最认同的看法，通过网页、博客、微博、微信等阐发自己对世界的意见，将有相同认识和观点的人聚集在一起，以在线方式进行交流，构建起虚拟社群，吸引更多的点击或链接。数字化的虚拟社区中，充满了无数或大或小的社群，这些社群由各种各样的人组成，同一社群的参与者有着相似的观点，进行着熟悉或不熟悉的对话。

微媒体平台规范不多，语言不严谨也不讲究理性，一方面，使用偏激的言论，流行的、新潮的词语和符号能更便捷地表达感性情绪；另一方面，在网络舆论场，求新求怪才能吸引注意力。所以民众抛弃旧词汇，更爱在语言上标新立异。每一个热点事件，几乎都刺激产生了不少网络热词和段子。以热点新闻说事的各种网络热词、段子，或夸张，或调侃，或讽刺，或嘲弄，或戏谑，或规劝，彰显了网民的智慧。网络热词和段子具有强大的传播效果，抵得过新闻评论的千言万语。

即时性和快捷性的优势，加上海量的评论信息，使得微媒体成为一个迷宫式的"庞杂空间"（mixed spaces），各种异质话语相互缠绕、对立、碰撞、转化，对思想文化领域重新构型，形成迥异的思潮，影响人们的思想和行为，衍生出各种复杂的现实问题。微媒体空间是现实空间的真实回声，复杂的利益关系使得虚拟生活与日常生活联结为一个价值整体。现实的利益诉求延伸到虚拟空间中，超验性、经验性、神圣性、世俗性和本能性的各种愿望、心理体验折射到网络中，获得新的话语表达方式和反馈方式，打破了社会原有的交流常态和沟通模式，思想的多元与无序、话语的解放与混乱并存。而社会结构的裂变、分化，以及新的社会力量的成长，又催生了一系列的边缘话语。微媒体用户并非单质的整体，而是拥有不同的思想来源或文化资本，包含了各种各样由具体政治立场、宗教信仰、社会联系、心理定势和利益关系形成的群体。正是由于异质杂多的网民众声喧哗，多样化的社会话语在微媒体环境下显现为各种裂变效应，表征为一个混沌、多维的超空间，充满了张力、困惑与矛盾。诸如精英与草根之间的分化、新富阶层与弱势群体的距离、民族主义者与全球化分子的歧见、新左派和新自由派的论战等，在这个世界性的网络中，无数个人思想融入其中，朝着不同的方向、目标发散，折射出现实社会的复杂、多元。网络上此起彼伏的口水战，实即同时展开着不同思潮的碰撞和交锋。

## 二、信息超载与群体极化的挑战

微媒体用户流动多变的特征，塑造了微博、微信新闻评论中多维度的价值取向。实用主义、解构主义、虚无主义、无政府主义、道德理想主义、新自由主义、民主社会主义等，各种思潮交错杂陈。

一旦有突发事件，微博、微信中评论民粹主义取向十分明显，表现为仇富、仇官、反智、反改革等价值立场。网民对社会不公正现象的痛恨、对底层弱者的同情，转化为对抗性的社会批判，汹涌的舆论席卷而来，成为一种民粹主义思潮。微媒体本身并没有创造社会思潮，它只是消除了各种思潮传播的障碍，在电子界面中自由地显示内容，以往被边缘化的声音越来越多地加入群体对话，这些声音在群体层面上传递着社会各阶层的利益，在个体层面上影响着观念和行为。微媒体扩大了利益群体和新闻评论发表的途径，改写了政府、公民和传统媒体之间的关系，越来越多不同价值取向的社群产生，传统主流媒体对社会思潮传播和公众舆论调控的难度加大。各种分散的社群，延伸、增补了真实世界里的社会思潮，引出前所未有的价值交流、思想共享方式，带来观念变革和思想挑战。

微媒体中新闻评论的扩展，也会营造出舆论声势，有时可能成为少数极端思潮或利益集团的"宣言书",导致网络话语权的失衡。微媒体带来了人际沟通、大众传播的质变,拓宽了人类交流、表达的场域,但它对主流文化建构也蕴藏着潜在的挑战。微传播的逻辑导致某些特殊社会利益集体常常通过虚拟社区表达自己在现实中无法获得满足的利益需求,即通过赞、转发、收藏、评论等形式,将自己的意见真实地表达出来。微媒体是一个充盈着异质性的平台,它接收、存储、检索、转换和发送无穷尽的信息,构成了一个杂乱、不确定、混沌的系统,各种社会思潮自我复制、自我发展、自我传播,指向各自的价值体系和社会文化目标,甚至涉及政治组织模式和社会重组模式。

微媒体环境下信息过多过滥、思潮混杂错乱,随意化的倾向也十分明显,新闻评论中夹杂着各种情绪、心理。信息的自我复制、快速繁衍,将导致"信息超载"(information overload)的危险。错误的信息、不良的思潮给知识创新、主流文化建构制造大量的噪音。如拜金主义、享乐主义、消费主义思潮在微传播中有着大量拥趸,攫取金钱、刺激感官、享受快乐、奢靡消费、满足虚荣成为一些网民追求的目标。

更值得注意的是,微媒体新闻评论很容易造成群体极化。按照凯斯·桑斯坦的界定,"群体极化"指的是:"团体成员一开始即有某些偏向,在商议后,人们朝偏向的方向继续移动,最后形成极端的观点。在网络和新的传播技术的领域里,志同道合的团体会彼此进行沟通讨论,到最后他们的想法和原先一样,只是形式上变得更极端了。"① 群体极化的现象对思想传播领域而言是非常重要的,群体能够施加一种超越个体的力量,使参与者受到"类象"的控制而不自知。特别是在大规模的线上交流、互动中,语言被滥用、思想被简化的现象经常存在,理论形态观念、思潮的复杂性,被缩约为行动工具语言的合理性,将现实生活中潜隐、郁积的矛盾冲突通过传播而引起受众强烈、广泛的共鸣。

## 三、碎片化空间中的主流话语引导

多元化的传播者、开放的传播渠道、复合式的传播形态,将微媒体世界分裂成许多子文化系统,大众用自己的语言、代码以及生活方式创建着这些文化

---

① [美] 凯斯·桑斯坦著,黄维明译:《网络共和国》,上海:上海人民出版社,2003年,第47页。

子系统。微媒体虚拟社区必须建构起自身的价值准则和文化身份，防止其过度利益化、政治化及反社会倾向，避免在线暴力、仇恨和越轨行为。

虚拟社区多中心的传播主体，增加了核心价值体系整合传播世界的难度，降低了经验分享的程度。诚然，群体极化未必完全是坏事，它让许多重要的价值得以实现，包括公民维权运动、两性平权运动等。思想观念的多元也并非全然消极，不同社会思潮的碰撞能够推进观念更新和思维范式转换，避免片面和专断。但是，在多样化思潮自由传播的微媒体环境中，同样必须确立主导性的声音，以社会主义核心价值体系引领新闻评论和社会思潮，用灵活的手段和策略对虚拟世界进行舆论引导。这就需要对微传播中的新闻评论进行合理的引导：

一是扶持、壮大主流媒体的评论微博，设置议题和框架，传播社会主义核心价值观，巩固马克思主义在意识形态领域的指导地位。整合资源，构筑有广泛影响力的思想文化传播平台，努力宣传科学理论、传播先进文化，并以此主导"网络民主"的发展方向与进程，在各种噪音、杂音的传播中凸显主流意见的说服力，用正面声音消解各种错误、不良观点的消极影响。

二是发挥"意见领袖"（opinion leader）的价值引导功能。新闻评论对微媒体用户的影响，通常体现在版主、作家、学者、媒体工作者乃至自由撰稿人等"意见领袖"思想、观念、主张的传播上。"意见领袖"的微博短评在网民中享有一定的威信，对人们接受某种观点、形成价值判断有很大影响。政府及相关部门要转换思维方式和角色范型，团结"意见领袖"，积极与他们沟通，发展"微媒体统一战线"，孤立打击极少数真正的敌对分子。同时，主流媒体要积极培养微评员队伍，理顺网络舆情收集与反馈机制，把握思潮动态，在多元中树立主导，维护社会主义核心价值体系，塑造主流文化认同的"意见领袖"。

三是提高微媒体的自我管理能力。目前，微媒体机构具有一定审查功能，能够举报、封杀违规上传内容。一个微媒体虚拟社区一旦形成，大体能够保持自我平衡。像后现代的控制观便注重合作、共享有用的思想资源，强调网络机构和网民个体的自我调节。

当代社会是异常复杂的，且经常充满了分歧，网民各自有其理解社会的不同方式、不同的符码和解释语境、不同的前提和关系链，一个社会内部的个体不可能只接受一种思想观念。我们既需要在众声喧哗中有效地倾听那些压抑的、沉没的声音，以包容心对待"异质思维"，也必须倡导正确的价值导向，构筑健康、良性的虚拟环境，奏响安定团结、和谐共处的主旋律。

（原载于中共中央宣传部新闻局编：《新闻评论漫谈》，北京：学习出版社，2014 年）

# 新媒体内容建设亟需大战略、大观念、大使命

以互联网、手机为代表的新媒体强势崛起，改变了传统的内容生产方式和文化生态，整个社会的信息规模以超乎人们想象的速度爆炸式增长。报纸、广播、电视等媒体原有的业务边界完全被打破，网络化、海量化的信息无序流动，全新的参与性、互动性内容生产模式大行其道。新媒体为信息和文化传播提供了全新的广阔平台，用户有了前所未有的选择自由，其阅读和媒介使用习惯、需求相应发生了很大变化。特别是具有便携性、移动性和伴随性的新媒体在用户中推广开来，激发了人们多样化的潜在需求，在更广泛的人群中拓展了文化消费空间。

新媒体的迅猛发展，显现出巨大的创新、融合和联动效应，在政治、经济、社会和文化等各个领域产生了深层次的影响，这些对新媒体内容建设提出了更高的要求，技术变革给新媒体内容建设带来机遇和挑战。通过产业化方式提升新媒体内容服务供给能力，赋予内容生产以更丰富的创新和创意内涵，提升信息品质，规范发展方向，加强和改善新媒体思想文化阵地建设，坚守文化价值底线，抵御低俗、不良信息的渗透和侵蚀，是新媒体健康发展的必然要求。

## 一、新媒体内容建设的产业化路径

从经济和产业发展的角度来看，依托互联网、云计算、物联网等技术，新媒体内容建设的重心在于运用产业化方式，通过新媒休平台整合文字、图像、音视频等资源，提供内容服务，将内容生产、传播和消费纳入经济运行轨道，形成产业链条和产业结构。

新媒体为内容产业发展提供了技术动力和平台支撑，日益普及的宽带网络和无线应用，推动新媒体企业走技术创新和市场开发相结合的产业发展道路，大力发展数字内容、网络文化、手机内容服务等新兴文化产业，促进文化产业结构升级。数字技术推动新闻出版、广播影视等产业加速与互联网融合，包括

网络新闻、数字出版、移动多媒体广播影视、互动电视、个人点对点音视频、网络文学、网络音乐、网络动漫游戏等在内的新媒体内容产业，在文化产业中发挥日益显著的"加速器"作用，各种新的产品形态和服务层出不穷，受到人们特别是年轻人的追捧和喜爱，成为文化产业中最具活力和潜力的部分。

新媒体的崛起不断改变市场状况，跨行业融合是数字时代内容产业发展的一个重要趋势，越来越多的领域正在突破传统行业的界限。融合将是创新的催化剂，更是新媒体内容产业发展、企业战略调整的重要因素。要鼓励新媒体内容生产和经营主体的多元化，推动跨行业企业之间的业务合作，共同开发新媒体内容产品、拓展市场，形成共生共赢的跨行业业务融合机制。要在未来市场谋求更大的生存发展空间，就必须充分重视产业融合趋势带来的机遇与挑战。

面对跨界融合的潮流，新媒体产业要做好内容整合和技术连接的过渡，打造并完善新的内容资源大数据平台，建设先进发达的新媒体内容创作生产体系和传播体系，推动优秀内容产品的数字化、网络化，占领更大的市场空间。无论任何产业，如果孤立地发展，都很难有持续的生命力。发展融合业务，能够带动产业链协同推进。如网络游戏产业与其他文化娱乐产业呈现融合式发展的态势，出现诸多根据电影、电视剧、小说改编的网络游戏，一些网络游戏也在尝试改编成电视剧和电影。网络游戏与文学、影视、旅游、音乐等其他文化内容产业的合作正在成为一种大趋势。同时，网络游戏对相关产业具有明显的带动作用。要积极建设集技术开发、动漫创意、作品制作、版权交易、网络运行、人才培训、衍生产品开发等功能齐全的动漫网络游戏技术创新基地，提高网络文化产业的规模化、专业化、国际化水平。

新媒体改变了人们的生活方式、娱乐方式和传统的产业格局。作为融合形态的新兴文化产业，新媒体内容产业代表了未来的一种发展趋势，它能够改造提升传统文化产业，催生新的文化形态和文化业态，传统的内容生产利用互联网平台进行运作，可以更具传播力、影响力和便捷性、广泛性。

## 二、技术升级及产品形态创新

技术升级、产品创新是产业发展、经济腾飞的原动力。在产业交叉、跨界营销、融合制胜的大趋势下，新媒体内容产业应在技术和产品形态上进行创新。今天，新一代移动通信、移动互联网、云计算、物联网已成为推动新媒体产业发展的巨大动力。在新的科技文化潮流推动下，我们要不断提升优质新媒体内容产品的供给和服务能力，特别是大力发展具有原创性的新媒体内容精品，推动各类新媒体企业主动参与内容建设，倡导健康向上的媒介使用和文化消费方式，满足大众日益增长的多层次、多样化的精神需求。

新媒体产业形态具有多样性，不同的形态满足着社会各个层面不同的需求。中国互联网络信息中心（CNNIC）2016 年发布的《第 37 次〈中国互联网络发展状况统计报告〉》显示，按用户规模、网民使用率排名前十位的网络应用分别是：即时通信、搜索引擎、网络新闻、网络视频、网络音乐、网上支付、网络购物、网络游戏、网上银行、网络文学。这种应用的多样性既是新媒体发展日趋成熟的表现，也是其价值所在。特别是网络新闻、网络视频、网络音乐、网络游戏和网络文学的地位逐渐稳固，在新媒体内容产业的发展大潮中尤为引人注目。它们不是传统新闻、电视、音乐、游戏和文学的翻版，而是有更丰富的表现形式以及互动和体验特征，体现了与新媒体技术相结合的创意机理。

技术与文化的融合，为新媒体内容产业创造性地提供更多的产品与服务。网络原创文学、微博、网络剧、微电影等新兴网络文化形态不断涌现，网页游戏、手机游戏等令人目不暇接。亨利·詹金斯（Henry Jenkins）注意到，新一代游戏有可能将视频游戏作为一种新型流行艺术形式合法化，正如 20 世纪前十年的后期以及 20 年代的电影将尚处于襁褓中的电影院合法化一样。① 利用信息技术发展娱乐产业可以打造全新的生活方式，新技术和文化艺术结合拓展了产业实践，让大众在随时随地的娱乐当中来感受数码时代的人文魅力，文化的平民化、普及化和多样性成为可能。沃尔特·艾萨克森（Walter Isaacson）在其《史蒂夫·乔布斯传》写道，在做艺术的时候需要技术，做技术的时候需要艺术。必须同时精通这两个方面，才能达到真正的跨界融合。利用技术可以大大提升内容产品的文化元素与艺术的表现力，也可以提升人们对文化艺术感受的丰富性、体验性与深刻性、敏锐性。

新媒体内容生产的门槛较低，各种新事物层出不穷。如近年来火爆的网络直播、网络自制剧，它们经过简单制作后随时随地灵活播放，其低廉的成本却能获得较高的收益，广大网民颇欢迎这种新颖、鲜活、具有贴近性的内容生产

---

① ［英］大卫·赫斯蒙德夫著，张菲娜译：《文化产业》，北京：中国人民大学出版社，2007 年，第 251 页。

方式。但是，网络直播平台和网剧制作方强烈的逐利心理，也使这些新媒体内容产品在一定程度上出现了与艺术、道德乃至法律相疏离的异化现象。

## 三、坚守行业基本规范和文化价值底线

新媒体生产的内容抹平了高雅与通俗的鸿沟，带来文化消费的世俗化、民主化和日常化。文化消费的范围也更为广泛，网络音乐、网络美术、网络游戏、网络视频、网络阅读等形态交错杂陈。新媒体在革新内容以更好地适合即时性、互动性新载体的同时，必须在法律设定的范围内进行，坚守行业基本规范和文化价值底线，以谋求更大的发展空间。新媒体内容建设只有真正纳入了产业化、法制化、规范化的轨道，才能实现其发展目标。

目前，我国的新媒体内容建设取得了较大的成效，形成了一定的产业规模，涌现了一批领军企业，产业集聚发展的态势开始显现。但是，我们也必须看到，新媒体内容产业整体实力还不够强，内容建设仍处于初级阶段，适合互联网和移动终端传播的精品佳作不多。必须加快实施新媒体内容建设工程，推动健康有益、形态繁多的精神文化产品在新媒体上传播。

为了保障新媒体内容建设朝着正确的方向发展，首要的是健全行业管理规范，完善规则，加强引导。新媒体内容产业在我国出现的时间不长，它跟我们时代的媒介生态、经济发展和文化变迁有着内在关联，它在提升文化软实力的语境中被重新安置、定位，成为时尚的文化产品。毋庸置疑，新媒体在内容生产过程中随时可能出现新的问题。政府是新媒体内容管理的主体，在政策制定、指导和行业监管等方面起着重要作用。通过制度化的措施，对新媒体内容生产进行管理、规范，有利于拓展其发展空间，同时也遏制其可能出现的负面效应。如针对网络直播中存在的不同程度的"低俗化"现象，一些网络直播平台和主播以淫秽、暴力内容吸引眼球，文化部将设立警示名单和黑名单制度。再如，2016 年 6 月国家互联网信息办公室发布的《互联网信息搜索服务管理规定》《移动互联网应用程序（App）信息服务管理规定》，有利于互联网信息搜索服务、移动互联网应用程序（App）信息服务的规范管理，促进行业健康有序发展。

其次，要进一步加强知识产权保护体系的建设，完善和落实鼓励自主创新的法制保障、政策体系、激励机制和市场环境，尤其是运用新的科技手段加强对新媒体内容产品的保护，从而破解"谁创新谁倒霉"的魔咒。内容生产是最

需要创新的领域，而内容创新在很大程度上取决于对知识产权的尊重和保护。内容生产的各个环节，几乎都涉及知识产权问题。知识产权对新媒体企业效益提升，有着积极的作用。如何通过知识产权的开发运用和保护，实现新媒体内容产业的科学发展，是一个亟待解决的问题。对新媒体企业而言，要有创建自主知识产权品牌以及保护品牌的观念；对消费者来说，要树立尊重知识产权的意识。

再次，要加强行业自律和公众监督，强化新媒体企业的社会责任感和精品意识，坚守价值底线，摒弃与社会主义主流价值观相悖的内容。创意性和服务性、思想性和艺术性是内容建设的先导，要深入挖掘文化创意内涵，注重社会效益。要引导创作者为新媒体提供更多积极向上、意蕴深厚的内容产品，推动优秀传统文化瑰宝和当代文化精品网络传播，提高新媒体内容产品的原创能力和文化品位。以网络游戏产业为例，要防止文化品格萎缩，不能一味追逐市场效益而忽视文化内涵。网游产业在发展过程中，要尽力避免创作题材狭窄、主题单一、开发方式雷同等弊病，摒弃情色、暴力、凶杀等元素。事实上，从网游诞生之日起，人们就没有简单地将其看作以现代互联网技术为载体的纯粹游戏，而是将其纳入了包括文学、绘画、雕塑、舞蹈在内的艺术行列，成为与人的精神创造活动直接相联系的现代艺术类型之一。[①] 网游只有将艺术与人文相结合，通过创意画面、优美的音乐等构成要素营造视听盛宴，才能让整个行业朝着正确的方向发展。

必须看到，新媒体内容建设是一个长期的动态过程，提升内容质量和网民素质，都非一朝一夕之功。我们追求新媒体的发展繁荣，就是要把内容建设与文化、经济、政治、社会建设统筹谋划，不断树立内容产业发展的大战略、大观念、大使命，促使内容生产、文化传播、文化事业建设、文化产业发展等各方面协同推进，不断满足人民群众日益增长的精神文化需求。新媒体内容建设的目标不仅体现为追求产业实力，还包括文化体制运行的力量和全民创造性能量的释放，通过各类内容产品的生产、传播和消费，形成知识优势和精神高地，提升生活品质和民众的整体文化水平，形塑主流价值观，建构民族的文化心理结构。

（原载于《人民论坛》2016 年第 19 期）

---

[①] 郭国昌：《提升网游产业的文化品格》，《人民日报》，2012 年 9 月 21 日。

# 以岭南文化夯实大湾区人文底蕴

2019 年 2 月 18 日，中共中央、国务院印发《粤港澳大湾区发展规划纲要》。这份纲领性文件统筹全局、立足长远、科学谋划，对粤港澳大湾区合作发展具有重要的实践指导意义。抓住这一重大政策利好，新形势下深化粤港澳合作，充分发挥三地综合优势，在打造国际一流湾区和世界级城市群的同时构筑岭南文化高地，粤港澳大湾区在国家经济发展和对外开放中的支撑引领作用必将进一步提升。

放眼全球，湾区文化发展已成为湾区竞争力构成的核心要素，也是其经济成长的前提和根基。如纽约湾区、旧金山湾区和东京湾区，在当今全球经济与文化版图中均有各自的特色、亮点。从某种意义上说，文化是湾区的内在灵魂与精神支柱。因此，粤港澳大湾区建设加快推进，离不开文化与经济融合发展的深层动力。《粤港澳大湾区发展规划纲要》提出"共建人文湾区"，正是着眼于文化为凝聚力、创新力和发展力提供基础。作为中华优秀传统文化的重要组成部分，岭南文化在粤港澳大湾区建设中的作用不可或缺。岭南文化的传承与创新，本土精粹的发掘与弘扬，是促进粤港澳大湾区守护精神命脉、增强价值认同、实现协同发展、展示良好形象的现实需要。

## 一、历史传承：岭南文化重放异彩

岭南地区有着良好的人文环境、丰富的文化资源。这种丰富性，具有历史积淀的深厚渊源，并反映在方言、音乐、戏曲、文学、绘画、书法、园林、建筑、工艺、民俗、饮食等多个方面。以非物质文化遗产为例，岭南入选"国家级非物质文化遗产名录"的项目十分多样，如民间音乐有梅州客家山歌、中山咸水歌、广东音乐、潮州音乐、广东汉乐等，民间舞蹈有龙舞、狮舞（广东醒狮）、英歌等，传统戏剧有潮剧、正字戏、粤剧、西秦戏、白字戏、花朝戏、皮影戏（陆丰皮影戏）、木偶戏等，曲艺有龙舟说唱等，民间美术有佛山木版年画、剪纸（广东剪纸）、粤绣、潮州木雕、灯彩（东莞千角灯）等，传统手工技艺有石湾陶塑技艺、端砚制作技艺、凉茶等，民俗有瑶族盘王节、小榄菊花会、瑶族耍歌堂等。

不同于中国传统内陆文化形态，包括广府文化、客家文化、潮汕文化等分支的岭南文化，是在开放、多元的海洋文化背景中孕育的。岭南文化源远流长，具有与生俱来的对外开放、善贾重商、兼收并蓄、务实创新的特点，包蕴着强烈的进取精神和平民色彩。广东是古代"海上丝绸之路"的起点，是面向海洋文化的重要窗口和通道。唐代，广州已成为著名对外贸易港口。清代，佛山成为全国手工业中心和四大名镇之一。广东也是我国现代工业和民族工业的发源地之一。"纳四海之新风，集中原之精粹"，成为岭南文化生生不息的活力之源。海纳百川的文化氛围，造就了岭南地区开拓求新的观念意识。

岭南在中国近代和现代史上具有重要地位。鸦片战争之后，面对前所未有的历史大变局，广东涌现出了一大批最早放眼看世界、站在社会变革前列的杰出人物。从林则徐、魏源等人提出"师夷长技以制夷"，到洋务运动的兴起，再到康有为、梁启超推动维新变法，直至孙中山确立"三民主义"学说、领导资产阶级民主革命，他们引领着近代中国改良求新、变革图强的思想文化运动和社会浪潮，也为岭南文化注入了全新的精神内涵。

改革开放之后，岭南文化重放异彩。历史文化的丰富性、厚重性以及现代文化的开放性、创新性水乳交融，是广东可持续发展的内驱力。2003 年 11 月，"新时期广东人精神"被概括为：敢为人先、务实进取、开放兼容、敬业奉献。2012 年 5 月，中国共产党广东省第十一次代表大会报告提出，大力弘扬岭南优秀文化，发挥优秀传统文化在民众生活和社会治理中的积极作用，大力宣传和实践"厚于德、诚于信、敏于行"的新时期广东精神。"广东精神"的提出，正是在提炼岭南文化精华的基础上，结合改革开放时代精神，以新的概括性语言呈现人文内涵，以更好地凝聚共识、整合价值，形成新的精神力量，树立起开放、务实、兼容、开拓的崭新形象。

在构建全面开放新格局的时代环境中，粤港澳大湾区要充分激发文化改革创新精神，利用得天独厚的历史文化资源，将文化底蕴转变为发展优势，进一步弘扬岭南文化、盘活内容资源，使人文环境和文化资源的能量转化为经济社会发展的精神动力。

## 二、融合互动：粤港澳文化深度交流

20 世纪 70 年代末以来，广东凭借在全国先行一步的政策优势，抓住国际产业转移和要素重组的历史机遇，由落后的农业大省转变为我国位列第一的经济大省，成为中国外向度最高的经济区域之一。底蕴深厚的岭南历史文化，敢为人先的人文精神传统，毗邻港澳的区位优势，这些都构成了广东经济发展的重要条件。

粤港澳在文化心理上有着天然的亲近感，广东很容易接受港澳的东西。如香港的流行文化、影视文化，对广东的广播影视业起了很大的推动作用。作为先行先试的排头兵，成为中国改革开放的试验区，在发展文化产业方面率先进行突破。中国的文化经济、文化产业，是在岭南地区发轫的。早在改革开放初期，广东逐渐出现了音像制品市场、表演艺术市场、图书报刊市场、电影发行放映市场和电视文化市场，以及流散文物市场、文化旅游市场和工艺美术市场等各种形式的文化市场，广东成为中国改革开放的前沿和开展国际贸易交流合作的窗口。

进入 21 世纪，粤港澳合作不断开启新局面，文化融合发展的步伐逐渐加快。早在 2002 年 11 月，为了加强大珠三角区域的文化合作，广东省文化厅、香港特区民政事务局及澳门特区文化局建立了粤港澳文化合作机制，并在 2003 年 8 月签署《粤港澳艺文合作协议书》。此后，粤港澳在演艺节目和人才交流、文化资讯、弘扬粤剧艺术及文化产业发展研究等方面取得了丰硕的合作成果。2009 年 2 月，广东省文化厅、香港民政事务局及澳门文化局共同签署《粤港澳文化交流合作发展规划（2009—2013）》，促进及深化三地的文化合作。2010 年 6 月，《粤港澳文化交流合作示范点工作协议书》签署，确定了包括文化产业合作在内的 32 个交流合作示范点。2011 年 6 月召开的粤港澳文化合作第 12 次会议，正式将珠海市横琴粤港澳文化创意产业园确立为三地开展文化产业合作的重点试验园区。2012 年 9 月，广东与澳门两地的官方广播电视机构——南方广播影视传媒集团与澳门广播电视股份有限公司，在澳门签署《粤澳影视文化合作框架协议》。粤澳两地在电视广告业务、频道覆盖、节目互换、采访互助、人员培训、影视剧制作、艺术活动等方面进行全面合作，拓展两地影视文化产业。

《粤港澳大湾区发展规划纲要》的出台，为粤港澳文化交流、互动提供了新的历史机遇。粤港澳的文化同宗同源，在文化园区、影视娱乐、传媒出版、版权营销等方面形成了优势互补，三地文化产业合作的空间非常大。在文化产业与资本市场方面，香港是亚洲的金融中心城市，有完善的金融体系，如果粤港澳金融界达成共识，可以协助推进文化产业与金融的对接工作，为广东文化产业的人才培养、影视制作、市场推广、产业园区建设等提供资本扶持。此外，粤港澳可以协力拓宽广东民营文化企业直接融资渠道，推动优秀民营文化企业赴香港上市融资，或在港澳设立分支机构，或在港澳扩大业务范围。在文化品牌与文化展示平台方面，香港是一个国际性都市，有完善的展会系统、文化产业运作人才和参与国际竞争的经验，粤港澳可以开发和整合三地文化产业的人才和技术资源，联手打造文化品牌，传播岭南文化，把相关的文化产品和文化服务带到世界各地。在文化创意产业基地和园区建设方面，鼓励港澳企业参与在广州南沙、深圳前海、珠海横琴新区、东莞松山湖等地建设"粤港澳文化创意产业试验园区"，形成以文化产品和服务出口为主的外向型产业集群。同时，粤港澳三地的企业、高校、科研院所增强合作，共建文化产业研发机构，为三地文化产业发展提供更多的智力支持。

## 三、创新发展：全方位促进文化大繁荣

对岭南文化最好的传承，就是"在发展中创新，在创新中发展"。文化需要创新性发展，才能永葆其生命力。粤港澳大湾区要充分发挥地域相近、文脉相亲的优势，以文化创新能力的提升为核心，推进政策创新、强化服务创新、推动机制创新、加快管理创新、实现业态创新，形成新的文化优势，从而达到与经济社会发展相适应的文化发展水平。

面对世界级城市群的战略定位，粤港澳大湾区作为岭南文化的集大成之地，要坚定文化自信，把握发展规律与时代精神，进一步彰显岭南文化独特魅力，共同推动文化繁荣发展。共建人文湾区，这是国际与国内环境交汇，"软实力"与"硬功夫"协调、碰撞出的最强音，是经济高速发展之后头脑资本演化、裂变、提升出的全新导向思维和文化理想。只有在纵向的历史维度和横向的全球视野中，浓墨重彩描绘文化大发展、大繁荣的宏伟蓝图，粤港澳大湾区在新时代新征程上才能更好地发挥示范引领作用，才有厚重的文化底气和精神支撑。

在全球性的文化与经济融合、文化与科技融合浪潮中，粤港澳大湾区必须

进一步抢占文化发展的制高点，以更好地在激烈的国际竞争中掌握主动权。全球化造成了世界历史上空前规模的文化比较和文化竞争，文化商品流动的快速和文化形态碰撞的激烈程度前所未有。在全球化的语境中，国际竞争、区域竞争不仅是在经济方面展开，同时也在文化领域进行，文化软实力构成综合竞争力的核心部分。粤港澳大湾区必须在提升文化软实力方面重点突破，以全方位创新促进文化大发展大繁荣。

文化创新要有全球眼光，在激烈的国际竞争中赢得主动。面对发达国家的强势文化地位，粤港澳大湾区需要打造一批能够巡航世界的"文化航母"，创造具有强大国际竞争力的文化企业集团。在激烈的全球文化贸易竞争形势下，探索文化"走出去"的区域发展模式，瞄准世界一流水准，向国际文化市场进发，探索多样化的"走出去"模式。区域文化发展，必须抓住机遇，科学谋划，找到重点方向，构建龙头引领，抢占制高点，在重点领域起到带动作用。同时，积极探索文化产业的全产业链建设，从投融资到项目对接、到交易平台、到消费市场，建构一个产业链条较为完整的文化产业体系。只有因地制宜明确文化发展的目标、重点和思路，找准加快发展的牵动点和支撑要素，凝聚合力，打造特色，重点突破，粤港澳大湾区文化实力方能实现倍增。

文化创新和发展的终极目标，就是要从精神层面努力实现人民群众对美好生活的向往。文化的本质在于"人化"，人是文化的存在，文化是幸福指数的一个重要指标。我们从岭南的社会生活变迁中，看到民众的文化心态、气质、性格，乃至习尚风俗，人们在这里找到了实现自己价值的方式，每天都在创造着新的生活。正是文化的大融合、区域文化的彰显激发了社会的革新动力，引领着我们迎接新时代的机遇和挑战。

粤港澳大湾区在建设世界级城市群的过程中，经济高速增长、文化多元融合、思想观念深刻裂变、体制机制变革创新，必将推动区域文化强势崛起和新岭南文化精神重塑。

（原载于《人民论坛》2019 年第 19 期）

# 第三编

虽然文学和新闻属于不同学科与实践场域，但它们在求真、向善、唯美的价值追寻上又有着某种共通之处。从价值论视域看文学，价值理想是文学的一个永恒话题。文学叙事、审美活动的背后，必定有其文化和价值意涵。

当代中国正在经历前所未有的、剧烈的社会转型，作家讲述的各种故事映射着这个大时代的变迁。面对纷繁复杂的现实，文学以自己的方式叩问人的存在与生命意义。回归日常生活的本真，关注普普通通的人生情感，寻找某种活法，不同作家的文本为我们认识社会生活，以及21世纪的人文价值重建，提供了独特参照。

# 康乐园中的诗情守望者

## ——怀念恩师程文超教授

恩师程文超教授已经远行，但我们始终不愿意正视这个残酷的事实。程老师的音容笑貌，历历在目；留给我们的谆谆教诲，言犹在耳。然而斯人已逝，我们唯有遥望长空，一遍遍怀想往事，一种痛失亲人的哀愁萦绕心间，挥之不去。

作为一名师长，他是那么真诚、热情、博大、深邃。据说北京大学校园里流传着这样一句话："任何一个学生都可以到谢冕教授家里去拜访。不管隔了多长时间，谢冕老师家门总是径直可以去的。"而在中山大学，程老师也是这样，无论你是名师硕儒，还是后生小辈，都可以成为他的座上宾客。20 世纪 80 年代末期，他受业于谢冕先生门下，秉承了谢老富于热情与诗情的心性。每一个熟悉程老师的人都难以忘怀他脸上那温和的笑意，这是一份穿越浮华的淡泊与沉静，这是一份对生命的热爱与欣悦。

他辞世时英年 49 岁，多年来我们既把他当作尊敬的长辈，也视其为亲爱的朋友。课堂之外，他也曾跟我们这些弟子讲述过他的经历、梦想和希冀。1993 年夏天，程老师偕同妻女南下广州，第一次踏上南国的这片土地。而在此之前，他已"东飘西流"了二十个年头。他出生在湖北的一个小城。高中毕业那年，恰逢上山下乡的红色浪潮，他投入大别山的怀抱，度过了一段令人难忘的知青生涯。1976 年，正值轰轰烈烈的"造神运动"接近尾声，他进入武汉华中师范大学求学，毕业后一直留校任教，直至叩响北京大学的博士之门。1990 年至 1992 年间因北大与美国加州大学联合培养，他留学于美国加州伯克利大学。在经历了一段并不平常的生活之后，他终于在中山大学康乐园中"扎"下一个安稳的家。

程老师的学术研究方向是中国现当代文学，作为一个理论批评家，他的名字为文坛所熟知。与许多文学青年一样，他年轻的时候一度憧憬过美好的"作家梦"。早在程老师上山下乡的那段日子里，大别山孕育的灵气与精神点燃了他的文学梦，他执着于诗歌创作，也发表了不少的作品。进入大学后，他便转向理论批评的王国，但那份诗意情怀却依然渗透到学术研究与日常生活之中。他追求一种审美人生，即使他的理论文字也闪烁着诗性的智慧。程老师常常对我们说："为文要有独到处，为人要有平常心。"恰是生命中的那份诗情，贯串着他的为人与为文。

近年来，文学已从人们精神生活的中心被挤到了边缘，小说读者锐减，批评遭到冷落，更不必说素来寂寥的"批评的批评"。而程老师却一直坚守自己的学术岗位，硕果累累。他的著作《意义的诱惑》《1903：前夜的涌动》《反叛之路》等，都体现了一种宏大的气魄。深深扎根于中国本土的思考，使程老师的批评与民族的传统文化有着难以割舍的血缘关系，留美两年的深造使他对西方的文化思潮了然于胸。这一知识结构使他能够超越中西文化，在更为广阔的文化背景中寻找"自己的话语"。而不赶热闹的批评原则又使他的批评视角与理论阐述别开生面、独树一帜。程老师曾这样说过："我不会为别人的思考改变我思考的轨道。我只读我喜欢的书，想我关心的问题，说我想说的话。我关心的问题，有可能成为热点，大热或小热，也可能一辈子热不起来。这都不重要——热了，我没有回避；不热，我没有必要追求。重要的是，我想过，说过。这就够了。"

"为文重要，为人更重要。"每一届新生入学，程老师都会如是教导弟子。而在他自己身上，人品与文品达到了完美结合。他的导师谢冕先生曾作过这样的评价："程文超的文学观念很开放，但在道德情操方面的坚持，却很'守旧'，这种看似矛盾的现象在他身上的统一，生发出一种罕有的魅力。"

两年的留美生涯使他深谙西方学术的前沿尖端，但丝毫不曾改变他中国式的文人气质与禀性。程老师高度推崇庄子，憧憬审美人生，认为人的最高价值不在身外之"物"，而在审美、自由。借用熊十力先生的一句话——"以出世态度做入世学问"来形容他的为人与为文，可以说是极为妥帖的。在生活中，程老师颇有魏晋人洒脱旷达的风度，但在学术研究方面，他又勇于直面当下现实的理论问题。

多少年来，程老师坚守在大学校园之中，一间斗室、一张书桌、几大架的书，思考与阅读是他最大的快乐。在他辞世之前，假若你在清晨暮后漫步校园，于绿树掩映间有一人在聚精会神地打太极，那他很可能就是程文超教授。他曾无限感叹地说过："你活着，活得很充实，这就很不错。其他的，淡一点，也许更好。"正因为此，当年他放弃了美国优厚的生活待遇，毅然归国。许多人深为困惑，他的回答却是淡淡的："我的学术事业在中国，所以我就回来了。"没有豪言壮语，没有刻意标榜，只缓缓道出了个中的执着。他始终认为，学习西方的文化、了解西方的学术，目的在于反思百年的中国文化，探求具有中国特色的理论形态。

程老师从事的工作一方面是学术研究，另一方面则是传道授业解惑。在讲台前，他总是那么容光焕发、神采奕奕、热情澎湃、妙语连珠。如果说讲课是一门艺术的话，他便是在艺术创造中抒发着对文学的爱、对学生的爱、对课堂的爱。每逢有程老师的课，教室总是挤满了人，一屋子屏声敛息的学生。许多毕了业的学生常常会想起程老师精彩的讲课，轻松中隐含着深刻，思索中贯注着情感，睿智中显现着幽默，有学问，有文采，难怪在他的课堂里你总是能听到掌声雷动。

荷尔德林曾经说过："人建功立业，但他诗意地栖居在这大地上。"于程老师而言，在对抗病魔的12年中，他始终在生活中寻觅着属于自己的幸福与快乐，并将这种欢欣与别人分享，显示出一个大写的"人"的魅力。匆匆的人生之旅，他穿越了世事的喧嚣与浮华，在不平静的命运中守望着诗情。

他生前承受了常人难以想象的病痛与苦难，愿上苍能在天堂抚平吾师身体上的累累伤痕。

（本文与周山丹合写，原载于《南方日报》2004 年 11 月 14 日）

# 程文超的文学研究与文化建构

从文化建构的视角研究文学，是程文超治学方法的显著特色。无论是解读作家作品，还是追踪 20 世纪中国文学的发展流变，程文超都力图揭示文学叙事、审美活动背后的文化意涵，探讨叙事、审美与文化之间的逻辑，形成了独特的理论旨趣、话语框架和价值指向。

一

回顾程文超的文学研究之路，可以先从《寻找一种谈论方式——"文革"后文学思绪》开始，它汇集了作者早年的批评文字。这是一本"内容丰富而且驳杂"的著作，收入其中的论文，相当一部分写于 20 世纪 80 年代，它们记录了程文超同"文革"后文学一起走过的历史。诚如谢冕所说，这本书保留了历史前进的脚步声，"传达了那年代特有的灵感和激情，尽管有点如作者自述的那样'歪歪斜斜'，但毕竟是鲜活的，有生气的，充满了期待和幻想的"①。正是以这样的文字，程文超对"文革"后文学发出了自己的声音，当时许多重要的作家都可以从中倾听批评的回响。如张洁、高晓声、谌容、阿城、郑万隆、李杭育、戴厚英、王安忆等人的小说文本，都进入了程文超的谈论范围，显示了批评家对文学创作大潮的关切。

与"文革"后众多批评家一样，程文超的批评意识，是在对自我的反思中逐渐觉醒的。随着新时期文学变革的展开，创作的繁荣给批评提出了新的课题：批评对艺术变革能够停留在摇旗呐喊的支持上吗？能够以不变的批评方法应付纷纭复杂的创作现象吗？程文超与同时代的批评家一起，对这些问题进行反思、探究，同时也被卷进了方法论热。系统论、控制论、信息论等方法，成为他从

---

① 谢冕：《序：真情和文学的担当》，程文超：《寻找一种谈论方式——"文革"后文学思绪》，广州：中山大学出版社，1997 年，第 2 页。

事批评实践的武器。例如，他从反馈角度看陈奂生系列小说的创作，认为文学是一个系统；作家不可忘记，作品发表并不标志着这部作品创作的结束，继续它的创作的是读者。作家创作，要有意识地吸收从读者那里发回的反馈信息以不断地超越自己。又如，他从作家的贮存信息结构、作品结构及作品的读者结构入手解读谌容的小说创作，强调文学是一个信息流动系统，它应包括有机联系着的以社会生活为主的信息源、作家作品、读者等各个方面。这些对文学系统功能、结构的论述，打上了鲜明的时代烙印，显示出批评家渴望用新的方法把握特定对象。

方法更新的背后是深层观念的嬗变，批评主体在时代大潮的推动下努力寻找着自己的理论根基、理论问题、阐释模式。程文超认识到，只有确立自我的价值，批评方能从跟在作家作品后面的附庸地位中摆脱出来，批评重心才能从对具体作家作品的分析、评论转向对文学现象的整体把握，从自己的角度去进行描述、论证。

然而，批评家对富于个性的理论根基和阐释模式的寻找，不可能一蹴而就。随着认识的深入，程文超开始对新方法热保持警惕："热"潮一次次掀过了，它能给人们留下什么呢？他指出，"热闹，繁荣了批评家，却未必一定繁荣了批评。可咱们既然选择了批评，就得为自己的选择承担点儿什么。我总觉得一个批评家只把握作品不够，它必须通过把握作品去把握世界，又通过把握世界去把握作品。他必须对这时代的文化运作发言。而这些，都不是靠神经在某一个点上烧能烧出来的。它必须对上下古今作深入地、冷静地、扎实地思考、研究"[①]。基于此，在批评不断制造新潮的时候，程文超已经开始进行冷静的思考。他说，透过时尚的表层，我们看到了"新"的历史合理性及其历史价值。求新、求异思维开拓了文学思维方式，打破了原有思维模式的禁锢，这是20世纪80年代文学、文学理论与批评的更内在的变革。然而，必须承认，一个个新潮中存在着部分皮相与肤浅，似一闪而过的流星。批评家必须重新思考出路，力图真正找到自己的生命形态。将文学与文化结合起来，就具有了某种必然性。

正是在对自我的反思中，程文超获得了新的感悟，他憧憬一种"学术研究式的理论性批评"，将文学置放在大的文化思潮中多维透视。这种批评不急于跟踪文学大潮，而是跳出来，站远点，静观默察，进行深入的理论研究和文化阐

---

① 程文超：《批评二题：冷的与热的》，《岭南文报》，1997年5月8日。

释，把先锋批评者来不及系统化的思想闪光、灵感火花系统化、深入化。他说，这种批评的读者很少，但却有更长的理论生命力。在我们今天看来，他的《意义的诱惑》等就属于这一类著作。

## 二

《意义的诱惑》是程文超的博士论文，也是他的厚积薄发之作。他自己曾戏称"用了别人读两个博士的时间，才拿到一个博士学位"。他于1987年考入北京大学中文系攻读博士学位，作为中美联合培养的博士生，1990年赴加州伯克利大学比较文学系学习。1992年回国，在北大完成毕业论文。正因为经过长时间的积累和准备，《意义的诱惑》显示了作者在理论创造上质的飞跃，表现出独特的学术个性和思想锋芒。黄曼君教授曾高度评价这本书的价值，认为它"将历史的进程与逻辑的进程，文学批评与文化解读，历时性与共时性结合起来，将生动的叙述与理论的阐发结合起来，实际上成为了一部角度新颖、别开生面的新时期文学批评史"，其写作新视角，具有方法论的意义。①

《意义的诱惑》最大的创新之处在于，首次将"文革"后文学批评作为整体来研究，读出了它背后的关于人生、意义、文化的精彩故事。面对全新的、纷繁复杂的文学现象，程文超试图在理论批评与人生意义追寻之间建立一种联系。这使他找到了一个新的理论环节，他通过这一理论环节揭示出了新时期文学批评发展演变的内在机制，并通过这一机制揭示改革开放时期中国社会巨大的张力和中国文化思考的深入。

对"文革"后文学批评总趋势的探讨，既是理论批评本身的任务，其意义又远远超出理论批评范围。从大文化的眼光来看，文学批评从根本上说是一个关于意义的故事：或追寻、或消解，意义，总作为缺席的在场被谈论。批评家与意义捉迷藏的过程，确是耐人寻味的，程文超因此选择批评作为研究对象。而"文革"后文学批评的繁盛，是20世纪的重要文学现象，在短短十多年的时间内，中国文学批评故事的隐藏叙述者以极大的容受力，把西方几个世纪以来的批评话语纳入自己的视野，使批评变成了一个痕迹叠痕迹的巨大"文本间"。

---

① 黄曼君：《现代文学理论批评研究的回顾》，《中国现代文学研究丛刊》1995年第1期。

这种错综复杂的局面，使得理论批评本身成了需要阐释、解读的故事。基于此，程文超通过对批评的谈论，去探究我们时代的生存方式，思考精神的维系、文化的走向等问题。在他看来，谈批评与谈创作，只是谈论对象不同而已。而批评的运作，又以与创作不尽相同的方式为人生、文化问题的思考打开了一片大天地。

从批评与"意义"的关系入手，程文超考察了"文革"后文学批评话语的当代转型，完整地勾勒出一幅相关地形图，梳理了西方文化、文论在中国的影响、变异，揭示出中国语境的复杂性。从历时态观照，"文革"后的文学批评从20世纪70年代末80年代初开始便沿着人道主义、现代主义—后现代主义两条线索发展。在发展中，两条线索在不同时期各有盛衰，但并未真正出现替代与被替代的局面。从共时态观照，转型时期的中国当代社会有着令人费解又令人着迷的深刻复杂性："人的确立"的诱惑刚刚展开，"人的死亡"的挽歌已经奏起，对意义的追寻与对意义的逃遁同时存在。这也就是说，程文超的论述既着眼于文学批评在历史中的逻辑展开，也考虑到了当下社会文化语境的横向维度。中国当代社会中存在着从人道主义一直到后现代主义等西方几个世纪里的多种话语关心的社会、历史、哲学、文化问题，因而多重话语都能在这里找到研究对象、言说依据和消费市场。

这样，程文超发现了"文革"后批评实践的策略性。所谓策略，是批评家严肃思考后的选择，它显示了批评家们切入问题的角度、思考问题的方法。不同的策略，决定了不同的批评视域和话语立场。程文超在考察批评现象时，不是简单对这个现象进行过程的描述，而是看到特定话语背后更加深广的思想意识和关系：谁在言说，以怎样的立场、观点言说，支配话语消长起伏的策略是如何运作的。他的研究表明，批评家对于策略的选择，表面上看是纯个人的行为，实际上却有着历史语境的作用，涂有时代、社会的色彩。

程文超在谈论中国的后现代主义批评时，就深入解剖了其中的话语策略，认为这些批评家都希望推动艺术变革和话语革新，他们因此而产生了后现代主义的话语欲望，但他们并不是西方后现代主义者，他们关心的是在开阔的视野中思考自己的问题，他们是中国的批评家、中国的思考者。然而，后现代主义话语与中国本土的文学、社会文本之间的裂缝，又把先锋批评家们夹在其中，他们常常陷入两难或茫然之中。程文超对中国后现代主义批评的论述，揭示出了先锋批评家的洞见与盲视、成就与困惑，无疑是切中肯綮的。与当时众多的简单指责相比，程文超对后现代主义批评的学理态度，更能令人接受。

深深扎根于中国本土的思考，使程文超的研究贴近自己脚下坚实的大地；留美两年的深造拓宽了他的视域，使他对西方的文化思潮了然于胸。这一知识结构使他能够超越中西文化的二元对立，在更为广阔的背景中寻找"自己的话语"。他说，经过一个世纪的反叛，中国人创造了文化重构的机遇。这便是，在与西方文化的对话中，批判性地重构中国文化，重视并把握它在世界文化格局中的边缘意义。

在《意义的诱惑》中的这种思路，贯穿在程文超以后的工作中：通过文学研究，探讨 20 世纪中国的文化脉络、走向。无论是对批评还是对创作的谈论，他都始终紧扣社会历史的文化运作这个大文本。

## 三

从自己的角度去整体把握文学现象，透视文化挣扎时代的精神历程，这是程文超自觉的追寻。而"现代性"则为他提供了一个重写 20 世纪中国文学史的理论框架，《1903：前夜的涌动》便做出了有意义的探索。作为获得鲁迅文学奖的理论著作，该书对史料的精深解读，以及在理论上的创造，受到了广泛好评。

在"现代性"的视域中，程文超对 20 世纪中国文学的文化内涵进行了深入阐发。"现代性"是近年来学界争论不休的理论问题之一，程文超以自己坚实的研究与学界进行前沿对话。他对西方的理论进行深入消化、吸纳，不是从一些假定或前提出发去阐释对象，而是真正提出了属于中国文学的问题。他认为，民族主义与个性主义构成了 20 世纪中华民族现代性追求的文化内核，成为一个世纪的主要文化事件。20 世纪的中国文学史，是一部"现代性"不断演进的历史，表征为从孕育、产生、演变到反抗的艰难历程。《1903：前夜的涌动》便是观照中国现代性孕育期独特而复杂的文化格局。在书中，作者追溯 20 世纪初国人对现代性的追求，突破了近、现代文学史的单向度、单线索的思维模式，将"1903"这一源头与"五四"乃至整个 20 世纪文化发展的关系作了淋漓尽致的解析。20 世纪初的文学为我们打开了一片五彩缤纷的文化天空，它不仅孕育了"五四"，而且蕴藏着 20 世纪文化发展的机锋。

对"1903"的研究，显示了程文超关注的学术领域在进一步拓展，他从不同的点、不同的角度对 20 世纪中国文学与现代性的纠葛进行清理。当然，这一工作的开展，与谢冕主编的《百年中国文学总系》有着直接的关系。《1903：前夜的涌动》是《百年中国文学总系》中的一卷。这套丛书主要是受《万历十五年》《十九世纪文学主潮》的启发，通过一个人物、一个事件、一个时段的透视，来把握一个时代的整体精神。谢冕当时提出了丛书编写的三点原则：一是"拼盘式"，即通过一个典型年代里的若干个"散点"来把握一个时期的文学精神和基本特征；二是"手风琴式"，即写一个点，并不意味着就事论事、就人论人，而是"伸缩自如"，"点"的来源及对后来的影响都可以涉及；三是"大文学"的概念，即主要以文学作为叙述对象，但同时鼓励广泛涉猎其他艺术形式。[①]《1903：前夜的涌动》无疑很好地贯彻了这些原则，同时又有作者自己出色的灵活发挥。在程文超这里，用一个年份写一个时代，不仅没有某种局限或牵强，它反而提供了一个让作者痛快施展的舞台。虽然1903年或者说从20世纪初到"五四"之前这段历史是相对平静的，但程文超从中找出了这个时期里的一些意味深长的"点"，并以此拓展、延伸开去，从那些"点"里看出一个时代。在深入研读史料之后，程文超发现，1903年，梁启超、章太炎、王国维、苏曼殊都在生命史上实现了一次转折，而转折的后面蕴藏着深邃的文化内涵。另外，晚清四大谴责小说都在这一年问世，鸳鸯蝴蝶派最早的小说也在这一年印行。这些都是很有意义、很有辐射力的事件。

通过对特定时段横切面的展开，结合纵向的历史维度，程文超具体、深入地论述了20世纪初文学追寻与文化变革的独特性、复杂性，展现了中国文化选择与建构的艰难。写作《1903：前夜的涌动》时，程文超尝试着作这样一些努力：

第一，将文学研究与文化研究打通，将文学放在当时大的文化舞台上观照。作者的视野没有局限在文学，而是希望能同时看到文学舞台后面的背景、周围的氛围。如程文超在考察了章太炎的学术与其时代的关系后指出，我们不能因为章太炎的学术远离了他的时代和"五四"思想革命的必要而断定章太炎的学术没有价值。社会越走向稳定，越走向文化建设，章太炎学术的价值便越能显示出来。章太炎至少给我们两方面的启迪，一是向佛道拓展传统思想资源，二是对文化的东方式的深入掘进。程文超对章太炎学术价值的推崇，缘于他对东

---

① 孟繁华：《总序二：〈百年中国文学总系〉的缘起与实现》，程文超：《1903：前夜的涌动》，济南：山东教育出版社，1998年，第14–15页。

方智慧的推崇。在《意义的诱惑》中，他就提出要开掘中国文化最有价值的东西——以模糊思维为特征的文化机制。这也就是从思维方式上寻找文化新建构的资源。

第二，力避过去对历史的单向度的理解，而企图多向度地揭示历史的复杂性、深刻性。在大量占有史料进行综合研究的基础上，程文超对梁启超、苏曼殊等历史人物作了重新认识。他指出，1903 年之后的梁启超，是"五四"的孕育者和对话者。作为"五四"的一个孕育者，梁启超的某些思想曾内在地影响了一个世纪。作为"五四"的一个对话者，梁启超的某些思想必将受到以后历史的注意，他的身影也必将会留在以后的历史之中。而苏曼殊，他的"情爱"与"出世"，他的富有浪漫气质的深渊诗情，在文学史上留下了独特经验，既有的模式无法完全解释、真实描绘他。程文超的研究穿透了时代的表层，提示我们重新清理 20 世纪，特别是 20 世纪初文学与思想的必要性。

第三，将中国 20 世纪初的文学与文化放在当时世界文学与文化的大格局之中进行研究。在一个大的视野中，程文超看到了以前在小视野中不能看到的东西。他强调，"20 世纪初"与"中国"两个字眼特别重要。作为在世界文化纵横大格局中的时间方位和空间方位，它决定了中国问题的独特性和复杂性。正是在这样的方位上，作者发现，中国的现代性追求并不是从"五四"才开始的，它于世纪之交就开始孕育。而在孕育期的文学与文化状态里，特别值得一提的是：在现代性的内部，在其被孕育的同时，已经生长出与其对话的力量，作为现代性孕育者的梁启超、章太炎都曾在一定程度上对现代性提出过质疑；而在现代性的外部，已出现反抗现代性的声音。王国维便是站在不同于梁启超、章太炎的维度上，在向反抗现代性接近。王国维是 20 世纪初的一个非理性的、人本话语的言说者，一个不自觉的现代性的反抗者，代表了 20 世纪中国思想的重要一维。如《人间词话》就是一部带着非理性色彩的文学论著，王国维运用人本主义的、非理性理论的视野，从中国传统中寻找材料，与西方理性主义文学话语对话，从而创造了自己的不同于理性主义的文学话语。一直以来，人们难以给王国维以较好的定位，而程文超的新颖见解，给人以某种启发。

对历史的这种解读，是与程文超对今天现实的思考紧密相关的。今天的现实，既是他理解历史的灵感，也是他研究历史的目的。对 20 世纪初的研究，可以从一个方面帮助我们清理中国 20 世纪文化演变的足迹，帮助我们更深刻地理解今天发生的变化。在《反叛之路》《醒来以后的梦——现代性在 20 世纪中国文学中的命运》等书中，程文超将"现代性"作为研究 20 世纪中国文学、文化的中心话题。他指出，在今天的中国，现代性是一项未竟的事业，我们的责任是将它推向成熟。但这决不是不允许反思。只有经过反思的洗礼，现代性才能真正走出自身的一些误区。

反思现代性，程文超不是单纯从西方现代性的弊端出发，而是将问题落实到中国的语境之中，探求解决的办法，为自身寻找文化出路。通过对 20 世纪中国文学，特别是理论批评演进过程的梳理，程文超严肃地审视现代性的命运。中国近代以来的现代性求索，启蒙理性与民族主义是二位一体的。现代性在民族面临生死存亡的危机时刻醒来，个人主义话语曾激动了无数热血青年的心，为"人"的解放标举了冲锋陷阵的旗帜，而民族主义话语引领人们朝现代民族国家的目标努力奋进。但是，应该看到，在富国强民这一总主题的指引下，民族主义话语曾演绎为阶级话语，最终酿成悲剧；至于启蒙理性，在反封建的斗争中充当了有力武器，树起了"德先生"和"赛先生"的光辉形象，然而在实际运作中，它也滋长了知识分子凌驾于民众之上的精英心态。这些都是历史留给我们的教训。教训必须记取，现代性追求的脚步却不能停止。中华民族百年来的浴血奋斗史，为我们解决现代性难题提供了极其宝贵的实践经验。在新的世纪，知识分子必须有一种清醒的文化解构/建构意识，在为启蒙理性、民族主义划定合法范围的同时，努力从中国的文化语境中寻找新的资源，为现代性的负面作用解毒，使之趋于成熟。由此可见，程文超对现代性的反思，其着眼点主要在于推进文化建设。

## 四

基于一种对时代文化使命的自觉承担，程文超的文学研究视域里便凸现了一个绝大的命题，即注目新旧世纪的复杂现实，寻找文化重构的方向，重建新的精神法则。当文坛为"后现代"的言说争论不休之际，他却开始了对"后现代"文化的反思；当人们沉湎于西方文化的巨大诱惑中，他已注意到了被人遗忘的东方智慧——"模糊思维"。在冷落处不断地超前追问，程文超认真地思考着新世纪的人文价值重建问题。

然而，文化重建的难题在于知识分子如何直面自身的生存窘境，摆脱中心/边缘、中/西、古/今、自我/他者这些二元对立模式，在更为广阔的文化背景中找到"自己的话语"，以便有效地切入我们失重的精神空间，从根本上解决文化转型问题。这不仅是程文超的文学研究所要面对的难题，也是我们这个时代最根本、最棘手的文化问题。告别西方中心，寻找自己的话语，程文超充分意识到了其中的艰难。他指出，在经历了百年的现代性追寻之后，中国的知识分子认识到，西方人的道路，并非人类文明的坦途。后现代、后殖民话语在中国的演进过程说明，我们曾经殚精竭虑地追寻现代性，同时也接过了西方文化的危机；可是，反抗"西方中心"，又使自己置于一种悖论境地。中国人，真正碰到了两难。

要走出两难困境，对文化危机进行诊断，须立足于当下的语境。而程文超的理论底气，正是源于他对当下社会生活的判断、认知。现实中所包含的各种原生态现象，鲜活的、生发于中国语境中的社会文化现象，是他从事理论创造的"地基"。他紧贴时代的脉搏，从20世纪90年代中后期启动了有关"欲望叙述"课题的研究，进一步将文学研究与文化研究融会贯通。《走向彼岸后叙事》《欲海里的诗情守望》《欲望叙述与当下文化难题》等论文以及专著《欲望的重新叙述——20世纪中国文学叙事与文艺精神》便是系列成果。在这些论著中，他通过对20世纪中国欲望叙述与文艺精神及其趋势的分析，思考21世纪中国的文化建构。

马克思说过，每个时代总有属于它自己的问题，而所谓问题，"就是公开的、无畏的、左右一切个人的时代声音。问题就是时代的口号，是它表现自己精神状态的最实际的呼声"①。捕捉时代的问题，应该是理论工作者的一个重要使命。就当下中国而言，欲望的活跃与文化的焦虑形成了一个共在的奇妙景观。面对欲望，文化何为？这是今天的一道重大文化难题。"今天的中国正是欲海上的中国。对欲望的谈论已经是文化思考者一个不容回避的课题。"②

文化与欲望究竟处于什么关系中呢？程文超的观点独树一帜：文化不是欲望的颠覆者，而是欲望的叙述者。他在对美国著名心理学家马斯洛的需要层次说进行借鉴改造的基础上强调，人的欲望是分层的，它由物质欲望（包括肉欲、本能等）与精神欲望共同构成，其最大特性是永远追求满足。面对欲望，文化的要义就是要叙述一个"故事"，一个关于欲望如何获得满足的故事。当今世

---

① 《马克思恩格斯全集》第40卷，北京：人民出版社，1982年，第289－290页。
② 程文超：《放逐谜底之后》，《花城》1994年第2期。

界关于"文化"的定义有几百种之多，而程文超把文化放在与欲望的关系之中设问，试图建构一个有关欲望话语的文化理论体系。他将欲望归结为生命哲学问题，认为文化在对欲望的叙述过程中创造出一套价值、一种意义。这套价值、意义要解决这样一个难题：既要调动人的欲望，使人与社会具有活力，又要最大限度地防止欲望的破坏力；它要让人与社会在保持活力的状态下，使人的心灵有一个高境界的栖息地，使社会有一个稳定的发展环境。程文超对"欲望辩证法"的这一论述，为"文化"注入了新内涵。

程文超在理论上的独创性还在于，欲望既与文化思考联系在一起，也是一个叙事学的命题。他洞察到，人文话语通过对欲望叙述来思考人类难题，建构文化体系。东、西方在欲望的叙述上采用了不同的策略，便产生了不同的文化体系。文化是如何在对欲望的叙述中创造一套价值与意义的？其主要策略是：话语转移——对欲望进行话语转移。所谓对欲望的话语转移，就是通过话语的叙述，用一套价值与意义引导人们，使其对欲望注意的重心发生转移，或者说，使其转移欲望发展的方向，使人、人群走向心灵具有家园、社会具有秩序的轨道。如孔子用话语把欲望转移到"仁"，苏格拉底用话语把欲望转移到"美德"，康德用话语把欲望转移到"理性"。程文超深入考察人类文化创造的个案，力图说明人类文化史同时也是一部欲望叙述史。认识角度的转变，给他带来了惊人的理论发现。

出于对东、西方欲望叙述共同规律的探求，程文超揭示出，在人类对欲望的话语转移中，蕴藏着许多有意味的机制。其中一种是抑制/激活机制。这也就是说，欲望叙述要通过话语策略抑制人的某些欲望，要通过这种抑制对心灵与社会进行某种调节；同时，欲望叙述必须激活人的某些欲望，否则，人的生命就会失去前进的方向，社会就会失去发展的动力。对欲望进行话语转移的另一个机制是：揭示痛苦/许诺幸福。这个机制在宗教里更为常见。例如佛教，程文超发现了其中的一个重大悖论：佛教用以"禁欲"的，仍然是人的欲望。摆脱痛苦，修炼成佛，或者说活出境界，正是人最大的欲望。因此，说任何文化话语是绝对禁欲的，都不准确，都不懂文化对欲望进行叙述的真谛。这就为我们理解文化发展的内在逻辑提供了某种新的依据。

程文超从此岸的人生欲求入手，抓住了我们时代文化问题的根本症结。将人从文化里剥离出来，还原为欲望。欲望成了我们文化反思的一个终点，又是文化重构的起点。他指出，处于不同的历史语境中，欲望的表现不尽相同，不同的叙述者有着不同的欲望叙述。近代以来，在中国传统文化日渐衰微的大背景下，儒、道、佛及宋明理学等原有的欲望叙述已经失效。知识分子将目光投向西方后，启蒙主义、现代主义、后现代主义等有关欲望叙述的话语被引进了中国。西方人的欲望叙述为我们开启了一个全新的空间，但也形成了新的陷阱、雷区。程文超指出，任何时代、任何社会、任何民族的成功的欲望叙述都是面对当时当地的欲望所表现出的智慧。一个人文知识分子无法外在于古人、他人的欲望叙述，但他首要的工作则是，必须面对此时此地的欲望表现，寻找自己的叙述。今天的中国，欲望已进入高度活跃的时期，人们被不同的欲望驱使着以各种方式去追求着满足，不同的欲望在碰撞、摩擦与冲突。

　　如何从文化上解决这些冲突，直面当下人欲横流、价值陷落等问题，不同的研究者可能开出不同的药方。程文超的思路是，并不把今天的世俗价值与人文关怀视为不可调和的二元对立，并不一般地指责"人欲"，他的文学研究放弃了 20 世纪 80 年代那种夸张的精英意识形态神话。他反对把世界分为世俗与神圣、此岸与彼岸、经验与超验两个世界。把世界一刀劈为两半，是西方人的思维方式，他们用这种方式建立了其"合理性"，他们用一个神圣的上帝、理念或绝对命令，统治着芸芸众生。程文超指出："我们的文学在拆除'彼岸'时没有什么需要犹豫。我们的文学在拆除'彼岸'之后也不会无能为力。"[①] 拆除"彼岸"，也就是放逐绝对理念、神圣价值或终极关怀，放逐那种远离人间烟火的与欲望无关的高雅"精神"，回到人的本真，回到实实在在的人生过程，从现实人生过程中去寻找幸福。这意味着批评家以更加切实的态度关怀人的现实生存问题。不仅如此，对彼岸世界的拆除，更是缘于对中西方文化危机的整体把握、对西方文明陷阱的回避。因为彼岸已经成为人们的新面具。以此岸/彼岸的二元对立为基础的对幸福的追求，扼杀了人的感性生命，给人类潜藏下了无底的深渊。

　　程文超主张拆除彼岸，但拆除彼岸并非最终目的。他更关心的问题是走出彼岸之后，我们怎么办？在这一点上，程文超与后现代主义划清了界线，因为后现代主义对解构之后的建构无能为力。程文超认为，新的文化精神可以从世俗文化里产生，可以从对欲望的话语转换里产生。他通过对具体作家小说文本的解剖，敏锐地发现了叙事作品透露出的时代文化精神的变化。作家以对欲望

---

①　程文超：《走向彼岸后叙事》，《文学评论》1995 年第 4 期。

的叙述放逐了虚妄的彼岸，开始关注此岸中普普通通的人生情感，并从中去寻找人生的价值、意义，程文超由此深入探究文学创作在特定文化语境中给我们的启示意义。他指出，把人还原为欲望主体是走出彼岸追求文化危机的重要一步。人确实是欲望主体，但每一个欲望主体都是同另外的欲望主体同在的，或者说，欲望主体是在同主体间中存在的。欲望主体的存在本身便包含着主体间性。因此，程文超认为，新的欲望叙述是叙述者各种对话的产物，主体与自我、与他人、与自然、与社会进行广泛、深入的对话，自己的叙述便在对话中产生，新的行为依据、行为准则和生存方式、生存价值亦由此产生。人与人都作为欲望主体同在，但主体之间除了利益维系之外，还需要情感维系。如果多一份情感，人生便多一份诗意、诗情。世俗情怀并不会消解诗意，也不可能扼杀人们对诗情的追寻，在欲望之争里仍可能存在某种和谐。诗意，永远是人类的诱惑。诗意也是一种欲望，在此岸欲海里守望诗情，正是一种欲望话语转移，利用欲望来调动欲望。在这个意义上说："也许，走向此岸，守望诗情，是文化重构的一个方向？"① 程文超直面当下的欲望表现，直面现实问题与时代任务，他的言说显示了一种新的文化诗学生成的可能。

（原载于《学术研究》2006 年第 10 期）

---

① 程文超：《欲海里的诗情守望》，《文学评论》1996 年第 3 期。

# 学者与学府的不了情缘

## ——读黄天骥教授《中大往事》

黄天骥教授答应南方日报出版社后生小辈的约请，在繁忙的教学、科研之余完成了《中大往事》一书，令人感动。这是一位知名学者的性情文字，他心中流淌的对于学生、学校的"大爱"，成为他创作的动力。

以前拜读黄老师的著作，诸如《诗词创作发凡》《黄天骥自选集》等，他的学问令我辈高山仰止，心向往之而不能至。黄老师是中山大学中文系的资深教授，蜚声海内外的中国古代戏曲、诗词研究专家。记得我在康乐园求学的时候，他担任中大研究生院常务副院长，也是在开学典礼上第一个向我们"训话"的师长——他深情地说，作为中大学子，应该有一种自豪和荣耀；他把陆游的两句诗"上马击狂胡，下马草军书"赠给我们，希望我们成为"文武双全"的通才，而不是脱离实践的书呆子。黄老师向我们说这番话的时候，是在1995年。而今回忆自己当年入学、念书时的情景，品味师长的言谈、文字，一种别样的温暖驻在我的心头。因此，阅读《中大往事》，是心灵和情感上的一段快意旅程，它引领我们穿越时空的隧道，跟随作者的足迹，去了解母校昔日的人和事，感受岭南最高学府的风采，领略名师的道德文章、人格魅力。

黄老师在中大生活了半个多世纪，对学校的沿革、风物、掌故，例如惺亭建造的原委、北校门的变迁、"翻身广场"上演的悲喜剧、姻缘路的由来等，都如数家珍。但《中大往事》不是采用"校史"的写法，而是从极其个人化的角度切入的，其中既贯注了学者的识见、哲思，又浸润着诗人的真情、灵性。从作品中，我知道了黄老师的家世、经历，更进一步地了解了他的性情、思想，真切触摸到了老一辈学者的精神世界。令人惊羡的是，黄老师一家三代人都与中大有着不解之缘，他的父亲早在抗战前就求学于中大中文系，他本人于1952年考入中大，他的夫人、儿子、女儿乃至外甥、外甥女都毕业于康乐园。黄老师还曾跟我们谈及，他给远在美国的两个小外孙分别取名黄康乐、黄怡乐。名字背后蕴含的深意是显而易见的，黄老师的康乐情结可见一斑。

不难理解，《中大往事》全书贯串了一个"情"字。黄老师沉浸在对过去的追忆之中，他仿佛回到了意气风发的黄金岁月。他甚至叙述了青年时代与自己恋人在校园中的美好爱情，但更多的是同学情、师生情、爱校之情、家国之情。这些饱含真情的文字，读来让人倍感亲切，同时也是一种灵魂的洗礼。

先说家国之情。在《中大往事》中，我们可以看到，那些"象牙塔"中的名教授，始终保持着对祖国和人民深沉的爱。如古文字学家容庚教授虽然研究文物，却关心现实。他当初之所以立志研究古文字，动机之一，是要和日本人一较高低。因为一些日本学者，仗着当年军国主义的势头，口出狂言，声称甲骨文由"中国出土，日本研究"。容老认为这是对中国人的侮辱，他发奋著书，是要为炎黄子孙争气。

书生的报国之情，不是空洞的口号，而是落实在具体的行动中。这种情感，与爱学校、爱师友是交织在一起的。《中大往事》写了重视人才、爱护人才的老校长黄焕秋，也写了爱校如家、德高望重的商承祚教授。从他们身上折射出，广大师生把校园当作家园，对园中的一草一木，都十分关切。

正是在一个共同的精神家园中，我们被一种圣洁、高雅的情思感染，心弦为之拨动。《中大往事》感叹道，师生之情所独具的温厚清醇，往往难以言传。书中写了王季思先生常说的一句话："爱青年，爱学生，是当教师自然而然的事。"因此，黄老从不经意学生对他的感激。从他任教以来，他就把学生看作自己生命的一部分了。

往事并不如烟，它也是有生命的存在。当我们解读过去的校园故事，不仅是为了了解它，而更多的是从心灵深处唤起我们对已逝时光的温情。在这个意义上说，《中大往事》提供给我们的，绝非作者人生经验的简单备忘录。

（原载于《南方日报》2004 年 12 月 3 日）

# 笔墨意趣与审美内蕴的史论建构

## ——评徐志兴教授《中国书画美学概论》

　　书画在传统文化中占据着显赫地位，它们是东方艺术文化的主流，也是中国美学研究的重要对象。书画艺术孕育成长于中国文化史之中，形成了具有民族特色的美学风貌。徐志兴教授的《中国书画美学概论》一书，在厘清中国书画美学思想源流的基础上，深入述评历代书画美学思想，把握书画实践规律性走向，进而提炼升华出"形神""神思""笔墨""写意"等理论范畴，同时阐释了吴昌硕、齐白石、黄宾虹等书画大家的美学思想，建构了历史与当代交融的中国书画美学理论体系。

　　《中国书画美学概论》凡40万字，是作者十多年心血的结晶。书名为"概论"，实际上是一部探究中国书画笔墨意趣与审美内蕴的学术专著，作者把握住了传统美学的命脉，从历史与逻辑的层面展示中国书画的美学特质，求索书画艺术共同的审美理想，显示了学者的艺术史功底和理论深度，有着较高的学术价值。

　　立足于千百年来的书画艺术实践，紧密地将史论结合在一起的研究路径，是《中国书画美学概论》的鲜明特色。从宏观历史嬗变的角度来看，作者以宽广的视野，梳理了中国书画美学思想的发展轨迹。中国文化的主体由儒释道二家有机构成，中国书画美学自然离不开儒释道思想的影响。徐志兴教授在审视中国书画美学思想演变历程时，追踪了孔孟、老庄、《周易》及禅宗对中国书画美学的滋养，站在哲学的高度诠释了美学的诸多根本问题。如孔子整个思想体系的核心是仁学，他把美学与心理学、伦理学融为一体，从而奠定了个体与社会、感性与理性相统一的古典美学理论基础。中国书画艺术很早就接受了孔子美学的影响，不仅把人作为艺术表现的对象与核心，而且极力强调创作者应具有高尚的道德与人品。书画家笔下的万象之美、笔墨之美与气韵之美，皆来自人，来自人心。

　　徐志兴教授不仅深入发掘中国书画美学的思想来源和哲学内涵，而且充分揭示了书画美学思想的历史连续性。作者用不同的章节论述了从汉代《淮南子》、杨雄到清代布颜图、方薰的书画美学思想，抓住不同时代美学家、艺术家有代表性的理论主张进行分析、阐述。在述评历代书画美学思想时，徐志兴教授注意到了各个时代书画美学思想之间的联系和衔接。通过对各个时代书画家、理论家的个案研究，徐志兴教授能够洞察其中内在的精神传承和发展脉络，把握中国书画美学思想的历史整体性，让人们感受到时代嬗变中思想生命的有机关联。像苏轼、徐渭、石涛等大师，在艺术史上有着极其重要的地位，徐志兴教授把个案研究置放在宏观的背景之中，对他们的理论创造进行历史定位，使微观与宏观有效整合，从而勾勒了书画美学的整体发展态势。

除了从纵向历史的角度揭示中国书画美学思想的丰富内涵和演变规律，徐志兴教授还紧密联系书画艺术创作和鉴赏的实际，从理论上深刻阐述了中国书画美学的核心概念、价值范畴和本质特点，形成富有启发性的理论框架，将书画艺术中蕴藏的诗性智慧提升到形而上的哲学层面。作者依据翔实的文献资料，论从史出、辨析精微，力避架空之论，诸如"形神""虚实""气势""意境"等重要命题都有精当论述。如作者对"意境"的专论，首先梳理"意境"说的形成，追根溯源对概念进行辨析，然后根据年代发展提取意境与书画的相关言说，最后对意境的审美价值进行阐述，使读者对"意境"有了清晰、完整的认识。

徐志兴教授自幼随舅父、著名画家萧龙士学习书画，后又拜师李苦禅、王铸九、许麟庐诸家门下，是功力深厚的书画家。书画家研究艺术，有着其他学者难以具备的优势。徐志兴教授能够把前人的理论学说和创作文本精心揣摩，领会其精髓，融会贯通，在心灵中开启新的艺术思考。作者有着精深的艺术鉴赏力，能于细微处品味书画艺术的美学堂奥，将感性直觉与理性思考融为一体，对创作与理论进行细致的剖析，其文字阐述的背后跃动着鲜活的艺术感悟，深得中国书画艺术的真谛。作者在精心研究书画艺术内在发展规律的基础上弘扬书画的美学理想，其实质是对中国优秀传统文化和艺术精神的弘扬，这在日益世俗化、全球化的今天有着重要意义。

（原载于《南方日报》2016 年 4 月 8 日）

# 坍塌的神殿

## ——读邹月照《牛二先生的纯情史》

在欧洲中世纪文学中，曾流行着一种被称为爱情的最佳范例的"宫廷之爱"：求爱的骑士用至死不渝的痴情构筑起心灵的圣殿，把美丽的贵妇人提升到女神的地位，勇敢的骑士以生命的名义无怨无悔地供奉着她，成为爱和美的守护者。

也许，在人们的灵魂深处，在艰难跋涉的生命长途，在人生堕落的深渊，总是期待有某种叫作"神"的东西的慰藉或救赎。《牛二先生的纯情史》试图讲述一则无神时代唤神的故事。

牛二有过一段辉煌的创业史，山区小民赤手空拳打天下，由装修小工飞黄腾达跃为房产商富豪；牛二也曾有过嫖女称王的纵欲史，频密滥杂，挥金如土，无所顾忌。然而，就是这位高举欲望大旗的牛二先生，突然"一觉醒来洗心革面，不再浮游花柳世界"，深居简出，读世界名著，听古典音乐，看美术展览，甚而结束他在新兴城市的所有业务，辞退员工，收拾细软，要去追寻记忆中的女神（文本中称为"观音菩萨"）——他创业的第一位顾主林清清，用"爱情"来填补生存的根本空洞。

当牛二驾驶着"奔驰"从深圳驶向广州，去追踪"遥远的梦"的踪迹，多情的读者也许会把他当作我们时代的忏悔英雄——其"崇高"不亚于中世纪勇敢的骑士，进而确信文本意欲建立神性价值维度的努力。如果真是这样的话，随后的叙述即构成了叙述者对读者的戏弄（更确切地说，是生活对人的嘲弄）。当年牛二以一个装修工的身份，走进了美院附中学生林清清的生活空间，由房屋装修衍发了一段甜蜜的故事。牛二在劳作之余，备受林清清的柔情款待，和女主人公到天井透凉聊天，听她的二胡独奏专场演出，并成为她的人体模特。就这样，美丽、纯洁、气质高雅的林清清逐渐成了牛二心中的女神。在牛二后来的狂欢纵欲生涯中，她的影像仍不时从记忆的深层清晰地浮现出来，令牛二"心潮浩荡，思绪翻腾"。可是，还有什么比"神"的堕落、"主"的沉沦更残酷的呢？十年之后，牛二和林清清再度见面，林清清尽管美丽依旧，然而婚姻的挫折使她"懒得恋爱、懒得上班工作、也懒得音乐美术、更懒得思想和回忆"，成了与牛二以往合伙进行性游戏的女子一样的尤物。至此，叙述完成了一个"走出神殿—走进神殿—走出神殿"的圆环。最终的结局是出去还是进来对牛二已不重要，更重要的是神殿已经坍塌。

应该说，在牛二的内心，有着某种类似于乌托邦的情结。对林清清的回忆一方面是出于叙事策略的需要，即用对照的手法为现实提供一个关于美好过去的参照系；同时，对林的回忆又使这种乌托邦情结外化为文本的一个形象世界，并且支撑起牛二在生命纵欲挥霍的深渊希求拯救的信念。牛二是清醒的，清醒得能从酒色财气中义无反顾地跳出来，这是理想的力量，是神圣之光对黑暗深渊的照亮。可是，在某种意义上说，林清清比牛二更清醒，她一语道破了牛二的两难境地："既想购买一种东西，又不希望这东西是商品。"她这样对牛二说："我们都变化了，你变得有钱，我变得庸俗；这就注定了我们之间只能发生生意的关系。"林清清坦诚地说出了其当下生存特有的境遇。即使是牛二费尽心机去读名著、听古典音乐、看画展、学习绅士风度，一切努力也不过归于徒劳，原因在于牛二的信仰之物的本质上的空缺，或者说本源的缺失必然带来生命的尴尬。

在一个"上帝缺席"、诸神远逝的时代里，金钱对人的精神进行恐怖的扼杀，将人异化为物。牛二敢于再度面对阔别十年的林清清，一方面固然是出于内心深处的乌托邦冲动，另一方面在潜意识中又不得不仰仗金钱的威力。因此，牛二无法回答林清清对他的质问："是足够多的金钱给你幻想给你勇气给你力量，所以你异想天开。要购买纯洁购买高雅其实是购买一个旧梦购买别人也没法购买的东西。"可能是林清清过于愤激，对牛二也许并不很公平，但牛二又能否认她的话没有任何针对性吗？牛二希望他们变回去，回到从前，从头开始。但是，生活无情地将"爱"和"美"的神话降格为赤裸裸的现实原则，乌托邦理想最终不过是痴人的梦呓。

倘若我们不怀疑牛二对精神的超越性追求并苦心寻找救赎之途的真诚的话，那么我们有理由责备林清清的颓废和精神寂灭吗？在此，我更愿意把林清清看作经过叙事编码后的观念符号。这使我不由得想起了何顿的小说《生活无罪》——生活无罪！商业时代市民社会残酷的生存法则使人的主体性发生了深刻蜕变，金钱、淫欲构成了最大的诱惑，精神受到无情的嘲弄和挑战，灵魂剥蚀，物欲、情欲裸游。事实上，林清清完全有权力为自己辩护。在这种情境中，生命个体无能也无力独自承担历史之重，时代已经放逐了神，神性的价值形态不可能在林清清身上奇迹般复活。"人生丢失了的东西再也捡不回来"，文本结尾处林清清与牛二的对白，林清清的话也许过于悲观，但仍可看作是一段精彩的辩护词。无疑，牛二是商业社会的英雄，但他无论如何也不会成为中世纪为爱至死不渝的骑士，正如林清清没能由纯真的小女孩成长为圣洁的贵妇人一样，因为我们已经远远地走出了中世纪，荒芜了伊甸园。

拯救的力量来自何方？文本把这个问题留给了牛二和林清清，也留给了读者。

（原载于《当代文坛报》1996 年第 3 期）

# 寻找一种活法

## ——读何继青的《一段行程》

　　从某种意义上说，生命只不过是一段短暂的行程。人被置入生存的大语境之后，就开始了人生之旅的进发。人们可以选择自己旅行的方式，预设目的地，但是，人永远也无法逃脱语境的制约，如同你不能事先编制列车运行图，而只能根据既定的列车时刻表规划何时启程、何时到达。人是自由的，又是不自由的；人可以选择自己的生活方式，但无法遁逸于生存环境之外。"个性""主体"这些美妙的语词，不过是人给自己设置的圈套。如此说来，未免有些悲观，难道人们真的不能在强大的社会符码秩序之下，寻找一种适宜于自己的活法吗？读罢何继青的短篇小说《一段行程》，我产生了上述疑问。可是，小说主人公尹冰的经历使我不得不承认，人们在执着快意于自己的活法的同时，话语规范的力量往往迫使你必须为这种活法付出代价。

　　尹冰一直是满意于自己的活法的——自我感觉良好，活得潇洒、活得放松，并且"常常表现出一些办公室浪漫"。比如，为太平洋上某个只有数千人的岛国首都的地名，为西非某个小国的法律是否可行等，尹冰能跟校官们争个脸红脖子粗；节假日他身上的便服总是很新潮扎眼；营区篮球场和师范学院的女生宿舍只一墙之隔，尹冰在球场上的表演每每能招来师院女生的呐喊和鼓掌。就这些，难道也值得大惊小怪吗？王朔笔下的"玩主"们大声叫嚣"千万别把我当人"，居然能赢得不少人的喝彩，那么，人们为什么不能容忍尹冰活得潇洒放松一些呢？

　　当然，我们也知道，作为大城市大机关的中尉干事，尹冰是不应该和王朔的痞子"玩主"们相提并论的，他们根本不是一类人。尹冰是军人，军人有军人的活法。尹冰办事认真，能够独当一面，只要交给他的任务，基本上不用领导操心。这里，问题的要害其实不在尹冰的工作能力上，而在于他那种追求独立自我的人生态度与曹干事、处长老方一类人苟安无为的处世方式的对立。尹冰不愿意被灰色的生活之流"同化"，为此，他吃过亏，肩上比同年兵少一颗星。曹干事曾开导过他，处长老方也好心提醒过他，办公室浪漫是办公室的大敌。我们用不着怀疑处长老方的话的真实性，事实上，"办公室"在何继青的这篇小说中，是经由叙事凸现出来的特定的语境，它可以看作是按一定的话语规范组织起来的生存背景的隐喻。尹冰可以在一定程度上忽略语境对人的制约，但语境却会以其派生的力量用无形的网罩住他，使他不能摆脱"命运的预谋"。

最能体现这种"命运的预谋"的，无疑是尹冰和师院的女学生（后来成为师院的团委干部）吕明艳之间单纯而又复杂的关系。说它单纯，主要是尹、吕两人原本就没有什么一见钟情、浪漫缠绵、欲生欲死的故事。起先，尹冰在吕明艳那里只是一个三分球投得挺漂亮的篮球爱好者，而吕明艳在尹冰那里也只是女生宿舍楼某扇窗口里的一点红——一个长发红裙的学生而已；后来，尹冰下基层连队，回来时赶巧和吕明艳一路同行，他们成了熟人；再后来，尹冰奉命组织筹备曹干事没能落实的活动，机关就近和师范学院搞一次军地联欢，而吕明艳此时是师院的团委干部，尹、吕两人因工作需要经常在一起商谈联欢活动事宜，由于他们全力投入工作，联欢活动自始至终组织得空前成功。然而始料未及的是，尹冰和吕明艳从开始筹备联欢活动起，就遭到了旁人的猜疑，曹干事、处长老方、尹冰的未婚妻小杨都不约而同地相信尹、吕之间绝不只是简单的工作关系。随着工作的展开，对尹、吕的疑惑也越来越重，本来简单的问题在处长老方他们那里愈显复杂。"抵制灯红酒绿"的制度规则经过话语的运作变成了"女人是老虎"。读者或许会觉得可笑，但是在这种简单的逻辑背后，我们不要忘记话语的力量，尤其是膨胀了的话语。

人们不得不生存于世。生存于世，并不是简单地地生存于单位、家庭、邻里、山川、湖泊、草原等自然和社会环境之中，而是生存于按一定的话语规范组织起来这种自然和社会环境之中。毫无疑问，"办公室"也是一个世界，在这里，诸种社会代码、文化力量、权力秩序网络交叉扭结在一起，形成特定的话语规范，起到调整、节制或压抑人的生存的作用。究其实，尹冰的"潇洒放松"只不过是自我在具体的生存环境中追求内在心灵世界的圆满的一种表现，它既不会对僵化的话语秩序产生巨大的实质性的冲击，也很难达成个体对自我价值实现的确证。由此，文本使我们有了一份活着的沉重感。小说结尾，尹冰和他的未婚妻告吹后没有几天，便被调去边地某连。此时，在尹冰的心里，仍抱有理想的自我幻象："边地的某个早晨，当露珠刚刚映耀出朝霞的时候，吕明艳会不会突然出现呢？"读者不用急于给尹冰下结论。"生活不是诗，正因为如此诗才高雅，否则日子不是更俗气了么!"这是吕明艳的看法。读者自可据之见仁见智。

诗和远方，也许是内心中永恒的憧憬。可是，诗意栖居的人们有时也会陷入生存的悖谬境地。活着是不容易的，寻找一种活法更难! 因为活法既是关于个人的，也是关于群体的、关于整个生存语境的。

（原载于《当代文坛报》1996 年第 4 期）

# "视点"之外的影像

## ——读张梅《保龄球馆 13 号线》

托多罗夫在《文学作品分析》一文中指出："构成故事环境的各种事实从来不是'以他们自身'出现，而总是根据某种眼光、某种观察点呈现在我们面前……视点问题具有头等重要性确实是事实。在文学方面，我们所要研究的从来不是原始的事实或事件，而是某种方式被描写出来的事实或事件。从两个不同的视点观察同一个事实就会写出截然不同的事实。"可见，视点在叙事作品中有着决定性的意义。视点的更换、改变，将影响到整个故事的面目。小说创作找到一个合适的视点与拍电影时决定摄影机位置的重要性可以相提并论。透过不同视点，我们可以看到各种迥异的影像。

正因为文本中叙述的发展受制于"某种眼光""某个观察点"或"某种方式"，我相信发生在保龄球馆的故事肯定有许多种讲法，像《保龄球馆 13 号线》的叙述方式只是这许多种讲法之中的一种。

"当时那个男人走进保龄球馆。"读者用不着去追问人物的姓名、身份、外貌特征乃至行为的动机，因为文本把这一切都隐匿了。故事叙述的重心是"那个男人"（"他"）走进保龄球馆之后的情绪、心态或心理体验，也即叙述者运用"内部的"视点（内聚焦型），介入中心人物内心活动的观视，使"他"的内心世界的漫无边际的思绪充分敞开。小说自始至终贯串了"他"的视角，叙述者则自由地切入"他"的心理流程，逼近人物瞬间、即时的感受。在一个陌生的情境里，"他"孤独而又自傲，内心茫然而怯懦，外表冷漠又有离群索居的凄然之感；受"保龄球馆的温暖"的感染，他有些厌倦自己的形单影只，并一度兴致勃勃起来。可是没有多久，他的情感又陷入低潮，面对自己软化的心有点不知所措……小说就这样从容不迫地对人物的心理进行高密度、大跨度的描写，增加了作品的涵容量。而球馆内的娱乐和游戏场景仅仅是激发人物心理反应的试剂，主人公"他"的大部分信息不是通过他的行动，而是通过他对周围环境的感受和对别人进行观察与判断的方式得到的。

实际上，"他"对周围环境的反应是敏感的：翻唱碟时，他仔细打量球场里的人的举动，内心却为穿网球裙小姐送球姿势的优美所压抑；他沉醉于自己喜爱的歌曲，但是谁也不会关心他对歌曲结束的感受，他开始"对保龄球馆冷漠起来"；那些曾经和他相熟的人在他身边擦身而过，彼此都仿佛是陌生的过客；面对潇洒的都市男女，他感到生活美丽的一面，同时又顾影自怜；球馆里的欢呼声此起彼落，他却从中省悟到所有的快乐都是一次性的。这里，小说充分运用了内聚焦视角的优势，从人物的角度展示其所见所感，淋漓尽致地表现主人公变动不居的心理感受；为了强化"自我"和"他者"的隔膜与距离，小说又发挥了内聚焦视角的限定性功能，在文本中有意造成死角或空白以获得某种意蕴，表现出其他人物的不透明性，由此显示人与人之间的难以沟通、不可理解。

罗兰·巴特说，作者不是创造最美丽的故事的人，而是最善于掌握他与受众共同使用的代码的人。如果真是这样的话，接下来我想谈谈《保龄球馆13号线》的语境编码。虽然将这篇第三人称叙事文改写成第一人称，仅除了引起语法代词本身的变化之外，不引起任何其他的话语变化，但是，这两者的差异还是有的。第三人称内聚焦叙事文一经叙述者传达，则存在着两个主体，既有人物的感觉，又有叙述者的编排。尽管这篇小说的叙述者不参与故事，而且与事件、人物和他的叙述接受者保持某种距离，这种距离既是时间上的，也是道德、情感等方面的，但这不等于说文本中就消泯了叙述者的功能，相反，我们从文本中始终可以看到叙述者对语境的强调。文本有意虚化"那个男人"之外的其他人物，使他们呈现出模糊性、不透明性，从而使故事的语境进一步凸显。

事实上，保龄球馆在这篇小说中有着特殊的意义。人物在保龄球馆作短暂停留，这里没有紧张的人与人的冲突摩擦，没有复杂的人际关系的纷扰，人流是无序杂乱的；这里的一切都转瞬即逝，弥漫着狂热、片刻的沉醉和欣悦，它是"一次性欢乐的海洋"，是一个无深度的空间；同时，它又是流动着的、未定型的当下现实生活的一个很小的截面，一个观察人物和世界的视域，一个理解和评价整个生活的角度。因此，我们有理由把小说中的"保龄球馆"看成是一个时代的表征，而"保龄球馆13号线"不就是处于零余、"失名"状态的"那个男人"的代码吗？"他"的"被生活磨硬的心"，无法整合自我对世界的感觉，生活已经破裂成碎片。对"他"来说，"爱情也是一次性的，发给了许多渴望爱情的女人"，而童年的回忆、怀旧，只能使他迷茫。所有关于人生的美好的东西，所有的对于世界的价值信念，都不过是虚无的幻象。"他"是都市孤独的"独行侠"，也是精神空虚的失重者，生活注定使他无处逃遁。

设想一下："那个男人"，他离开了保龄球馆 13 号线，还会到哪里去，又能做些什么呢？回答是：没有理由到任何地方去，也没有理由做任何事情！当然，这已经超出了我们"视点"之外。

（原载于《当代文坛报》1996 年第 5 期）

# 生命的还乡之路

## ——评张黎明的《他人》

从 20 世纪 80 年代中期开始，中国改革的重心由乡村转到了城市，以现代市场经济为取向的主导话语迅速占领了整个社会生活的话语空间，并带来了人们的生活方式、心理构成、思维观念、价值规范的深刻变异。尽管市场经济以其无所不在的威力震撼着华夏大地，然而，都市/乡村的潜在差别却始终无法消弭，一度平静下来的乡村再次激活了对于都市—经济—金钱的想象和向往，乡村文明以其独特的方式在社会历史的轨道上向前滑行。面对城市的经济形态、生活方式，传统的社会心理、文化结构、人格特征如何调适？这是当下中国社会学和文学共同关注的课题。

让我们的目光在西方稍作停留吧。托克维尔在《论美国的民主》一书中写道：欧洲移民在北美大陆为"追求幸福"而迁徙，他们已经切断了把他们系于出生地的那些纽带，而且后来在新地点也没有结成这种纽带。在他们看来，最值得赞扬的是——不在故乡安贫乐贱，而到外地去致富享乐；不惜放弃生者和死者，而到外地去追求幸福。出于文化的差异，一般说来，我们对这种"经商精神"至上的心理很难理解，因为中国人的深层无意识心理结构中，多少和伦理乡土有着某种内在的联系。不妨作一次比较，转换一下背景，即我们的文学所要叙述的对象是在都市/乡村这个差异性对立统一的话语环境中活动的曾经被认为是有着泥土一般色彩的本分农民——他们进入了都市，为着一个再简单不过的金钱目的，要活得"威风"，那么，情形将会怎样呢？带着这样的兴趣，我细心地读完了张黎明的《他人》。

大存和阿二都属于那种向土地外寻求发展、开拓新的生活空间的一类乡民，他们离乡的最根本原因和最终目的，质言之，就是要"在城里发财"。不同的是，大存出来的时候，谁也没靠，靠胆子靠口袋里的一千元，靠他的精明、圆滑与刁钻，费尽心机才取得了商业上的巨大成功；而阿二呢，满身傻气，土憨憨的，因着牵连不断的亲情和血缘关系，大存的老妈领着阿二进了城，并嘱咐大存要把阿二带出个模样来。这是文本起始部分很重要的叙事契机。

阿二能跟着表哥发财吗？这是世俗心理很关心的问题，文本轻易地屈从了世俗观念和期待视野，使之成为叙事的逻辑起点，并按照先定的观念进行演绎。不用说，在金钱主宰、欲望横流的都市社会里，"那点点血缘算什么"，大存轻松地打发了阿二，把阿二弹给了一个车房小老板，当修车学徒。阿二从此备受屈辱和歧视，为金钱、"他人"所双重遗弃。可是，在这位可怜的傻二身上，仍然奔涌着欲望之流：金钱、女人、物欲、淫欲……同时还有一颗隐藏着恨的心。按文本叙事的指向，阿二的性格发展下去，他也许会成为第二个阿甲："血红的刀子捅过来又捅过去"，"叫那些瞧不起自己的人胆战心惊"。阿二终究没有成为阿甲，他只是个可怜虫。

大存呢？大存堪称富豪，也同样的可怜。没有爱情的婚姻关系解除之后，为了抠回失去的89万元，他疯狂地克扣工人的工资、走水货……另一方面是精神的极度空虚，他只能在打牌、喝酒、蒸桑拿、玩女人之中去放纵自己。

那么，文本在结尾给人物安排的又是怎样一种归宿呢？大年三十之夜，叙事依据纯粹的意念逻辑，僵直地通往"终点"——大存和阿二又重新扭结在一起。无"家"可归的大存闯进阿二的宿舍，两人在不分彼此的喝酒烂醉中，亲热得没了龃龉。作者从先定的视野出发，意在写出都市人生和生存意义的匮乏，金钱造成了人间伦理秩序的解体。文本这样结尾，无疑是出于一种道德情感冲动。这在某种程度上可以给读者以心理抚慰，布施道德的允诺；但是，在普遍的文化失落和价值失落的时代，伦理怀乡恐怕会沦为意义愈加空洞俗滥的符号。

而且，更重要的，作者囿于自己固有的情感态度、价值立场，用知识者的思维运作方式或者说时代的精神意象取代了对象人物心理的深层开掘，未能在城乡文化、异质文化的对立统一中，去发现农民的思维方式、心理状态和情感态度。文本通过对大存和阿二形象的塑造，意在揭示时代的弊病，引起我们的震惊与反省，可小说却基本丧失从农民式的文化感应和心理反应着手这一立场。小说基于一种道德悲悯，写尽了金钱的侵蚀所导致的都市/乡村伦理秩序的瓦解，人与人之间道德纽带的断裂，利己主义私心的极度膨胀，人性、人情、社会良知都泯灭在欲望的大肆扩张之中。小说中那双始终追逐着大存的"哀哀的眼"的确有某种道德警醒的作用，但文本始终未能把它内化为人物灵魂深处的"善"与"恶"的搏斗。这就使人物的性格平面化了——成了"欲望"的纯粹载体。

文本对于大存和阿二关系的处理，也是如此。如前所述，大存和阿二的血缘关系原是小说很重要的叙事契机。大存的老妈和阿二的父亲既是姐弟，在困难的日子里又曾相濡以沫。值得注意的是，这种血缘关系牵涉的不仅仅是人与人之间的亲情，它同时还是以整个伦理乡土为背景，小说却轻易地把这一背景淡化了或者说断送了。文本急于要表现人物的金钱欲望，以致叙事撇开了大存与阿二之间的深层心理与情感纠葛，沦为一种技术化的操作。忽视"农民"符号的文化学、心理学意义上的运用，自然也就不能使之负载农民文化心理反思的沉重内容。"农民"由乡村流入都市，是一种对于传统人生轨道的偏离。对公认生活模式的背弃，在这种偏离与背弃之后，是传统人格的调整，而人格的调整必然伴随巨大的心理矛盾、情感冲突和价值迷惘。可是，在《他人》中，我看不到文本关于人物心理现实的全面展开和完整把握，也没有获得关于现时代"农民"的特殊语义感受。这样，读者从更高的层面上向作家提出了挑战：因为时代、文化氛围的不同，对象世界是丰富多彩的，必须在历史文化的宏大架构中把握活生生的人。这不是苛求作者，因为小说一旦模糊了对象的本质属性，抹煞了人的精神规定性，失掉了"这一个"的特征，也就背离了文学的初衷。

尽管如此，我仍然肯定《他人》直面现实、关注当下生活的勇气，这里只是想说：文本主题意向所表达的生命还乡冲动仅仅是伦理道德意义上的，而小说本身应该回到古老的"人学"立场上来，将对象置于文学本源意义上的乡土——人的内宇宙。这样，文本在相应的语义创造上将会有更大的突破。

（原载于《当代文坛报》1996 年第 6 期）

# 主体的劫难和先锋的溃逃

## ——评余华《我的故事》

我觉得余华《我的故事》[①] 显示了先锋小说的另一种话语立场；或者说，先锋叙事经历了放纵叛逆的语言实验和文本游戏之后，失去了继续前进的动力。原有的价值解构姿态、话语扩张欲望和语言宣泄快感，难以持续长久。在《我的故事》中，我读出了作家重塑主体的某种努力，虽然文本的意义世界折射出的是一种价值迷茫之中的慌乱选择。

## 一、存在的缺席

"有一句成语叫'胆小如鼠'，说的就是我的故事。""杨高这孩子胆子太小，他6岁的时候还不敢和别人说话，到了8岁还不敢一个人睡觉，10岁了还不敢把身体靠在桥栏上，现在他都12岁了，可他连鹅都……"文本这样叙述，仿佛"胆小如鼠"——恐惧是叙事预约了的一种命定的原初体验、与生俱来的起始情绪，或者可以称之为话语形式中"人的命运"。"命运"在这里是神秘不可言说的主宰，是无可奈何的"宿命"：主体"颓败"的基因是天生的、先验的。

"人"的失败是先锋叙事一个重要的话语指向，也是余华小说一贯所要呈现的。在《我的故事》中，就人物存在维度——意义、价值的起源性缺失而言，它接通了余华小说固有的叙事风格。饶有意思的是，这个文本叙事表层所展示的人物对外部世界的惊惧反应，与《现实一种》《世事如烟》《往事与刑罚》等作品中人物对苦难、暴力、死亡和血腥的无动于衷、习以为常相比，却体现了两种截然不同的话语心态和价值立场。后者是主体濒于死亡的征兆，人和世界只是存在着，既非荒诞，也不是有意义的，人与非人没有多大区别；而

---

① 编者注：该篇小说最初发表时名为"我的故事"，之后改名为"我胆小如鼠"。

前者则是主体遭受劫难之后心灵延迟的激活，虽然叙事将所有的精神创伤的记忆痕迹有意抹消了，剩下的只是对迫近的灾难、死亡的恐惧，但主体毕竟产生了内在感应，也即唤醒了灵魂深处的无意识。正是这种差异，显示了余华小说叙述模式的裂缝。下面，我将对"恐惧"作进一步的语义学和文化学分析。

　　"恐惧"是主体对外部世界产生的一种异常激烈的情感反应，也是主体自身内在缺乏的表现。它一旦上升为一种基本的人生态度之后，就不是纯粹的心理行为了。克尔凯郭尔说："一种难以名状的恐惧感压迫着我的灵魂。"卡夫卡说："我的本质就是：恐惧。"我无意把文本中的人物杨高和克尔凯郭尔、卡夫卡作简单类比，也不是说克尔凯郭尔他们的世界和杨高的世界重合了。事实上，在卡夫卡他们那里，是"人不接受世界，或世界不接受他"，误入世界的陌生感使他们主动与世界疏离。然而，时代的危机感、文化的危机感却给心灵施加无法摆脱的重压，令人恐惧的战栗。可以说，杨高的恐惧绝不是卡夫卡式的恐惧，先锋叙事并没有回复到卡夫卡的立场上来。文化类同有赖于文明情境的相似。主体经历"人之死"的浩劫之后，已今非昔比，"人"的话语迷信一经破除，主体的再生又是何其艰难。文本中有这样的叙述：

　　"杨高！你快下来！杨高！你快下来卖南瓜！"
　　"我会淹死的！"

　　"我们都会爬树，为什么只有你不会爬树？"
　　"从树上掉下来就会摔死的。"

　　到了晚上，我一个人躺在床上的时候，常常想着自己在鹅的眼睛里有多大？我心想自己最大也就是另一只鹅。

　　"我不能和吕前进比，吕前进是个有办法的人，我不行，我什么办法都没有。"

　　（着重号为引者所加）

　　这里，"恐惧"是和死亡本能联系在一起，与主体性的极度缺乏联系在一起，人仿佛退化到了原始的洪荒世界，渺小、无助，无所谓世界接受或不接受他，自然界、文明社会随时都可以消灭他。余华的残酷在于，他又一次使我们感受到了生命存在的脆弱和绝望。不过，叙事却没有最终停留于此，话语的张力促使杨高和他的父亲一起作最后的挣扎——"人"的救赎。

## 二、拯救"父亲"

在传统的价值体系中，父亲意味着神圣和权威，是人伦秩序的基础。天道法则、礼序人伦，确保日常生活在一种有序的轨道上运行。然而，在先锋叙事叛逆的"渎神运动"中，"父亲"形象被损毁，"人"的神话趋向破灭，人的价值感随之荡然无存。余华在《难逃劫数》《世事如烟》中讲述的故事，父亲与儿子便处于极端的对立之中，甚至可以说是父亲对儿子的掠夺、虐待。

声讨"父亲"，切断自我与历史的联系，这种"大逆不道"的行为当然会自食苦果，父亲被放逐也意味着自我主体的逝去，拯救自我就必须拯救先锋叙事曾经指控过的"父亲"。

杨高的父亲原本属于被指控之列：

"你父亲就是胆小，和你一样胆小。你的胆小是遗传的，是从你父亲那里继承的，你父亲是从你爷爷那里继承的，你爷爷是从爷爷的爷爷那里继承的……"

他们都说我的父亲胆小，说我父亲从来不敢对别人发脾气，就是高声说话的时候都没有，而别人可以把手指伸到我父亲的鼻尖上，可以一把抓住我父亲胸口的衣服，可以对我父亲破口大骂，而我的父亲总是一句话都不说。

父亲的卑微既是一个无法回避的事实，然而主体的真正确立却有赖父亲的法威。正如 A. 弗高特所指出的那样："孩子通过使法内在化而与父亲同一，并以他为楷模。法现在成为一种解放力量，因为孩子与母亲分开后方能掌握自己，他开始意识到他仍在成长中并朝向未来，与社会、文化、语言相结合。在'俄底普斯'情结中必须区分三个不同因素：法、楷模和许诺。父亲是'认出'孩子的人，通过言语给他以个性，这个言语就是法，法是精神的亲属性与许诺之间的一种联系。"在这个意义上，"父亲"的形象至关重要，确立父亲的权威是寻找自我的根本性起点。《我的故事》正是基于这一起点。

杨高的父亲虽然胆小怕事，在精神上与杨高有一脉相承的联系，但叙事却不能满足于此。"他们不知道我父亲坐在卡车里时的神气"，父亲在卡车里喊出的"你找死"的吼叫，既是用言语为自己"立法"，同时也是试图通过言语给"我"以个性，尽管这种努力收效甚微。文本中最动人的一幕，当是父亲在"我"的要求下闭着眼睛开车，父亲为建立自己的形象，付出了惨重的代价。父亲虽然遭受毒打，但是他以死为"我"树立了楷模，完成了对他自己的拯救。文本利用这种毁灭式的壮举成功地实现了父亲形象的置换。

## 三、主体幻象

父亲的死与父法的再度确立是叙事意指的中介一环，孩子能否最终从父亲身上辨认出自我，形成完整统一的主体，这仍然是一个问题。我把杨高向吕前进的挑战看作是自我成人的仪式，杨高无意之中揭穿了吕前进的虚弱本质，招来了一顿痛打——"那一刻把我的呼吸都打断了。"在某种意义上说，吕前进对"我"的冒犯是强权世界生存残酷性的一种体现，它表征为对人的存在价值、尊严的极端漠视。正是这种漠视触发了"我"精神创伤的无意识，激起与父亲同一的愿望。叙事紧接着便出现了对父亲的回忆："我想起了我的父亲，我12岁那年死去的父亲。我父亲死去的那年夏天，和那辆解放牌卡车，还有那辆破旧的拖拉机。"父亲那种玉石俱焚的惨烈的行动唤醒了"我"潜意识中的心灵痛楚和受尽歧视但仍然没有泯灭的人的价值感。当杨高提着菜刀走向吕前进的家时，无疑是在精神上接受父亲的感召，因为只有在生/死的二项对立中，"我"作出的选择才具有实质性的意义，"我"才能与父同一，进而实现自身的"人化"或主体化。尽管"我"没有劈死吕前进，但"我"给了吕前进一个响亮的耳光，这些行为不啻是自我确立的价值宣言，借用基里洛夫的话："谁能战胜痛苦与恐惧，他自己将成为上帝，上帝也有恐惧和死亡的痛苦，谁战胜痛苦与恐惧，他自身就会成为上帝，那时他就会过新的生活，成为新的人，一切都成为新的。"①

人失去"上帝"之后，靠什么来自我肯定呢？我觉得，《我的故事》是余

---

① ［俄］尼·别尔嘉耶尔著，雷永生、邱守娟译：《俄罗斯思想》，北京：生活·读书·新知三联书店，1995 年。

华试图摆脱先锋困境所作的某种努力，但也暴露了先锋群体价值取向极其迷惘的一面，他们曾经极力反叛过的东西——人道主义，如今又成为他们无奈的归宿。

（原载于《当代文坛报》1997 年第 1 期）

# 无法阐释的"意义"

## ——解读格非的《喜悦无限》

先锋小说以其激进的话语变革曾一度引人注目。如今，先锋的潮头虽然已经远逝，但"先锋叙事"这一特殊对象却要求我们多侧面、多角度地对小说人物、结构、叙述层次以及描写技法等问题作深入的探讨。这既是对先锋实验文学的新成果进行理论总结，同时也有利于将先锋小说研究扩展到对整个小说体裁创作规律的探讨。本文无力对以往和现今的所有先锋叙事作品的结构形式作出总结说明，仅以格非的《喜悦无限》为例，从单个的文本出发，运用由格雷马斯（Algirdas Julien Greimas）制订但经弗雷德里克·杰姆逊（Fredric Jameson）修正的符号矩阵（semiotic rectangle），结合德里达（Jacques Derrida）、拉康（Jacques Lacan）的解构理论，进行一种非纯形式的叙事结构研究，既试图描述先锋叙事的某种结构法则，又不回避具体文本的"意义"。

一

格雷马斯的"语义"分析是在逻辑系统中把"意义因素"（seme）作为纯粹形式关系来讨论的。格雷马斯1966年发表的《结构语义学》借用逻辑学里的矩阵形式，创编出符号矩阵，认为这是意义的基本构成模式。杰姆逊在《后现代主义与文化理论》一书中，对格雷马斯的符号矩阵进行修正，使格氏的结构语义学超出了原有的话语语义学，也即使文本的意义不仅只停留在话语里的组织。它设想四种力量处于一个长方形内：X与反X是尖锐对立的两方，非X与这两方可能既不一致也不对立，非反X则更为不确定，更加变动不居，它们之间的关系是错综复杂的。如下图：

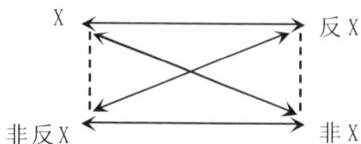

$$X \quad\longrightarrow\quad 反X$$

$$非反X \quad\longrightarrow\quad 非X$$

这个矩阵可以广泛地运用到对小说叙述意义分布的预测和描述中，同时也可以带入文本中具体的人物关系。

## 二

解析《喜悦无限》这样的先锋叙事个案，我想先从文本的故事情节构成诸要素开始，再结合人物、事件之间的关系，借助符号矩阵，剥离出一种更大的抽象性和转换性，也就是更纯粹的形式性，进而透视文本的基本动作（诸如喜悦/痛苦，希望/绝望，虚无/实有等）或主题的构成，以及这一系列的关系中一方滑向另一方的运动。

《喜悦无限》的故事始于一场梦境：朱旺梦中见到骑着枣红马的信使，然后自己在晴朗的天空下漫无目的地游走，看到了一些人和事，最后迷失在起伏不定的麦田里，错过了一次千载难逢的良机。文本随后的叙事情节不过是朱旺的梦境在现实中的回应和演绎：朱旺醒来后果然收到了叔叔的信，这是一封许诺幸福的福音书。信件的内容一度被私塾先生和裁缝所证实。朱旺感到自己在一连串幸运的事情上狂奔，他娶了自己朝思暮想的女人咪咪。但是，不久以后，朱旺发现信中语词的意义指向各个不同的、自相矛盾的方向，并无一个明确的结论，喜悦/幸福本身显现出虚幻的性质，变得脆弱易逝、不真实。对于朱旺来说，如何验证信件的内容就是至关重要的问题，混乱亦由此产生。当他再次收到叔叔的信时，原以为一切疑团都可以解开，不料新的困惑却接踵而至。朱旺去县城能找到要找的人吗？叔叔信中提到的事能否兑现？叙事自始至终把读者置于一个疑难重重的境地。

疑难或不确定性的由来，缘于小说叙事在深层结构中的相互作用关系。为了把握这种复杂的关系，我把文本中的人物、事件概括为四类：

A. 主体——朱旺。在文本的叙述表层，朱旺是叙事关注的中心，是与其他人物、事件发生联系的纽结，他既是信件的接受者，又是莫名其妙的喜悦失落者。

B. 发送者——叔叔，对象——信件。叔叔寄出的信件，既可以给朱旺带来无限的喜悦，也可能制造混乱、焦虑，或者导致空幻、虚无，等等。

C. 帮助者——裁缝、私塾先生。主体者不能单独靠自己实现目的，叙事设置了"帮手"这样的辅助性"行为者"（actants）。

D. 阻碍者——缺席的在场。阻碍者在文本中不直接露面，但它又是一种无所不在的力量，是"所有不确定的事物所组成的地形图"，是"无可逃避的命运"。它神秘无形、不可捉摸，但有时又借助某个具体人物现身（present），如文本结尾处的艄公和陌生人。

如果把上述人物关系带入符号矩阵，我们就可以进一步描述文本的深层结构。如下图：

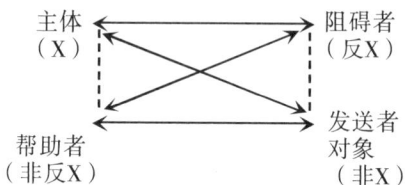

这个矩阵内，至少存在着五组关系。①主体朱旺与缺席的阻碍者之间形成一种神秘的对立关系：阻碍者尽管不在场，但它却以一种强大的心灵渗透力量摧毁朱旺的自信，使"忧虑和恍惚焚烧着他的心"，陷入一连串病态的猜测，一种提心吊胆的自我折磨。②主体与发送者叔叔、对象信件所构成的三角关系中，没有一个环节是经得住推敲的，甚至叔叔的存在看来都是虚幻的。尽管信件本身不可能是假的，但从这个信息源所发出的信息实则是不确定的，一切都有待证实。正因为此，朱旺不能使作为信件带来的副产品的咪咪就范，同时他还必须面对咪咪父亲的充满敌意的微笑。喜悦/幸福是存在的，然而又形同虚设。叙事在能指的连续滑动中，不断地作自我消解。③主体与帮助者私塾先生、裁缝之间的关系亦处在反复的变动之中。帮助者起先证实了信件的内容，但后来在各方面的巨大压力下，他们又否认了原有的结论，并提出信件本身可以作多种解释。叙事告诉我们，私塾先生、裁缝作为帮手，对主体是并不可靠的，甚至反过来对朱旺构成压迫。④阻碍者与发送者、对象本应是对立的，但由于叔叔、信件本身的虚幻性，主体追求喜悦/幸福的目标与追求所受的阻力之间可以相互转化。在这个意义上，叔叔既是朱旺的施惠者，又是阻碍者的同谋，以至于朱旺莫名其妙地生出这样一个念头："那封信的突然出现，并不指向任何喜悦，而只是通过某种隐匿的途径对他实施的惩罚。"⑤阻碍者与帮助者是不一样的，但后来达成一致。私塾先生、裁缝之所以否认原有的结论，实际上是屈从于阻碍者的无形压力。

上述关系网络中，异己的阻碍者的力量经由断裂的叙事被顽强地凸现出来，成为不可知的绝对存在。它仿佛是造物主的巨手，将主体拨弄于股掌之上，使朱旺对于喜悦/幸福的向往无限期地延搁。它是缺席的，对它的追踪不能在感觉世界中进行，感觉可以捕捉到它的踪迹（trace），但无法在逻辑之链上给它定位，由于语符世界的差异和重叠，认识论最终丧失了可能；它又是在场的，它依靠对具体事件的非分析性叙述，从超验的时空组合中还原成经验世界的神秘事实——它使得语词、话语所建构的符码秩序高不可攀，丧失了真实的内容和起源性的意义，世界成为一种变幻多端的空间。

主体朱旺处在这样一个陌生的情境内，最终不得不面对阻碍者、帮助者、发送者（对象）所组成的强大的三方联盟，感受到一种异己的巨大力量的压迫。这种力量并不是主体所能认识的，朱旺所感受的只是一种"虚构"，真实的境遇已超出了感觉的范围。文本中，朱旺像一个飘忽不定的游魂，被隔绝于真实世界之外。文本开始处有关朱旺的那场梦境，其实是饶有深意的，叙事有意解除了梦幻与现实之间的界限，暗示主体的幻觉与客观物理世界同样的不合逻辑，不存在一个有机的、可整合的观念。梦境虽只是一个不可靠的影子，一个被主体的欲望所构想出来的想象之物，但它又与朱旺在现实中的恍惚不安，无法主宰自己、无法把握世界的遭遇相一致。主体不仅丧失了进入语词世界意义视域的可能，而且被一种巨大的不可知的力量所操纵：自我与自我，自我与他人，自我与世界不能协调一致，对喜悦的渴求反而证实了一道裂痕，即构成生命本体的"绝望"和追求的徒劳之间的裂缝。当朱旺拎着一只青布包裹，告别了妻子，踏上赶往县城的道路时，实际上他无意之中完成了世界强加给他的意图，"不是人在说话，而是话在说人"。我相信，通往县城的道路，既是一条"喜悦无限"的道路，也是一条主体被世界、被自我所放逐的道路。

朱旺当然不会意识到这一点，"他带着一脸愤怒的泪水跳上船头，自己动手升起了船帆"，开始了又一轮前路未卜的征程。叙事由此获得了一种对人的生存境遇的寓言式表达：虽然主体的欲望目标始终如一，但"目标虽有，道路却无"，甚至目标本身就是虚设的，无法验证；于是，存在就陷入了绝大的荒谬，对喜悦/幸福的寻求，恰恰构成了人对自身的戏弄和谋杀。人能够战胜自我，战胜异己的神秘力量，穷究真理，获得幸福吗？

## 三

德里达指出，"言语是本身的表达"。知识不是在语言之外，在某种与历史无关的领域里找到的，而是在言语的细微差别中找到的。语言不是透明的，而是错综复杂和费解的。雅克·拉康亦认为，阐释并不通向任何意义，因为对所指的认同完全取决于人为的判断，"真理来自言语，而不是来自现实"。在这个层面上，《喜悦无限》可以当作由于能指符号的逐次位移而使叙述中的主体得到实现这样一个故事来读。

故事中那封高深莫测的信，几度易手，其内容却愈来愈难以确证，因而可以视为一个不知其所指的能指符号，一个所谓的"漂浮的能指"（floating signifier）。随着叙事的展开，信件在不同质的阐释场景中位移，相应的人物关系亦随之重新组合，不同场景中所涉及的人物围绕这封所指不明的信扮演了各自的角色：帮助者、发送者，甚至连同对象一起，在符号矩阵的巨大构成力中，试图摆脱原有的规定性，进而向阻碍者转换。"行动的内容始终在变化，行动者也在变化，但与阐释场景总是一致的，因为它的永久性被角色的固定配置所确证。"① 符号矩阵清晰地显示了叙述的本质和各自的主体（朱旺、叔叔、裁缝、私塾先生以及阻碍者）的实现过程，故事由此派生。"正是能指符号的位移决定了诸主体的行为活动，他们的命运，他们的取舍，他们的盲目性，他们的终结和下场……"② 因此，"意义"不只是无法穷尽，而且从根本上说是无法阐释的。

（原载于《当代文坛报》1997 年第 2 期）

---

① A. J. Greimas, *Structural Semantics: An Attempt at a Method*, Lincoln: University of Nebraska Press, 1983.

② Jacques Lacan, Semiar on "The Purloined Letter". Book Ⅱ, The Ego in Freud's Theory and in the Technique of Psychoanalysis 1954–1955, Ed. Jacques-Alain Miller, New York: W. W. Norton & Company, 1991.

# 重建语词和意义的深度空间

## ——我读赵琪的《苍茫组歌》

在阵容威武强大的当代军旅作家群中，赵琪属于后起之秀。"后"而能"秀"，赵琪开始引起读者的广泛关注。撇开他的《琴师》《走一遍》《四海之内皆兄弟》等作品不提，单就中篇小说《苍茫组歌》而言，这篇作品在《解放军文艺》（1996 年第 10 期）上一发表，随即被《小说选刊》（1996 年第 11 期）、《新华文摘》（1996 年第 12 期）等多家刊物转载。毋庸置疑，《苍茫组歌》是一个有意义的文本。

一个以长征的革命历史为题材、原本有些"老套"的故事，在赵琪的笔下，经由语词和意义的充满创造性的叙说，却给读者提供了一个新的洞穿历史、人性和人生奥秘的深度空间，从而也就以自己的方式完成了对历史、人生的叙事编码。因此，我觉得文本是有"意味"的。

一

历史是什么？长征是什么？

我想先引用文本中的一段叙述：对肖良来说，"唯一遗憾的，就是关于长征的书没能写成。这将使得许多故事无法为世人所知，许多故事随着他的退出永远湮没流失了。再不会有人知道了"。这段文字很重要，它在一定程度上透露了文本的叙事策略：挖掘那些"无法为世人所知"的故事，用人本话语完成对有关历史的经典叙事的超越，使政治寓言上升到人本学意义上。长征作为一个"历史"性的存在，作为不可动摇的意识形态信念的构建基础，它是"自明"的。在这个自明的前提下，"真实"的历史离不开鲜活的生命个体，离不开人的或自在、或自为的表演，离不开主体对于世界进行着的能动的参与。可是，有关长征历史的表述，已为权威意识形态所限定："长征是宣传队，长征是播种机……"而文本要完成对历史的再叙述，必须加以叙事策略的改造。这种改造不是从传统链中彻底摆脱出来，不是释放主流意识形态之外的另类话语。因此，由欲望、想象和心迹表白所交织形成的个人表白话语不构成对秩序的瓦解性力量。这使《苍茫组歌》与所谓的"新历史小说"区别开来。文本只不过是更换了一个角度，就如同调整摄像机镜头的位置一样。长征还是那个长征，话语评价的标准没有变。但是，角度的更换、视点的调整，却使得语词和意义的空间无限地拓展。

以文本的主要情节架构为例。小说从瑞金城外的贡水边肖良差点被枪毙写起，一路追踪红九团的征程：湘江之战，出广西，进贵州，过云南，入四川，爬雪山，过草地……文本俨然是红九团的战史。但文本显然不是纯粹的"战史"。这可以从以下几方面来加以说明：

其一，文本中贯注了深刻的叙事激情。维特根斯坦说："智慧没有激情，然而相比之下，信仰却如克尔凯郭尔所说的是一种激情。"从某种意义上说，"智慧"、智性叙事是客观的，更多地属于认识论的范畴。譬如历史主义者对历史本来面目的认知，就更多地借助于"智慧"、排斥情感，且持一种价值中立原则。赵琪当然属于历史主义者，但他对长征的书写，绝不是罗列史料、编排大事表，史料和大事编年本身都是"死的"东西，不能构成"故事"。《苍茫组歌》是关于长征的"故事"，在文本中，随着叙事的推进，历史成了激情的对象。这种激情，既来自叙事者，也来自那些行动着的人物。叙述者和文本中的人物，持高度同一的价值立场。

"革命成功了，赶跑了帝国主义，打倒了反动军阀，建立了苏维埃政府，普天下人亲如兄弟姐妹……"所有的激情与理想、热血与憧憬都源于此，它是信仰的原动力，也是叙事的内驱力之一。凭着深刻的叙事激情，作家笔下的长征被吟唱成一部悠远辽阔、苍凉嘶哑、开天辟地的祖先的古歌，成为一支民族创世纪的歌谣与史诗中的一部分。作者赋予了"长征"以新的内涵，而不是单一的政治寓言；历史的隧道被激情和思想的光芒照亮，获得了新的意义。因为不论从何种角度来看，人类对理想境界的追求和献身精神，具有跨越时代和民族的普遍性，以及跨越历史和记忆的深刻性，它能从人的情感和灵魂深处唤起那种美学上的神圣感、崇高感。

其二，我要谈的文本故事与战史之区别的最重要的方面是：战争的人本意蕴。人本意蕴就是人对自身命运的深切关怀，对生存意义的探询和思考。

大而言之，一切故事都是人对自身命运的关怀。我感兴趣的是，赵琪在用自己的语言讲述着人的故事。首先是生与死。《苍茫组歌》写了那么多人的死：十万中央红军剩下几千人；红九团一千六百余名兄弟，剩下不到两百人。余秀梅死了，参谋长死了，小许死了……在这个不长的中篇小说里，我觉得作者探讨了一种深刻的人类的死亡哲学。那个自杀的军团部长，那个为心爱的人奉献生命口粮的余秀梅，还有那个爬上敌人崖头牺牲的小许。对他们来说，死亡正是生存意义的证明，死亡放射出诗意的光辉。难道他们就没有生之留恋吗？文本中描写余秀梅临死前仰脸躺在草丛间及其视觉观感的一段文字，作者触及了人性的最生动、最隐秘处。死亡不是虚无、万事皆空，相反，它激发的是更强烈的生命意识："活着多好，你还想要什么呢？活着有多好。多想活着啊。"文本用自然界生物的勃勃生机，以及余秀梅的心理幻觉，来强化人物的生命意识，使读者在一种纯美的境界中感受到生命的激流的涌动，同时伴随着失去美好生命的心灵阵痛。死亡是不可回避的，生的意义却得以凸显，新鲜的生命在死亡中圣化了。

亚里士多德在讨论悲剧时指出，悲剧的功用在于通过恐惧与怜悯之情的产生而使接受者的心灵得到净化。古希腊人认为，最坏的事是立刻死去，其次坏的事是总有一天要死去，他们的恐惧就是对死亡的恐惧。但古希腊人并不是一个怯懦无为的民族，他们有意识地面对死亡以培养和确证自己的精神力量。与古典的死亡母题不同，《苍茫组歌》首先强化了人对自身生命极限的挑战。在极端严酷的环境里，死亡成了随时都要面对的现实境遇。这里没有恐惧、哀怜，相反，它激发的是更强烈的生命意志："肖良粗粗回想了一下，从在瑞金城外的贡水边差点被枪毙算起，这一路下来，竟有十九次走近了鬼门关。有几次其实已经进去了，却又被更有力气的那个魂魄硬拽了出来。""你看看活下来的都是些什么啊？都是人种，人精，人里的金子，人里的九头鸟，有九条命的打不死的那种人。"在这个意义上，生命构成对死亡的蔑视、否定。

另外，文本还有意突出了红军、革命者——牺牲者义不容辞的自律特征。前面提到的那个因受伤而自杀的军团部长，他对死亡的态度和死亡方式完全是"犯规"的，文本并不强调死亡的价值，却用"自杀"这种特殊的履行方式强调了死亡作为最高的自律的神圣性。军团部长完全可以不死，但他为了不拖累队伍，毅然采取并不值得赞许的方式结束自己的生命。这就需要真正的自律道德。这个死去的军团部长，没有什么豪言壮语，也很难青史留名，这正表明了牺牲动机的自律性，区别于其他的战斗英雄。

## 二

我还要简单地谈谈文本对战争/情爱的艺术处理，因为它在文本中占据了比较显要的位置。

长期以来，我们对"革命加恋爱"的叙事话语模式持一种否定的态度，现代文学史上的革命文学亦因此受到过严厉的批评。但是，值得注意的是，我们对"革命加恋爱"的叙事模式的否定，并不意味着革命、战争与情爱处在根本对立的两极、绝不相容。事实上，它应该有着更深广的内涵。《苍茫组歌》在这方面作了一些新的探索。

在文本中，革命与情爱不是对立的。相反革命与情爱作为两种"建设性的"力量，共同完成对人物形象的塑造，使人性获得了不同角度的观照。在革命与征战的风尘中，浸溢着社会最深广的悲欢离合之情。爱情虽只是人类情感中的一种，但从中无疑最能洞察人性的隐秘与丰富，尤其是在战争的极端惨苦的情境下。就余秀梅来说，她是作为红军女战士——严格意义上的军人参与战争；但是，这个来自兴国的妹子，更是作为活生生的人——充满激情、想象和生命活力，为了革命和爱情可以献出生命的人——而加入长征中的。"爱情"因素的渗入，使余秀梅的死亡给人的感觉不是一般意义上的牺牲的崇高，或者悲惨，而是生命与死亡对立造成的震撼与净化，以及美的毁灭。

从文本的叙事节奏来看，肖良和余秀梅的委婉而含蓄的恋爱过程整体上起到调整故事的情感气氛和叙事速度的作用，使战争的惨苦与紧张场面得以舒缓。因此，它是文本不可或缺的结构性要素。凡是有肖、余对话的地方，叙事随即呈现出一种明朗、欢快的色调，读者也能够从中感受到健康、优美的人性和人情的流淌。

## 三

《苍茫组歌》讲述的是"过去的"历史的故事。但是，作者对过去的写作却蕴含着对当下的寓言，也即文本的意义是指向当下的。在今天这个社会走向商品主义和技术化的时代里，文化圣殿坍塌，意义虚无，人们坠入"不信"的深渊，需要一种终极价值来引领自己、照亮自己。

"艺术和祈祷是伸向黑夜的手",这是我们的希望。且看《苍茫组歌》结尾的"余韵":

他已经活得太久了,让草地上的战友们,让年轻时的爱人等待得太久了,太久了!

回到大草地来吧。我们已经等了你很久了。他睁眼看去,那是红九团留在了草地里的兄弟们,他们已经在草地里排好队,等着他去点名了。

回到"大草地",这里是灵魂的故乡!我觉得这是赵琪在努力寻找一种不放弃信仰又直面当下生存虚无的可能性及其话语形式,亦即是寻找一种重建精神价值维度的诗意的表达方式。

（原载于《当代文坛报》1997 年第 3 期）

# 返回日常生活的原初起点

## ——读鲁羊《越来越红的耳根》有感

文学告别 20 世纪 80 年代之后，多元的发展态势已呈现无遗。新写实、先锋派在 20 世纪 90 年代已是明日黄花，继之而起的更新的文学浪潮席卷而来，令人目不暇接：新体验、新表象、新状态、新乡土、新都市、新言情……在这众多的革新旗帜下，鲁羊应该归属于哪一个派系，我实在没有把握。反正"新状态""晚生代""新生代""六十年代出生群落""新生存主义"各路人马都试图把他收编进去。在这篇短文中，我不准备像他们那样，在鲁羊的小说文本上随意贴一个标签就完事。我想做的是微观的、琐细的事情，也就是解剖一只麻雀，制作一个标本，然后借助显微镜放大。《越来越红的耳根》就是我随手抓到的那只麻雀，现在我解剖它然后放大，放大到足以理解我们自身的生存处境以及我们这个时代的文化流向。

一

文本形式上先锋实验性探索减少，当下生存境遇中的现实问题越来越受到关注，这是 20 世纪 90 年代小说的一个显著特征。包括余华、格非这些曾经走在叙事革命前列的新锐作家，都有明显的转向的痕迹。回到当下的日常生活，从文化重构的原初起点寻找叙事动力，这使得 90 年代的小说具有了不可替代的过渡时代所独有的文化价值。

与 20 世纪 90 年代的文化语境相一致，鲁羊的叙事是低调的。我所谓"低调"，即放弃那种抽象、玄妙的精英知识分子理想和言说，对人与文化进行"本质直观"的描述，使人们洞悉：人性、道德理想、终极价值实质上都是一种话语建构的产物。正因为其叙事是低调的，《越来越红的耳根》不回避丑陋、庸俗、粗鄙的描写。比如，俞佩佩和李金边几个人通过电话玩无聊的调情游戏，俞佩佩出演下流女子，在电话中对李金边他们多年厮混的朋友老猫进行色情挑逗，挑逗成功后，再与老猫订了当晚的约会。约会实际上是假的，捉弄人的，俞佩佩并没有赴约。而老猫呢，枯坐空等，直到凌晨一点多，喝得醉醺醺的，差点在温水游泳池里淹死。这种恶作剧式的捣乱，当然不仅只是一种幽默、调侃，更主要的是一种对生活的态度。人远离了神圣原则、终极信念之后，还能做些什么呢？

告别神圣，躲避崇高，这是"新写实"小说以来的一种流向，后经王朔、何顿而推至高潮。在这种反乌托邦的潮流中，"大写的人"被拆解得面目全非，神圣话语赋予的光环消失了，庸俗、卑微的食色男女和市井细民成为主角。猥琐、小写的"人"连同颓败、功利化的世界一起，构成了 20 世纪末的人文景观。

最能显示这一景观的，还是文本中关于"李金边的激动"的故事。李金边的故事实际上是一个情欲的故事，或者说，李金边这个人物是作为情欲、性本能的符号或代码而出现的。如饥似渴的情欲把爱情完全放逐了，唯一能引起李金边激动的，便是情欲找到了追逐的目标或发泄的对象。文本采用追叙和补述的手法，凸现了他在可怜的青春期所遭受的情感挫折，他在学校念书期间，曾经暗恋过无数女孩子，但无数的暗恋都如数地归于失败。及至结婚后李金边和一个地道的绰号叫"红毛"的混子，又一起搞定了一个名叫茉茉的女护士。李金边、红毛、茉茉之间，不是言情小说中那种常见的三角恋爱的关系，而是一种纯粹的淫乱、情欲的放纵。

对于这种欲望的泛滥成灾、本能的肆意宣泄，文本摒弃了简单的道德评判，因为现有的道德原则，其合法性、有效性正经受着不断的质疑，我们时代的文化危机已经动摇了个体的生存根基。重建新的精神法则已成为十分紧迫的问题。面对价值的荒漠，文化重构必须返回到日常生活的原初起点，在赤裸裸的生活原生态的基础上建立起全新的精神信念。

二

詹明信认为："叙述形式是人类理解自身的基本形式，人类思维的一切形式都是叙述的。"① 这也就意味着客观实体世界和语言叙述的世界是有区别的，或者说，现实世界与语言世界实际上是相互脱节与分离的。"没有语言或其它符号系统，观念就只不过是一堆乱七八糟毫无区别的混乱物，而词语则赋之以形。不是事物决定词语之意义，而是词语决定事物之意义。"② 由此观之，语言叙述与人类文化的密切关系是不言而喻的。

20 世纪 80 年代的文学倾向于"宏大叙事"，作家、知识分子沉浸于亢奋的"文化热"之中，在反思既往、寻根溯源、启蒙向善的话语冲动之下，超越性的理想价值、终极关怀成为高扬的旗帜。必须看到，这种与启蒙理性、终极价值相关的"宏大叙事"只是人们理解世界以及自我的叙述形式中的一种。这种宏大叙事预设了理性至上的深层力量，相信人性是永恒的、向善的，并将日常生活作为诗意化、理想化的生存根基。不用说，面对 20 世纪 90 年代的金钱解构和后现代话语解构，"宏大叙事"遭到了质疑，低调、庸常的"小叙事"开始盛行。叙事的分裂正表征了时代文化价值、作家创作理念的位移，以及人们生存状态和思维方式的深刻变动。同时，它也告诉我们：任何叙事话语和文化建构舍弃了感性的世界、脱离了坚实的大地——日常生活与人生过程，都不过是美好而虚幻的空中楼阁。

日常生活是什么样子？怎样才能接近它的本真？如果我们不借助叙述来回答这问题，世界将是不可理喻的。我不认为《越来越红的耳根》就接近了日常生活的本真，我只是觉得文本给我们提供了另一个审视日常生活的角度，绝对非官方、非主流、非神圣的角度。我把这种角度称为"边缘视角"。

作为这一视角的产物，叙事人物李金边、俞佩佩等，就获得了一种边缘的文化价值。他们生活在整个正统、主流世界之外的"第二世界"，他们的日常生活和行为庸俗低级、卑污下流。文本中叙述者"我"对俞佩佩的感觉是饶有深意的，叙事反复强调："我"不知为什么，总觉得俞佩佩肮脏，而且有很凶的体臭。类似这种鄙俗描写，文本中还出现了多次。比如，俞佩佩的口水污染了"我"的《莎士比亚全集》，通过电话进行色情挑逗的场面，等等。这种大胆的亵渎神圣的表现方式，将丑陋、庸俗当美学来描绘，无疑也就一笔勾销了

---

① ［美］詹明信：《法国批评的传统》，深圳大学比较文学研究所编：《比较文学讲演录》，西安：陕西师范大学出版社，1978 年，第 82 页。

② ［英］安纳·杰弗森等著，陈昭金、樊锦鑫、包华富译：《西方现代文学理论概述与比较》，长沙：湖南文艺出版社，1986 年，第 33 页。

审美艺术与原生经验之间的所有界线。

日常生活经验对艺术的征服，当然不是始自鲁羊，20世纪90年代小说的鄙俗化倾向也不以鲁羊的作品为最典型的代表。不过，值得注意的是，鲁羊刚出道时的作品是比较偏重于形式方面的实验的，甚至有评论家称许鲁羊为"印象派"或"意象派"，注重叙事感觉，那些松散的故事给人以极为精致的印象。①而鲁羊在上述《越来越红的耳根》中的变化，说明其作品已不拘泥于形式主义的模槽，并且在叙述方式上有重大的调整。相对于他前期的形式主义的作品，这种调整也许是一场美学的灾难。文中对于丑、恶等的叙写，几乎到了令人不能容忍的地步。小说写到落城发生的天大的奇案，凶手将一位女性受害人的尸体分解为2 000块以上的碎片。这种令人毛骨悚然的暴力、恐怖行为，文本叙事却是娓娓道来，凶残、震惊被消泯于谐谑的叙事格调之中，被播撒得无影无踪。

暴力美学不仅是一种形式主义趣味，它也昭示了主体自我意识的深刻危机。充满恐惧、绝望的体验，意味着一种"吓人的裂隙，横在传统的过去和遭受震荡的现在之间……历史的线索遭到扭曲，也许已被折断了"②。必须看到，这种断裂不是世界的末日，而应该成为文化重构的起点。

## 三

鲁羊以叙事实验起家，《越来越红的耳根》仍然带有一定的形式方面的"先锋"色彩。这里我要谈的是文本中"不确定性"的游戏特征，展现了一个亦真亦假的小说世界。

文本故事由几个情节片段连缀而成，即电话游戏，陪女作家 TS 乘坐空中缆车，"李金边的激动"，落城碎尸案以及李金边、红毛和女护士茉茉的故事。这几个片段情节并没有线性因果联系，但是，文本将它们扭结在一起。举例说，俞佩佩和小名茉茉的街道医院护士，可以说毫不相干，但她们也可能是同一个人。之所以会出现这种情况，是因为叙事者本身是不可靠的："我出于个人偏见……有意遮断那些有助于联想的线索。"也就是说，随着叙事角度的转换，故

---

① 陈晓明：《过渡性状态：后当代叙事倾向》，《当代作家评论》1994年第5期。

② ［美］丹尼尔·贝尔著，赵一凡、蒲隆、任晓晋译：《资本主义文化矛盾》，北京：生活·读书·新知三联书店，1989年，第95页。

事情节以及人物关系就呈现出不同的面貌。叙事虚构着作品，而作品内部也进行着自我反省，揭示小说叙事原本是一种虚构行为。

小说对自身欺骗性、虚构性的揭穿，同时也意味着我们时代的目的和意义的本体论危机，当代文学不得不面对一个共同的出发点：有意义的永恒实体丧失之后，"文化能否重新获得一种聚合力，一种有维系力、有经验的聚合力，而不是徒具形式的聚合力"①。

（原载于《当代文坛报》1997 年第 4 期）

---

①　[美] 丹尼尔·贝尔著，赵一凡、蒲隆、任晓晋译：《资本主义文化矛盾》，北京：生活·读书·新知三联书店，1989 年，第 168 页。

# 附　录

　　文学不同于历史的价值，是基于人性的立场复活历史，让过去、现在与未来跨时空对话。解读历史小说，也就是从心灵深处唤起我们对遥远过去的温情，倾听历史心灵的回声。作为荣获茅盾文学奖的优秀作品，《白门柳》通过对明末清初文人命运的书写，开掘出了沉雄浑厚的史学和人学价值意蕴。

　　人对现实的能动参与，理想价值的高扬，是历史中最具人性也最有光彩的部分。《白门柳》选择特定时代的一个横切面，呈现了明末清初士人在大变革时代的惶惑、迷惘、苦痛和心灵煎熬。文本中展示出的史才、诗笔，具体化为审美创造性的语言，充分描绘了士人的生与死、爱与憎、喜与忧、义与利等各个侧面，揭示了隐秘的历史动因和精神密码。

# 《白门柳》：历史与叙事

在当代文学史上，历史小说创作是一个引人注目的现象。继《李自成》《少年天子》《金瓯缺》之后，《白门柳》荣获第四届茅盾文学奖，这表明历史小说有着强大的生命力，受到人们的喜爱，而且在这个领域里不断有新的优秀作品问世，形成浪涌波翻的形式和景观。

一个相关的话题是：历史小说魅力何在？我们如何解读历史，走进自我，在过去、现在与未来这纵横交错的宏大时空坐标上确认自我的地位，熔铸时代、民族、社会、文化和人生的魂魄？

美国诗人惠特曼在《草叶集》初版序言中说："过去、现在与未来，不是脱节的，而是相联的。最伟大的诗人根据过去和现在构成了与将来的一致。他把死人从棺材里拖出来，叫他们重新站起来。他对过去说：起来，走在我前面，使我可以认识你。"诗人如此，小说家又何尝不是这样呢？

历史是有生命的存在。解读历史，不仅是为了了解过去，它是从心灵深处唤起我们对遥远过去的温情，让我们倾听历史心灵的回声。而写作历史小说，也不能满足于纯粹的历史认知或"古为今用"的功利主义目的。从当代的视野出发，贯注史学家的才识、洞见以及艺术家的敏感、灵性和生命激情，历史绝不是一段静态的、凝固的时空，它充满了古老的智慧，焕发出生命的神采。

## 一、叙事：古老心灵的激活

《白门柳》是一部典型意义的文人历史小说。作者有着很高的知识、学术修养，熟谙明末的历史，对创作对象有着深入的洞察和心灵体验，这使得他能够很好地驾驭庞大的历史事件，神游于古人的心灵世界，完成多姿多彩的系列人物塑造。而且，由于作者站在时代的高度，严格遵循现实主义的创作原则，处理好历史真实与艺术真实之间的关系，在保持叙事整体性的同时，分别从思想文化、社会历史、人生等角度，对历史进行全方位的立体观照，挖掘出历史人物、事件过程背后的思想文化底蕴以及支配历史发展的一般规律，《白门柳》超越了一般历史小说单一化的叙述模式，为当代历史小说创作提供了成功的借鉴。

当代历史小说的繁荣已是不争的事实，出现了一批较有影响的历史小说作品。创作数量的增加，正需要引起理论界的重视。作为小说中的一个重要副文类，历史小说无论在中国或西方文学中都占据着重要的位置，研究、探讨历史小说的文类特征、创作规律，是理论批评无可回避的事情。这里，我们拟通过《白门柳》这一典型个案的解剖，从《白门柳》的叙事特征入手，阐述其叙事的独特价值，确认其文学史意义，总结历史小说创作的一般规律，进而理解我们这个时代历史小说的基本流向。

1. 历史、历史小说与叙事

为了便于论述，在探讨《白门柳》的创作特征，展现其独特的审美世界之前，我们有必要先谈谈历史、历史小说与叙事三者之间的关系。

无论是中国或西方，都有着悠久的史学叙事传统。自觉的历史叙述意识是人类走向文明时代的标志之一。《汉书·艺文志》载："古之王者世有史官，君举必书"，"左史记言，右史记事"。《文心雕龙·史传》亦云："轩辕之世，史有仓颉，主文之职，由来久矣。"《曲礼》曰："'史载笔'。左右，史者，使也，执笔左右，使之记也。"由此看来，中国最早的历史叙述甚至可以追溯到传说中的轩辕黄帝时代，史官在帝王周围执笔记录，而且有明确的分工，左史专管记言，右史专管记事。至于西方，史学叙事在古希腊人那里已趋于成熟。按照柯林武德的说法，"公元前 5 世纪的历史学家希罗多德和修昔底德的著作，就把我们带到了一个新的世界。希腊人非常清楚地并有意识地不仅认为历史学是（或者可能是）一门学科，而且认为它必须研究人类的活动。希腊的历史不是传说，而是研究；它在试图对人们认识到自己所不知道的那些问题作出明确的答案"①。史学叙事的诞生与人类自我意识的觉醒相伴随。人类要清楚地知道自己过去的活动，所经历过的事情，以便从中总结出经验、教训或一般规律，更好地进行自我认识，就必须反观历史。

历史的灵魂在于记实、求真，就是考证、记录确实发生过的情况，使人物、

---

① ［英］柯林武德著，何兆武、张文杰译：《历史的观念》，北京：商务印书馆，1997 年。

事件等具有无可改易的确实性。因为它必须真实，历史也就近于神圣。刘勰说："原夫载籍之作也，必贯乎百氏，被之千载，表征盛衰，殷鉴兴废；使一代之制，共日月而长存。"①

从本质上说，历史与小说之间有着严格的分野，前者重客观性，后者重主观创造性。问题在于，"历史"与"小说"嫁接之后形成的历史小说，它采用何种叙述策略才能既不违背"历史"又称得上"小说"。

郁达夫在《历史小说论》中提出："历史小说，是指由我们一般所承认的历史中取出题材来，以历史上著名的事件和人物为骨子，而配以历史的背景的一类小说而言。"郁达夫的这种说法，只注意到了历史小说所采用的历史题材（历史事件、人物）以及所营造的历史背景，而忽略了历史小说叙事上的独异性，因此不免失之简单。历史小说毕竟是小说叙述之一种，历史人物和事件只是为它提供了叙述所依托的框架或基础，至于如何叙述，叙述的方式和叙述的重心则是千变万化。美国学者王德威看到了这一点："只要历史小说仍属于小说叙述的'一种'，我们就必须赋予它较史学更大的自由，能更自由地重组、归结甚至戏剧化地增扩主题内容。但我们也可回头来强调历史小说并不同于其他类型的小说。历史小说的逼真写实感主要肇因历史的不可逆性，其先决条件就是把重点放在'独特的'与'可能的'人物与/或事件上。换言之，亚里士多德式的'诗的或然性'与'历史的必然性'在历史小说中形成了一种纠结复杂的辩证过程，而这种辩证过程是读者可以不断加以调整的。"②

王德威的观点是极有见地的，"历史小说"不同于"历史"，也不同于其他类型的小说的一个重要特征，是它穿行于"可能发生"的事实与"曾经发生"的事实之间，游刃着文笔与史笔，使"诗的或然性"与"历史的必然性"之间形成一种辩证的统一。沿此深入，我们可以进一步来阐释历史小说叙述策略上的灵活性。

小说是叙事的艺术，历史小说也不例外。叙事"无所不在"，它是人类在时间中认识个人、社会乃至世界的基本解释方式。从某种意义上说，小说的出现，可以看作是人类的叙事冲动的产物，而叙事技巧的日渐丰富，又促进了小说的发展。小说所叙之"事"，必须作广义的理解。"不管什么种类的小说，题

---

① 刘勰：《文心雕龙·史传》，周振甫：《文心雕龙今译》，北京：中华书局，1986年。
② 王德威：《想象中国的方法：历史·小说·叙事》，北京：生活·读书·新知三联书店，1998年，第311页。

材总是事件"①，事件的行动主体是人，人的生命活动，人的各种所作所为，都是小说叙述的对象。小说的叙事，不只是停留在事件的表面，不是要知道人物都做了些什么，而是要表明他们都想了些什么。人类的生活是一种理性的生活，是人的思想、情感支配下的生命运动。因此，人的心理活动，各种复杂的情感、思绪、心态和意识活动，都是小说叙述可以驰骋的领域。叙事，它通过叙述方式的奇妙组合，使凌乱、无序的原生态生活转化为小说中的规定情景和有序的生活流程，使普通的事件转化为小说的故事情节，使人物复杂难言的情绪、心态转化为小说中可以感知的心理现实图景。小说的艺术创造必须纳入一定的叙事关系。叙事方式不仅具有某种独立不可更改的地位，而且它又是与现实融为一体的。小说叙述过程也就是小说审美思维符号化、实现审美再创造的过程。

　　历史小说虽然以历史事实为基础，但这并不妨碍其进行艺术创造的自由。这种自由，首先表现在叙述策略上的自我调控。即使是同一历史题材，不同的叙述角度、叙述方式，由于叙述的重心不同也就会产生不同的艺术效果。叙述行为自身选择了讲故事的叙说角度、方式，也就选择了所要说的事情。说什么，不说什么；凸显哪些，遮蔽哪些，这其中正可以见出叙述策略的差异。如《白门柳》在叙述大的历史事件的时候，往往采用概括性介绍、交代的方法，将它作为一种背景推到远处，而舍弃其具体的发生、发展过程。李自成攻占北京、崇祯帝自杀、清兵入关、扬州十日、嘉定三屠等大的历史事件的处理莫不如此。这样，小说就可以在人物心态、历史细节上做文章，激发想象。

　　小说对于叙事有着很强的依赖性，叙事的过程也就是小说成形的过程，小说文本的意义和价值只有在叙事中才能获得显现，在这个意义上说，小说即叙事。叙事方式、叙事策略直接关系到故事的性质以及小说的艺术风貌。20世纪80年代中期以来，文学界将小说中的叙事问题提到了一个相当醒目的位置。尤其是马原、格非等先锋小说作家，他们使小说叙事逐渐演变为复杂、偏执、高深莫测的方法论活动，并引发了一场"小说叙述革命"，这场革命同时也波及了历史小说创作领域。《灵旗》（乔良）、《大年》、《迷舟》、《敌人》（格非）和《相会在K市》（李晓）等作品的出现，使得历史小说以一种新的面貌呈现在读者的面前。这些被称为"新历史主义"的作品，一改传统的历史观，出现了异

①　［美］约翰·盖利肖著，梁淼译：《小说写作技巧二十讲》，北京：北京十月文艺出版社，1987年。

端思维倾向，历史成了叙事的代名词。个人主体的介入、叙事策略的调整，使得人们对过去有无数种解读的可能。先锋小说和"新历史主义"作品使"叙事"本身得到了"解放"，但其形式实验又走得太远，搅乱了读者的阅读习惯和原有的文学观念，这样，它们的发展就不能不受限制。比较起来，《白门柳》不像"新历史主义"作品那样"先锋"、新潮，也不像以往历史小说那样保守、单一，拘泥于某种固定的叙事模式。它严格遵循现实主义的叙事成规，同时又为现实主义注入了新的艺术方式、价值原则与文化策略，丰富了历史小说的创作经验，为历史小说在当代的发展开创了一种新的可能。

2. 神游冥想真了解

如何处理历史事实，这是写作历史小说首先要碰到的问题。严格说来，写作历史小说必须以一定的史实为基础，需要占有相关的历史文献资料，通过作家的辨识把握，使历史文献资料转化为可资运用的历史题材。当然，在历史小说的创作过程中，作家的经验、情感和想象不可避免地要介入到当中来，作品总是在一定程度上带有作者个人的印记，这样，就有了如何正确处理历史真实与艺术真实的关系问题。鲁迅在《故事新编》序言中，曾把历史小说分为两类：一类是"博考文献，言必有据"，另一类是"只取一点因由，随意点染，铺成一篇"。鲁迅认为前者纵使有人讥讽为"教授小说"，其实倒是很难组织的，后者"倒无需怎样的手腕"。如果鲁迅的这种说法能够成立的话，《白门柳》无疑属于"博考文献，言必有据"的那一类。诚如作者所说，《白门柳》的创作"始终遵循严格的考证，大至主要的历史事件，小至人物性格言行，都力求言必有据。就连一些具体情节，也是在确实于史无稽，而艺术处理又十分必要的情况下，才凭借虚构的手段"①。希望写得更"真实"一点，是作者追求的目标之一。

"真实"何以如此重要呢？首先，以事实为依据，忠于史实，这是对"历史"的尊重。"真实"是历史得以存在的前提，人们对客观历史的信念，是出于一种对于现实实在性、人生实在性的追求，历史、现实、人生这是互为一体的。没有真实，历史的一切都变得不可靠，人生、现实也就失去了依托和参照。唯有在真实的基础上，才能建立起一种距离感，使人们能够在时间之轴上不断地观照自我和同类。

---

① 刘斯奋：《白门柳·跋》，北京：中国青年出版社，1998 年。

# 附 录

· · ·　· · ·

写历史小说尽管不同于历史学家编撰历史，但是基本的史实不能违背，不能有悖于过去时代的客观形态。刘斯奋说得好："写历史小说，如果其中的人物满口现代语言，满脑袋现代思想，正值父丧而进京赶考，造访友人而邀其妻共语，谒见长（平）辈而直呼其名，皇帝未死而称其谥号，如此等等，虽然作者认为可以不受'小节'所拘束，或者认为今天的读者愚昧可欺，我却始终不敢苟同。至于对于历史事件和历史人物的处理，就更加应该谨慎，如果认为艺术允许虚构，就可以随心所欲地把正面人物写成反面人物，或者把千秋罪恶美化为不世奇功，这对于古人固然是一种罪过，对于今人也是一种不负责任的态度。"① 以历史为客观依据，以历史真实为基础，而不是随意将古人现代化，这是符合人们对历史小说的普遍看法的。评论家朱寨认为，应该注意对历史和文学持双重尊重的态度。虽然在基本的史实和反映历史题材的小说之间是有区别的，但就历史小说创作而言，应更强调历史的真实。② 历史真实与艺术真实究竟孰轻孰重？这可以讨论。但不管怎样，历史小说不能完全无视历史真实，凭空进行艺术虚构，否则，就不是历史小说了。正如某些论者所指出的，历史小说基本事实和基本史实的描写应该具有一定的规范。我国新、旧版的《辞海》，还有外国的《简明不列颠百科全书》《苏联百科词典》等，它们都不约而同地将历史文学定义为与史实有关的文学，这其中应该包含着对历史真相的尊重。

从创作方法来看，客观、真实地再现现实，这是经典现实主义的第一要义，"写真实"是现实主义的一面旗帜。现实主义作家以其文学实践介入社会历史变动，客观地呈现现实生活的各个层面，反映特定历史时期的特殊的历史风貌。刘斯奋说："我始终相信现实主义创作方法的特殊功能，它能够引导我对人物的发掘达到意想不到的深度和广度。事实上，当我这样做时，我甚至有意识地摒除主观的好恶，而专全力去表现特定的历史条件下，在各不相同的社会地位、文化修养、生活处境、利益关系之中活动着的人性，而把褒贬和评判的权力让给读者。"③ 现实主义对历史小说的要求，决定了作家客观、公正的叙事立场。作品的基本框架乃至史无所载的历史生活细节，都必须有坚实的史实基础，合乎历史的逻辑。从这个立足点出发，小说进而展示复杂的人物关系，发掘出人

---

① 刘斯奋：《〈白门柳〉的追述及其他》，《文学评论》1994 年第 6 期。

② 董之琳：《叩问历史　面向未来——当代历史小说创作研讨会述要》，《文学评论》1995 年第 5 期。

③ 刘斯奋：《〈白门柳〉的追述及其他》，《文学评论》1994 年第 6 期。

物心理的深度和广度，显示现实主义创作方法独有的优势。文学表现历史，强调直面历史、客观地反映历史生活，但是，它并不是完全排斥艺术虚构。黑格尔曾经说过："我们理当要求艺术家们对于过去时代……的精神能体验入微，因为这种有实体性的东西如果是真实的，就会对于一切时代都是容易了解的；但是如果想要把古代灰烬中的纯然外在现象的个别定性都很详尽而精确地摹仿过来，那就只能算是一种稚气的学究勾当，为着一种纯然外在的目的。从这方面来看，我们固然应该要求大体上的正确，但是不应剥夺艺术家徘徊于虚构与真实之间的权利。"① 文学不是被动地反映历史，对历史事实不能采取绝对化的直观反映。现实主义的艺术真实，是作家凭借自己对历史生活的理解，如实地描绘人物和事件，发掘社会生活的本质，也就是审美地创造"现实"。现实主义真实性的另一含义是再现生活的本质，即历史生活中带有规律性、必然性的东西。这样，我们回顾亚里士多德在《诗学》中对于小说（诗）与历史的区分，是有一定的道理的："诗人的作用是描述，但并非描述已发生过的事，而是有可能发生的，亦即因为有可能性或必然性故可能发生的……因此诗较历史更具哲学性与重要性，因为它陈述的本质是属于普遍性的，而历史的陈述却是特别的。"历史小说因为介于小说与历史之间，它既描写"已发生过的事"，同时也可以陈述"有可能发生的事"，小说这一文类应允许它进行一定的艺术虚构。如果单纯从历史观点看，就说不清历史小说与历史教科书的区别。

文学中的历史真实与艺术真实构成一种十分复杂的关系，两者互为一体，是对立中的统一。一方面，历史真实是艺术真实的前提与基础，没有历史真实，艺术真实也就无从谈起；另一方面，艺术真实又是对历史真实的超越和升华，它使文学作品不只是停留在外在的、表面的历史现象上，而是脱离局部的现象进入本质的真实，达到一种整体性，具有较深刻层次的艺术境界。刘斯奋认识到这个问题，他说："强调尽可能忠实地去再现历史，如果理解为仅仅是指忠实地、形象地再现历史的事件和人物，我觉得，那还是远远不够的。事实上，作为社会生活的形象反映的文学作品，与以记录和解释进程为目的的教科书相比，与以普及历史知识为任务的通俗读物相比，应当具备大得多的容量，为读者提供远较事件（或人物）的运动过程丰富得多的东西。"② 这就需要作家的艺术创

---

① ［德］黑格尔著，朱光潜译：《美学》第1卷，北京：商务印书馆，1982年。
② 刘斯奋：《白门柳·跋》，北京：中国青年出版社，1998年。

造，历史事实只是作家艺术创造的依据，尤其是人物深邃的精神世界和历史的复杂、深层构造，更需要强调作家对人物的生态环境、经历、思想、情感以及特定的历史背景、影响历史进程的重大矛盾冲突等有充分的认识和把握。这固然与作家对史料的熟悉程度有关，但更主要的还是一种情绪、生命体验，以及对历史发展的哲学认识。如果没有这种体验、认识就很难达到复杂的、整体发展的历史观照层次。

因此，我们可以说，历史小说作家对史实的把握，既要做到入乎其内，对历史文献资料烂熟于心；又要能够做到出乎其外，保持一定的距离感，不至于被浩如烟海的原生态史料湮没，丧失了作家的判断力和创造力。更何况历史文献资料本身也会有残缺不全或者说不完整的一面，任何历史学家的记载都不可能是面面俱到、滴水不漏，历史本身就充满了大片空白和不确定点。对历史学家来说，历史留有许多"死角"是一种遗憾，但对于作家来说，历史的模糊成分，恰恰又是艺术创造所必需的回旋余地。比如《秋露危城》结尾柳如是投湖自尽一节，史书中记载只有一句话，而刘斯奋却演绎出一节至情至性的文字。时值清军南下，南京陷落，弘光皇帝出逃，明朝亡国已成定局。钱谦益随波逐流，投降清朝，且承担了起草降表的差事。柳如是不愿意跟随丈夫做清朝顺民，决心一死殉国，宁可做大明之鬼。小说细腻地描写了柳如是决心自尽之前的种种反常的举止，投湖时的衣着、神态、表情，以及她与匆忙赶来营救的钱谦益的对话等，这些都是史书中所没有详细记载的，小说这样处理，全凭作家合乎情理的艺术想象。

之所以强调艺术想象要合乎情理，是因为历史小说的艺术虚构必须遵循一定的原则，不能漫无边际、天马行空，也就是说，历史小说的艺术虚构必须有一定的"限度"，虚构的事件情节应该是可能发生的，至少要符合历史的逻辑。关于此，有论者提出了历史小说进行艺术虚构的四条准则：①主要历史事件，特别是发生过重大影响的历史事件应该有基本的历史依据；②主要历史人物的基本思想性格特征必须符合历史真实而不能虚构；③当时的典型环境，包括时代氛围、生活风尚、历史人物的相互关系等必须真实；④根据故事情节的需要而虚构的人和事，也应该是当时历史环境里可能产生的。①

如果用上述标准来衡量《白门柳》，我们就会发现，每一条标准《白门柳》

---

① 吴秀明：《在历史与小说之间》，北京：时代文艺出版社，1987 年。

都严格做到了。大的历史事件不用说，即使是一些历史细节，都可以从史书中找到记载。比如，刺客欲谋害刘宗周这样的细节，作者都是从史料出发进行艺术创造的。另外，《白门柳》中主要历史人物的基本性格特征，也都是符合历史真实的。比如钱谦益这个人物，其思想性格特征十分复杂。陈寅恪在《柳如是别传》中曾有论述，书中第五章论钱谦益《西湖杂咏》诗，因诗序中有"今此下民，甘忘桑梓。侮食相矜，左言若性"之语，陈寅恪考证出系用《文选》王元长《三月三日曲水诗序》典故，目的是"用此典骂当日降清之老汉奸辈，虽已身亦不免在其中，然尚肯明白言之，是天良犹存，殊可哀矣"①。钱谦益在诗序中不仅骂了当日降清的汉奸，而且也骂了自己，这其中是有着深深的悔恨与自责的，因此陈寅恪说他是"天良犹存"。但《四库全书总目提要》却借《愚庵小集》作者朱鹤龄赞扬元裕之对于元朝，"既足践其土，口茹其毛"，就不"反噬"的例证，指摘钱谦益降清以后仍"讪辞诋语，曾不少避，若欲掩其失身之事"。对此，陈寅恪写道："牧斋之降清，乃其一生污点。但亦由其素性怯懦，迫于事势所使然。若谓其必须始终心悦诚服，则甚不近情理。夫牧斋所践之土，乃禹贡九州相承之土，所茹之毛，非女真八部所种之毛。馆臣阿媚世组之言，抑何可笑。"②陈寅恪的这种说法是有道理的。对历史人物的评价决不能失之片面，必须持一种"了解之同情"的态度，避免简单化。《白门柳》对钱谦益这一人物的处理，就是尽量采取历史主义的态度，能够全面地、公正地、历史地看待他，不是一味地贬损，也没有人为地拔高，这样，作者笔下的钱谦益既符合历史真实，又具有典型意义。

再就是典型环境的营造，《白门柳》广泛运用了各种史料，来构建历史人物活动的立体的、真实的空间。当时社会生活的各个方面——政治、经济、军事、文化，包括哲学、宗教、体育、建筑、习俗、礼仪、烹饪、科技、教育、法制、灾异等都有所涉及。作者笔下的历史生活气息，浓厚得有如一幅幅《清明上河图》。就像恩格斯当年曾经说过的，他从巴尔扎克那里学到的东西，"也要比从当时所有职业的历史学家、经济学家和统计学家那里学到的东西还要多"③。同样，《白门柳》遵循现实主义典型化的原则，营造真实的历史氛围，

---

① 陈寅恪：《柳如是别传》下册，上海：上海古籍出版社，1993 年。

② 陈寅恪：《柳如是别传》下册，上海：上海古籍出版社，1993 年。

③ ［德］恩格斯：《致玛·哈克奈斯》（1888 年 4 月初），《马克思恩格斯文集》第 10 卷，北京：人民出版社，2009 年。

我们可以从中获取大量的特定历史时代的信息。由于《白门柳》偏重于史实方面，因此小说在进行艺术虚构时十分谨慎，这就使得作品非常贴近历史，即使是严格的历史学家也很难挑剔。

历史真实和艺术真实，在不同的历史小说作品中会有不同的侧重，这取决于作家的审美观、价值态度乃至学识修养。比较起来，刘斯奋更注重历史真实，"真实的历史给人的联想更多"①。

其实，历史真实也是有着不同层次的。历史的全部复杂性在于它是有思想、情感和意志的能动主体的历史，单纯的事件不足以构成历史。因此，所谓历史真实，不仅指情节、事件、环境等的真实，同时它更应该包括历史人物的心理真实、思想真实和情感真实。也就是说，必须扩展历史真实的范围，才能真正与复杂的历史相匹配。历史小说是"人学"的一个分支，它只有沉潜于作为主体的人的内心世界，描绘出历史人物精神史、心态史的轨迹，表现出人物情感、思想和价值观念的变化，才可能具备历史的纵深感，完成自己的艺术使命，还原出历史本真。

维克多·雨果在其名著《悲惨世界》中曾经这样写道："比海洋更加辽阔的是天空，比天空更加辽阔的是一个人的内心。"人的内心世界是十分博大广阔而又难以把握的。尤其是历史人物因为时代的变迁，今人要真正进入他们的内心世界，其难度更大。如何才能走进古人的心灵，体验他们的情感，认识其思想呢？陈寅恪在为冯友兰的《中国哲学史》所作的《审查报告》中，从治学的角度，提倡一种"神游冥想真了解"的学术境界，对我们可能会有所启发。陈寅恪说："凡著中国古代哲学史者，其对于古人之学说，应具了解之同情，方可下笔。盖古人著书立说，皆有所为而发；故其所处之环境，所受之背景，非完全明了，则其学说不易评论，而古代哲学家去今数千年，其时代之真相，极难推知。吾人今日可依据之材料，仅为当时所遗存最小之一部；欲藉此残余断片，以窥测其全部结构，必须备艺术家欣赏古代绘画雕刻之眼光及精神，然后古人立说之用意与对象，始可以真了解。所谓真了解者，必神游冥想，与立说之古人，处于同一境界，而对于其持论所以不得不如是之苦心孤诣，表一种之同情，始能批评其学说之是非得失，而无隔阂肤廓之论。"虽然陈寅恪谈的是如何治中

---

①　刘斯奋、程文超、陈志红：《历史、现实与文化——从〈白门柳〉开始的对话》，《当代作家评论》1996 年第 4 期。

国古代哲学史，但对于历史小说创作来说，无疑也是适用的。任何历史事件，必然伴随着人类心灵活动的表现，历史小说作家必须具有充分的想象力，神游冥想，与古人处于同一精神境界，才能真正把握历史事实背后的心灵活动、思想活动，完成民族心史的记录。

从人的内心世界来折射出一定的历史内容，用叙事来激活古人的心灵，这是历史小说创作所能达到的高层次的历史真实，这种高层次的历史真实，甚至也是历史学家追求的目标。被人们称为西方近代历史哲学开山祖的维柯，就曾提出史学家必须神游于古代的精神世界，重视古人的精神，而不能把今人的认识强加于古人。可见，历史小说与史学著述在追求高层次的历史真实上，是有其相通之处的。

文学反映精神史、心态史，这是将历史作为有生命的存在来看待。历史是现在与过去、今人与古人之间永无休止的对话，写作历史小说同时也是今人与古人的心灵碰撞的过程。从某种意义上说，对人物灵魂的关注，是作品具备历史纵深感的一个重要环节。《白门柳》始终把"真实地写出明末清初那一代的知识分子的历史命运，作为总体任务"①，也就是说，特定时代知识分子的命运和心灵历程，是作者所要表现的中心。明末清初剧烈的社会变革、历史动荡对人的精神世界的冲击是极其巨大的，给人的考验也是多重的。如何处理民族、国家、个人等之间的关系，在"义"与"利"之间作出选择，是每一个人物都要面对的。以《白门柳》中的三个主要人物钱谦益、冒襄和黄宗羲而言，他们的性格完全不同，在"天崩地解"式的社会巨变中，他们所走过的道路也完全不同。个人的性格再加上环境的影响，使得作者笔下的人物呈现出多样的色彩和不同的精神风貌。每个人的内心都是一个广阔的世界，总体反映、全面展示知识分子在历史、文化转型时期的心灵历程，对历史事件作出具有一定历史广度和心理深度的开掘，是《白门柳》的一个显著特色。小说所写人物众多，反映的历史事件又十分重大，作者善于把人物的精神发展过程与客观历史生活联系起来，从明末清初的社会历史巨变中找寻它的文化根源、思想根源和心态根源，在这个意义上，《白门柳》可以称得上是明末文人的心灵史诗。

黑格尔在《美学》中曾经指出："艺术家之所以为艺术家，全在于他认识

---

① 刘斯奋：《〈白门柳〉的追述及其他》，《文学评论》1994 年第 6 期。

到真实，而且把真实放到正确的形式里，供我们观照，打动我们的情感。"①
"真实"，对我们来说，是一个耳熟能详甚至说滥了的词语，然而，要真正把它
写出来、表现出来，又谈何容易。晚清小说家吴趼人曾发过这样的感慨："作小
说难，作历史小说尤难，作历史小说而欲不失历史之真相尤难。"历史真实的获
取，固然是建立在"博考文献"的基础上，那种置历史的基本事实于不顾，对
描写对象采取随心所欲的改造诚然不足道，但是，单纯描写历史事件的真实、
细节的真实还只是停留在浅层次上，对表象史料片断的搜集与对历史客观实在
性的把握毕竟是不能等同的。历史小说作家必须关注历史上各种心态形象，找
出事件与心态的辩证关系，才能胜任更为复杂的精神形态史的写作，达到更高
意义上的历史真实。这需要作家全身心地体察，弥合自身与对象的距离，使主、
客观同一。就像钱钟书在《谈艺录》中所说的："盖艺之至者，从心所欲而不
逾矩，师天写实而犁然有当于心；师心造境而秩然勿倍于理。莎士比亚尝曰：
'人艺足补天工，然而人艺即天工也。'圆通妙彻，圣哉言乎！人出于天，故人
之补天，即天之假手自补；天之自补，则必人巧能泯；造化之秘与心匠之运，
沆瀣融合，无分彼此。"

　　作家对对象的介入，能够"从心所欲而不逾矩"，这是一种很高的艺术境
界。"十年格物而一朝物格"，金圣叹的这句名言说明了作家创作准备的艰辛以
及体认客观事物、把握对象的难度。《白门柳》的作者穷十六年之力从卷帙浩
繁的历史典籍、文献资料中找到具有深刻内涵和巨大思想张力的素材，融入个
人的生命体验，进行艺术创造，使小说具有高度的历史真实性。作品不拘泥于
纯粹的历史事件真实或者情节、事理真实，而是将历史真实拓展到心态真实、
思想真实和情感真实的层面，这标志着现实主义创作原则在当代历史小说领域
中的深化。

## 二、价值凝定：客观叙事统摄下的多维审美空间

　　《白门柳》是一部严格意义上的现实主义作品，小说遵循客观叙事的准则，
严格地忠实于历史，艺术地、真实地反映历史，把历史小说的真实领域发掘到
一个新的层面，扩充到一种新的广度。

---

① ［德］黑格尔著，朱光潜译：《美学》第 1 卷，北京：商务印书馆，1982 年。

时至今日，我们还来谈论现实主义话题似乎有些守旧、不合时宜。自 1985 年文坛出现了第一篇被称为"真正的中国现代派文学作品"（刘索拉《你别无选择》）之后，中国的现实主义文学似乎一下子失去了昔日的光荣，受到人们的冷落。但是，这并不意味着现实主义就没有生命力了。因为一种创作方法、创作成规一旦基本定型之后，它的合理成分都已经被内化为文学本体价值的一部分，其意义与价值是其他创作方法所无法取代的。刘斯奋说："在众多的'主义'和品类中，我更倾心于现实主义的创作样式。也许这是因为我更愿意让自己的作品承当起传播历史的媒介作用，更希望让读者通过我的作品去多少感受到其中所蕴含的文化之美。而要做到这一点，我的办法就是尽可能忠实地去再现历史，哪怕这是永远也不可能真正实现的主观愿望。"①

其实，倾心于现实主义并不意味着固执或保守，现实主义并不是一个封闭的模式类型，它将随着创作实践的不断变化而变化。韦勒克曾独具慧眼地指出："现实主义作为一个时代性概念，是一个不断调整的概念，是一种理想的典型，它可能并不能在任何一部作品中得到彻底的实现，而在每一部具体的作品中又肯定会同各种不同的特征、过去时代的遗留、对未来的期望，以及各种独具的特点结合起来。"② 现实主义并没有穷尽发展的全部可能性，现实主义创作的最基本特征和创作方向是始终以"现实"作为艺术表现和把握的对象，以"现实"作为价值的源泉，从真实的、实实在在的社会人生过程中去寻找其发展前景。

《白门柳》立足于现实主义的创作成规，但又不是全盘照搬已有的叙事模式，而是在总结、借鉴、吸纳中有所扬弃和创新。由于作家对历史、人生有了新的认知和体验，小说不满于传统的创作类型、叙事模式，而是在新的言说机制的基础上，实现历史、人生的重新定位，文本由此获得了一种独特的美学价值。

1. 与文学史进行反思性"对话"

历史小说作家以何种视角来观照过去，在心灵中重演过去，这不仅是一个叙事技巧的问题，而且直接影响到作品的艺术风貌和审美价值。应该看到，文献和资料是历史小说作家创作的基本依据，但这些本身并不等于就是过去，更

---

① 刘斯奋：《白门柳·跋》，北京：中国青年出版社，1998 年。
② ［美］韦勒克著，丁泓等译：《批评的诸种概念》，成都：四川文艺出版社，1988 年。

不等于就是文学作品，这些资料只是为作家在心灵中复活过去提供机缘。叙事的真实性、深刻性在很大程度上取决于主体的思维框架和观照视角。比如说对因果联系的把握，我们就不能用直观的、线性的、简单被动的眼光，这很容易陷入机械的反映论。事物之间的联系是广泛的，一个结果往往产生于多种原因、多种因素的交互作用，因果联系常常不是直线的，而是网络的、层构的。对象的发生和演变，往往是一种"合力场"所产生的综合作用，也即是诸种因素的合力使然，正是这诸种因素的相互作用和辩证运动，促成了对象的形成和演变。恩格斯说得好："历史是这样创造的：最终的结果总是从许多单个的意志的相互冲突中产生出来的，而其中每个意志，又是由于许多特殊的生活条件，才成为它所成为的那样。这样就有无数互相交错的力量，有无数个力的平行四边形，而由此就产生出一个合力，即历史结果，这个结果又可以看做一个作为整体的、不自觉地和不自主地起着作用的力量的产物。因为任何一个人的愿望都会受到任何另一个人的妨碍，而最后出现的结果就是谁都没有希望过的事物。所以到目前为止的的历史总是像一种自然过程一样地进行，而且实质上也是服从于同一运动规律的。但是，各个人的意志——其中的每一个都希望得到他的体质和外部的、归根到底是经济的情况（或是他个人的，或是一般社会性的）使他向往的东西——虽然都达不到自己的愿望，而是融合为一个总的平均数，一个总的合力，然而从这一事实中决不应作出结论说，这些意志等于零。相反地，每个意志都对合力有所贡献，因而是包括在这个合力里面的。"①

历史的辩证法、生活的辩证法就是如此。文学作品反映生活和历史，就应该体现这种辩证法，这样才能与生活和历史的内在丰富性、复杂性成比例。像生活和历史本身那样来表现生活和历史，就需要作家具有开放的思维框架和立体化的观照视角，打破僵化、凝固的思维方式和静止、孤立、单一的观照视角，复活出整体的历史，揭示出历史的深层结构。

长期以来，我们的历史小说作家习惯于用一种单一化的政治视角来观照过去，注重文学作品的意识形态功能，强调文学的社会性、阶级性、倾向性，这使得小说中的话语世界日益单一，最后丧失了复杂历史所应有的生命力，凝固为纯粹的社会政治历史图景。新中国成立后的革命历史题材小说都不同程度地

---

① ［德］恩格斯：《致约·布洛赫（1890年9月21－22日）》，《马克思恩格斯文集》第10卷，北京：人民出版社，2009年。

存在着这方面的问题。《保卫延安》（杜鹏程）、《红日》（吴强）、《林海雪原》（曲波）、《红旗谱》（梁斌）、《红岩》（罗广斌、杨益言）等作品堪称新中国成立后革命历史题材长篇小说的经典，其历史价值不容低估。这批作品从社会政治的视角切入，反映了我国人民的历史命运和革命道路，符合那个时代的历史真实，具有深刻的教育意义。但是，也应该看到，单一的社会政治视角同时也给这批作品带来了某些局限，社会历史的全部复杂性往往被简化为一种社会变革的形式出现于历史小说之中，混沌的生活内容被抽象为阶级之间的对立与斗争。"为政治服务""工农兵题材""重大题材"被突出强调，非政治化、非意识形态化的历史内容被忽略了、遗忘了。

20 世纪 70 年代末以来的历史小说，在叙事技巧上无疑有了较大的提高，注重形象的鲜明生动以及性格内蕴的充实。一批有影响的历史小说作品开始出现，《曹雪芹》（端木蕻良），《戊戌喋血记》（任光椿），《金瓯缺》（徐兴业），《星星草》《少年天子》《暮鼓晨钟》（凌力），《风潇潇》（蒋和森），《孙武》（韩静霆），《九月菊》《老子》《孔子》（杨书案），《宫闱惊变》《开元盛世》《魂销骊宫》《天宝狂飙》（吴因易），《汴京风骚》《庄妃》（颜廷瑞），《庚子风云》（鲍昜），《义和拳》（冯骥才、李定兴），《陈胜》《秦时月》（刘亚洲），《天国恨》（顾汶光、顾朴光），《莽秀才造反记》（巴人），《曾国藩》（唐浩明），《康熙大帝》《雍正皇帝》《乾隆皇帝》（二月河），《皇太极》（刘恩铭），《林则徐》（穆陶）等作品，共同促成了新时期历史小说的繁荣局面。

20 世纪 70 年代末以来的历史小说，虽然在数量上是空前的，但较少有突破性的作品问世。就以上提到的影响较大的作品而言，作家们的思维框架、观照视角并没有太大的差别。这些作品在个别地方有所深入，但整体的叙事观、价值观并未能实现大的超越。

2. 多维度、立体化的观照视角

不同于一般历史小说采取单一化的政治视角或社会历史视角，《白门柳》的最大特点是视角的立体化。所谓视角，也就是作家切入生活的角度。任何故事中的情节、事件等都不是自行呈现出来的，而总是根据某种眼光、某个角度呈现在读者面前。从两个不同的视角观察同一个事实就会写出两种截然不同的事实，视角在叙事作品中有着决定性的意义，视角的更换、改变，将影响到整个故事的面目。小说创作找到一个合适的视角与拍电影时决定摄影机位置的重要性可以相提并论，透过不同的视角，我们可以看到各种迥异的影像。

明末清初这一段历史内容相当丰富——农民起义、清兵入关、明朝灭亡、社党之争、复明运动、儿女情怨……诚如刘斯奋所说，不同的作者可以有不同的兴趣热点，即使是写名士名妓们，着眼点也仍旧可以各不相同。譬如孔尚任的《桃花扇》，就主要着意抒写所谓兴亡遗恨；至于另外一些作品，则每每关情于这一题材的人事沧桑与香艳奇情。之所以会出现这种情况，主要是因为作家受时代条件的限制，传统的艺术思维习惯于从一种单一化的视角出发来表现生活，要么是怀有孤臣孽子般的兴亡遗恨，要么是低回于特定时代产物的名士名妓们的悲欢离合，这都是创作思维的模式化、叙事的模式化的产物。刘斯奋在处理明末清初这一段历史内容时，将《白门柳》的创作立意规定为"通过描写明末清初著名思想家黄宗羲以及其他具有变革色彩的士大夫知识分子，在'天崩地解'式的社会巨变中所走过的坎坷曲折的道路，来揭示我国 17 世纪早期民主思想产生的社会历史根源"①。这样的创作立意，决定了小说主要是从思想、文化的角度切入历史，同时辅以社会历史的、人生的视角来表现生活。

《白门柳》所再现的那段历史，确实属于中国封建时代的一个"天崩地解"的乱世。陈寅恪把这一段历史称为"三百年前国家民族大悲剧"，历史巨变使中国社会付出了惨重的代价。但是，从积极的方面说，以顾炎武、黄宗羲、王夫之为代表的我国早期民主思想的诞生，却标志着一种划时代的飞跃，其价值与意义是无论怎样估价也不过分的。从思想、文化的角度切入这段历史，《白门柳》还是第一次，其角度的新颖自不待言。一般历史小说表现那段历史可能会注重当时的民族矛盾与阶级矛盾，爱新觉罗氏的入主中国，以及功败垂成的农民起义，是那个"天崩地解"时代最醒目的历史事件，这种历史事变无论是对作者还是对读者，都具有莫大的吸引力。比较起来，思想文化领域的变革要隐蔽得多，而且不容易表现，刘斯奋敢于正视这一难题，在没有多少可资借鉴的写作经验的情况下，为历史小说创作开辟了一条新的路径。

不是将历史处理成一系列引人注目的事件的总和，而是形象地描绘中国早期民主思想发生、发展的轨迹，《白门柳》触及了那个时代的精神、文化底蕴。明朝的覆灭，给知识分子造成的心灵震撼是空前的；巨大的社会动荡以及由此造成的灾难，给知识分子带来了无法抹平的精神创伤。许多知识分子开始痛苦地反省前代的思想、文化，抛弃旧的模式而转向新的思想方向和行动方向。

---

① 刘斯奋：《〈白门柳〉的追述及其他》，《文学评论》1994 年第 6 期。

　　明朝的崩溃、灭亡是启蒙思想产生的直接原因。明代占统治地位的意识形态是宋明理学，宋明理学注重内省修身，而极少探讨经世致用的途径。为政者不问实际才干和政绩，只要能够尽忠尽孝、廉洁奉公就能得到升迁，道德人格修养是否完美成为衡量人物最重要的标准。这样，明代官僚机构的行政效能是极差的，至明末尤其突出。长期沿袭、继承下来的习惯，以及各种错综复杂的关系，恰似一棵百年老树，盘根错节，早已形成了异常顽固死硬的格局，要改变它，几乎没有可能。《白门柳》第一部《夕阳芳草》中冒襄对用人一事发表议论说："其中用人一事，实为一切之关键。用不得其人，虽有良法美意，亦终因重重捍格，寸步难行。故朝廷倘欲求治图强，须得痛下决心，进君子，斥小人。知其为小人者，虽处庙堂之高，亦必斥而去之；知其为君子者，虽处江湖之远，亦必求而进之。"冒襄的这番大而空的议论，并没有多少实质性的内容，但他以所谓"君子"或"小人"来作为用人取舍的标准，这种看法在当时的确是比较典型的，其实质是政治从属于道德。政治从属于道德可能会出现这样的后果：不注重实际，虚与委蛇，或者空谈性理。一旦现实发生变化，就束手无策，所谓"平时袖手谈心性，临危一死报君王"，就是一种典型。

　　《白门柳》第二部《秋露危城》写到崇祯皇帝自尽，噩耗传到刘宗周府上，刘宗周是明末大儒，面对亡国惨祸，第一个反应便是"一死报君王"："宗周忝为人臣，待罪乡里，既不能戮力图君，贻误社稷至于如此，又不能身先讨贼，力障狂澜以报国恩，尚有何颜苟存于世上？当自断此头，以谢先帝！"其忠君爱国的精神着实令人感动，作为身受国恩的一位大臣，面对奇祸巨变，毅然结束自己的生命，未尝不是取义成仁的一种办法。但正如刘宗周的学生黄宗羲所说的："闯逆披猖，倾陷神京，戕害主上，凡我大明臣子，无不心目俱裂，血泪交迸，恨不能生啖此贼，以泄不共戴天之愤！如今士民一闻噩耗，便齐集府前，足见人心未死，士气可用。以弟子之见，何不从速缟素发丧，檄召四方，挥戈北指，复君父之仇，定社稷之难。此今日之事也！"虽然刘宗周后来一度接受了黄宗羲的建议，但其"一死报君王"的信念却是有代表性的。颜元曾经深为感叹地说过："吾读甲申殉难录至愧无半策匡时难，惟余一死报君恩，未尝不凄然泣下也，至览和靖祭伊川不背于师有之，有益于世则未之语，又不觉废卷浩叹，为生民仓皇久之。"①理学的哲理自有其深刻、高妙之处，但究竟于事无补。就

---

　　①　颜元：《存学编》卷二"性理评"，北京：中华书局，1985 年。

像顾彩在《桃花扇·序》中所说的："气节伸而东汉亡，理学炽而南宋灭；胜国晚年，虽妇人女子，亦知向往东林，究于天下事奚补也。"明代政治的弊端与占统治地位的意识形态——宋明理学也是分不开的。

另一方面，宋明理学所形成的思想传统并不是一个和谐的整体，其中包含了许多歧异以致冲突的成分，系统内部又存在着宗派之别。明末士人认识的混乱和思想的贫困，皆因为缺乏一套能够整合人们的思想、意识观念而又行之有效的价值系统。晚明时期宗派斗争激烈，门户之争频频发生，这是引发当时政治混乱的一个重要原因。按照一般的观念，晚明的党派分为两大阵营——正直派和邪恶派，东林、复社党人自然归属于正直派，而其他诸党则被视为邪恶派。这种划分有一定的道理，但也存在着许多缺陷。东林党中除了少数优秀人物和中坚分子外，其实也是良莠不齐、鱼龙混杂的。其中不乏争名夺利之徒，既缺少实际才干，又没有政治眼光，终日纠缠于琐细之事，而且私心杂念很重，在排斥异己方面不遗余力。

《白门柳》用了不少篇幅描写东林、复社"君子"营垒内部，在对待阉党余孽阮大铖的问题上，在如何参政、干政的问题上的歧见和纷争，究其实，东林、复社党人在处理这些事情时也不是无可指摘。国家、民族处于生死存亡的关头，东林、复社党人不是把主要精力放在改良政治、拯救国难上，而是放在无休止地和对立者的争执和斗争上，拘泥于君子、小人之辨。比如对待阮大铖，东林、复社党人对他穷追猛打，实则逼之太甚。按照顾彩在《桃花扇·序》中的说法，阮大铖作《石巢传奇四种》，实有认错之意，此固然乃文人文过饰非之伎俩，但东林、复社党人也操之过急，杜绝其悔改自新之路："尝怪百子山樵（阮大铖）所作传奇四种，其人率皆更名姓，不欲以真面目示人。而《春灯谜》一剧，尤致意于一错二错，至十错而未已。盖心有所歉，词辄因之。乃知此公未尝不知其生平之谬误，而欲改头易面以示悔过；然而清流诸君子，持之过急，绝之过严，使之流芳路塞，遗臭心甘。"[1] 好同恶异、党同伐异的毛病，看来在东林、复社党人身上也是存在的。

再比如对待马士英，东林党人的策略也是有失误之处的。夏完淳在《续幸存录》中曾说："马本有意为君子，实廷臣激之走险，当其出刘（宗周）入阮（大铖）之时，赋诗曰：'苏蕙才名天下绝，阳台歌舞世间无，若使同房不相

---

[1] 顾彩：《桃花扇·序》，孔尚任：《桃花扇》，北京：人民文学出版社，1959 年。

炉，也应快杀窦连波。'盖以若兰喻刘，阳台喻阮也。尚见为臣之体。"夏完淳的气节，在明末是少有的，其见识、持论有独到之处，对马士英的为人有一定的认识。由于一种根深蒂固的成见，东林党人最终不可能与马士英、阮大铖合作，而且当时业已存在的诸种矛盾又更加激化起来，这也是导致弘光小朝廷短命的原因之一。东林党因政治内讧瓦解之后，许多士大夫产生了对宗派、门户的反感情绪。一些江南学者拒绝参加清朝征服后建立的党社团体，他们认为宗派、门户纷争是明朝社会解体的内在原因。

心性空谈、党派之争，给明末社会政治、文化带来的恶劣影响是显而易见的。经历过明亡大浩劫的知识分子普遍感到，士大夫如果不懂治国之道，自然无力挽救明朝的灭亡。他们意识到，仅凭个体的道德修养，很难培养出有为的政治家，建立有为的政府。所以明朝灭亡之后，如同前人指斥魏晋清谈，认为何（晏）王（弼）之罪浮于桀纣一样，从顾炎武到颜元的许多正统儒家都十分沉痛地反对心性空谈，或骂王门，或责程朱。顾炎武说："孰知今日之清谈，有甚于前代者？昔之清谈谈老庄，今之清谈谈孔孟。未得其精而已遗其粗，未究其本而先辞其末。不习六艺之文，不考百王之典，不宗当代之务，举夫子论学论政之大端一切不问，而曰一贯，曰无言。以明心见性之空言，代修己治人之实学。股肱惰而万事荒，爪牙亡而四国乱，神州荡覆，宗社丘墟。"①

明、清之际，思想文化领域经历着空前的大震荡。宋明理学讲的是心性，是一种性命之学、"尊德性"之学，当它面对满目疮痍、危机四伏的现实困境以及封建统治阶级内部的利欲横流时，就无能为力了，传统的内圣之道归于破产。黄宗羲的《明夷待访录》便有意为传统的政治社会秩序找到一条弃旧图新的路子。早期民主思想经历大变革时代暴风骤雨式的洗礼，终于脱颖而出，一种救治社会的新方案基本形成："古者以天下为主，君为客，凡君之所毕世而经营者，为天下也。今也以君为主，天下为客……古者天下之人爱戴其君，比之如父，拟之如天，诚不为过也。今也天下之人怨恶其君，视之如寇仇，名之为独夫……岂天地之大，于兆人万姓之中，独私其一人一姓乎？"黄宗羲分析明朝灭亡的原因，为后人设计出一份理想政治的蓝图，封建末世僵化的思想体系里，终于诞生了它的早期叛逆者。"顾（炎武）、黄（宗羲）、王（夫之）的思想，不仅在当时是一种划时代的飞跃，而且它对封建制度的无情批判，在被清朝统

---

① 顾炎武：《日知录》卷七"夫子言性与天道"，西安：陕西人民出版社，1998 年。

治者摧残、禁锢了二百年之后，仍旧以鸦片战争为契机，最终破关而出，而为康有为、梁启超的变法，乃至孙中山、章太炎等人的革命提供了宝贵的精神支援。"①《白门柳》对明末清初的这一思想事变加以专题表现，其意义无疑是重大的。一种睿智的思想本身即具有历史的穿透力，具有跨越时代和民族的普遍性，以及跨越历史和记忆的深刻性。

历史处于改朝换代的关头，思想文化可能会朝着两个方向发展，一是旧的体系土崩瓦解，新的思想意识孕育萌生；但是，另一方面，也可能出现文明的野蛮化，历史进程发生倒退，这是应该避免的。顾炎武在《日知录》中说："有亡国，有亡天下。亡国与亡天下奚辨？曰：易姓改号，谓之亡国；仁义充塞，而至于率禽兽食人，人将相食，谓之亡天下。""保国者，其君其臣肉食者谋之；保天下者，匹夫之贱，与有责焉耳矣。"顾炎武所说的"亡国"，也就是改朝换代，这在中国历史上是司空见惯的事情，不足为奇；重要的是不能"亡天下"，也就是要保住文化命脉，防止文明进程发生逆转，以免出现人伦、道德秩序大混乱的局面。"亡天下"的实质是亡文化。这里的"文化"是广义的，归属于思想、精神领域，它由特定的价值观念、思维方式、风俗习惯等所构成。

明末清初是一个天翻地覆的时代，强大的摧毁力量可能带来中华文化的灾难。《白门柳》第三部《鸡鸣风雨》写到清兵南下，黄宗羲最大的担忧是中国从此将变成一个野蛮世界。在黄宗羲看来，来自关外的满族夷人，世世代代生活在荒原上，居无定所，不事耕种，只会放羊牧马，向来崇尚的是好勇斗狠，杀戮攻伐，根本不知道文明教化为何物，一旦他们做了主子，"我赤县神州，无限的田园锦绣、城市繁华岂非从此要沦为穹庐牧马的蛮荒之地；我汉家亿兆民众，岂非全都要变成茹毛饮血、不知仁义礼教为何物的畜生禽兽么！这么活着，同死掉又有什么两样？"祖宗之俗、圣人之道，这是比生命还要宝贵的东西。不是为了一家一姓、一朝一君，而是为保住华夏文明去奋起一拼，这样，小说抓住了人物思想性格中最耀眼的闪光点，超出一般的"忠君爱国"的模式，既为人物的行动找到了一个具有说服力的思想支点，同时又使作品在表现大的历史事件、著名的历史人物时，达到相当的深度。

《白门柳》以其艺术实践，揭示出历史进程的艰难曲折，反映了人的命运、思想意识与时代变化的紧密联系。历史每前进一步，总是要付出很大的代价。

---

① 刘斯奋：《〈白门柳〉的追述及其他》，《文学评论》1994 年第 6 期。

明室倾覆，满族入主中原，这对于知晓诗书礼乐之大义的仁人君子来说，是不能接受的事实。江南乃至全国各地的抗清复明事业如火如荼，黄宗羲等亲自招募、训练士兵，以驱除鞑虏，再造乾坤。然而，明朝的灭亡是无可挽回的。经历了兴亡巨变的知识分子，其思想或精神世界也发生了大的转变。黄宗羲开始了对三代以下的成规旧章的彻底怀疑。他意识到，即使清朝当真接受了中国的一套文明教化，也难长久地坐稳天下："洪亨九、冯琢庵所能教于建房者，无非是三代以下的那一套成规旧章而已。惟是那一套成规旧章全为一家一姓之私利而设，尽失三代圣人之本意，其流弊之深巨，为祸之惨烈，已是灼然可见。建房纵然能遵之行之，又岂能借此安天下，致太平？更遑论长治久安，开万世不衰之基业。只怕到头来，也照样弄得生民涂炭，四海怨腾，家亡国破，再蹈我朝之覆辙而已！"这是一种大彻大悟，一种凝重的历史反思，时代的灾难和痛苦促使知识分子觉醒，追寻现实社会弊病的历史文化原因及其疗救办法。

《白门柳》对历史的观照，主要采取思想、文化的视角，着重表现与历史进程相伴随的思想文化、精神结构的变迁，反映历史在转折时期精神思想领域里巨大的阵痛。作家把握了深藏在历史生活背后的宏大的文化构架，敏锐地从社会思想、文化心理中捕捉历史信息，从集体无意识、种族记忆中描绘历史所留下的轨迹。历史进程在作品中形象地外化为思想、文化流程。

重视思想和文化动态地、形象地展开，是《白门柳》的最大特色之一。但不等于说，小说只关心思想、文化，《白门柳》的创作视野绝不只限于此。作家善于腾挪，具备开放性的思维特征，力求在真实的限度内，以立体化的观照视角，对历史事件作出具有深度和广度的总体、全面的反映。单就思想、文化而言，它也不是孤立存在的，精神生活中出现的现象（包括思想的演变）与历史进程有着整体的联系，忽视社会生活领域里的因素，不可能准确、全面地把握思想、文化的实质。

《白门柳》切入历史的第二个维度即是社会历史的视角，小说展示了广阔的历史背景，具有丰富的社会历史内涵。作品对历史运动的本质方向和发展规律有着深刻的反映或表现。作者站在当代的高度，把握了历史生活的流向，广泛地反映了明末清初激烈的阶级矛盾、民族矛盾，以及富有生活气息的民风世情，为特定时代的情感、价值变化和思想文化转变提供依据。《白门柳》传达的社会历史信息十分丰富，作者倾向于从细部和近处洞察历史，心中又有对历史全局或总体的认识，因此，小说的笔法自由挥洒、左右逢源，显示出一种恢宏深湛的气度。

明朝的覆灭的确有着深刻的社会历史原因，其统治的黑暗由来已久。明末清初的史学家谷应泰对于万历时期政治的腐败，一针见血地指出："当是时也，瓦解土崩，民流政散，其不亡者幸耳。"积弊之深，至崇祯时已经无可救药，不待外来的进攻，内部已腐溃糜烂。明末冗员滥吏恶性膨胀，当时的官员比初期增加十余倍，大量官员充斥在官僚机构中，占据高位要职而不思为朝廷效力，官僚们结党营私，网罗爪牙亲信，毒遍社会。而另外一批士大夫则无心政事而醉心于吟风弄月，过着花天酒地、纸醉金迷的生活。除了这些昏官庸吏之外，明末还有一批拥有重权的宦官，更加剧了官僚机构的臃肿和腐败。洪武初年，宦官不满百人，至明中叶已达万余。明亡国时，仅宫内阉人就有七万，加上全国各地的共有十万。阉宦自成系统，共有十二监、四司、八局，共二十四衙门，为宦官机构服务的爪牙多如牛毛。统治集团内部利欲横流，为一己之私利置国家大事于不顾。晚明政治的衰颓与复明运动最终无法成功，实与当时统治集团的昏庸腐败密不可分。

弘光朝廷的希望全部寄托在史可法身上，然而由于统治集团内部的争斗，史可法最终无力回天。马士英因为迎立福王有功，再加上江北四镇之助，他得以入阁，代替史可法在朝廷中的位置；而史可法自请督师，出镇淮、扬。这种局面无疑改变了晚明的政局。苏州吴县一个名叫卢谓的国子监监生愤慨地说："秦桧在内，而李纲在外，大明的中兴还有什么指望。"卢谓以马士英比秦桧，史可法比李纲，可见明人对史可法所寄予的厚望。然而，史可法的才能主要不在行军打仗方面，按照明人的评论，"史可法有持重之才，将略非其长"，朝廷委任他为督师，实际上并不能很好地发挥其作用。史可法以督师大学上的身份出镇淮、扬，但四镇却不容易驾驭。在高杰初到扬州的时候，史可法被软禁在福缘庵，他的一切章奏都得经过高杰的同意。而高杰与黄得功之间，又存在着很深的矛盾，他们为了夺取扬州，随时准备火并，怎样进行调护，就费了史可法大部分的精力。督师大学士所能做的，也就是调护将士之间的矛盾。再加上当时的士大夫，在国难当头之时，仍然怀着个人的恩怨，卷入党派之间的纷争，因而复明事业终归成为泡影。

另外，明末清初的民族矛盾也十分尖锐。清统治者攻占北京后，以胜利者自居，勒令城内北城居民十日内迁出城外，把八旗军队开入城内驻扎。清军南下，对于河北近畿明朝皇室以及王公贵族的皇庄土地认为是无主荒田，归清朝王室所有，并圈占老百姓的土地，分给八旗将士。诚如顾炎武所说："当屠杀圈占之后，人民稀少，物力丧耗，不见文字礼仪之教。"① 有些破产的农民被迫投充到八旗名下"披甲为奴"，忍受野蛮和残酷的剥削。不少农民受不了清兵的虐待，私自逃跑，清朝朝廷又颁布严追逃跑者的禁令。

清朝激化民族矛盾的另外一个行动是颁布剃发令。清兵初到北京的时候，虽然颁布了剃发的命令，但害怕人心不服，不久后又宣布缓期一年执行。及至攻下江南，认为明朝已经打垮，于是严格执行剃发命令。清军所到之处，限定十日之内，尽行剃发，改换明朝衣冠，诏令说："遵依者为我国之民，迟疑者同逆命之寇，必置重罪。已定地方仍有明制，不遵本朝制度者，杀无赦。"② 这种野蛮行径激起了江南乃至全国各地官民的激烈反抗。《鸡鸣风雨》中就写了江阴一带士民的反剃发斗争。该县军民出于对"剃发令"的深恶痛绝，于是杀官起事，占据城池，清军在多次疯狂进剿后才攻陷下来。付出了惨重伤亡代价的征服者为了报复，决定屠城三日，被残忍杀害的居民数以十万计。

社会历史之维的展开，无疑为《白门柳》提供了宽广的视域。离开生活客体的变化纯精神地表现特定时期思想、文化在整体上的变化，是抓不住根本的。钱穆在《中国文化史导论》中说："中国文化，表现在中国以往全部历史过程中，除却历史，无从谈起文化。" 只有结合社会历史进程，才能真正理解思想文化变革的深层原因。《白门柳》反映社会历史生活，不满足于描写大的历史事件，展现那些由政治、经济直接制约的生活进程，也不是停留于捕获浮在生活表层的现象，而是力求进入到社会历史的深层，看到生活的腹地和全部生活的奥秘。

《白门柳》中写了不少明末江南地区的民情风俗、市井风情，如同一幅幅展开的色彩斑斓的生活画卷。秦淮河碧滢滢的、闪烁着柔腻波光的流水，以及沿河两岸那一幢挨着一幢的精致河房；河房里住着安享清福的名公巨卿，不愁衣食的高人雅士以及艳名远播的当红妓女；河房的主人经常变换，过往的公子王孙、富商豪客趋之若鹜，他们在这里会友、接客、谈生意，自然，也还要纵酒、豪赌、狎妓、看戏，想出种种方法享乐，把著名的六朝金粉地最浮艳奢华的这一角，舞弄得花团锦簇、五光十色。小说中这些散发着浓郁生活气息以及

---

① 顾炎武：《顾亭林诗文集》，北京：中华书局，1983 年。
② 谢国桢：《南明史略》，上海：上海人民出版社，1957 年。

典型时代特征的画面、场景，具有生活的质感，传达出历史生活的鲜活、流动、复杂的整体感觉和氛围。而且，更重要的是，一个时代的社会风俗、经济风俗和日常生活风俗，实际上是特定时代历史、经济、文化形态在生活中的结晶物。《白门柳》从具体的社会风情、习俗中，捕捉到了处于萌芽状态的资本主义因素，小说形象地表明，这种新的基因已经渗透到社会生活的肌体之中，成为哺育新思想的温床。

黑格尔在《美学》中说："每个人都是一个整体，本身就是一个世界，每个人都是一个完满的有生气的人，而不是某种孤立的性格特征的寓言式的抽象品。"可以说，人性、人生，这是文学创造的总体母题，《白门柳》切入历史的第三个维度即是人生的视角。把人放置在社会历史舞台上，在时间和空间的两度展开中，发现人的真正本性或本质，作品由此获得了一种浓厚的人生意蕴。

《白门柳》选择时代的一个横切面，从当时的知识分子，也就是所谓"士"的阶层来掇入，展示他们在大变革时代的惶惑、迷惘、苦痛和心灵煎熬，从一个侧面记录历史的一些足印，为知识分子的心灵历程提供某种发展线索。应该说，《白门柳》所选择的，是一个极富人文气息的思路或主题。所谓历史，归根结底是"人"的历史、"人"的实践。人的实践构成了全部的活动，没有人的介入、参与，也就无所谓历史活动的展开。因此，以历史观点看文学，就不能漠视人的心灵世界与历史发展演进之间的关系，不能忽略主体精神对历史进程的渗透、影响。历史的发展实际上包含着两个方面，即精神世界和物质世界的进步、演化，而这两者的发展又往往是不同步、不平衡的，正因为不同步、不平衡才有历史的震荡、反复。人是理性、情感的动物，黑格尔认为这两者是组成世界历史的"经纬线"，也就是说，人对现实的能动参与，理想价值的高扬，是历史中最具人性也最有光彩的部分。《白门柳》关心知识分子的精神历程，挖掘出人物灵魂的深度，凭此一点，小说已经将历史反思推进到了一个新的高度。

"人之为人的特性就在于他的本性的丰富性、微妙性、多样性和多面性"。①《白门柳》写了形形色色的人物，帝王将相、才子佳人、乞丐流民，三教九流，齐聚一堂，有名有姓的人物就有一百人以上。这么多的人物，其身份、经历、思想性格、社会地位等有着很大的差异，作者在处理的时候，当然是有所侧重

---

① ［德］恩斯特·卡西尔著，甘阳译：《人论》，上海：上海译文出版社，1985 年。

的，但不管作者侧重于哪一种类型的人物，他都给了笔下的人物以相当的尊重和"自主"的权利。作者不是事先设定一个褒贬评判的标准，对人物进行定性。他给了他的人物以选择的余地，宽容地默认种种生活方式、个人选择的存在。钱谦益可以说是一个典型，他所走的道路也许有不光彩的地方，但从人性本身以及人对外部环境的依赖来看，又是可以理解的。黄宗羲是书中的一个理想人物，但其性格也并非完美无缺，其思想的成熟也需要一个过程。他不时流露出的盲目乐观情绪，正说明他对现实的估计或思考仍然有欠理智的地方。再比如陈贞慧，曾是复社的中坚人物，才智过人，见识高远，然而面对兴亡巨变，陈贞慧看透人间的污秽浊乱，归隐田园，奉亲课子。对于这些人物，作者没有要求他们必须站在某一个位置上来接受统一的生活方式、行动选择，这就是一种对历史人物的尊重，对人的尊重。

《白门柳》将人物放置在历史的转折关头，让他们经受义与利、生与死、情与欲的多重考验，作品关注人的命运、情感和生命价值，使历史具有了深厚的人本意蕴。完整的人应该是社会历史环境、思想文化环境交叉的产物，具备人性人情。文学反映生活，无论是从社会历史角度切入，或者是从思想文化角度切入，最后都必须归于人的本体。

《白门柳》用自己的语言、叙述方式讲述着"人"的故事。首先是对生存意义的探询。明朝的统治已经腐朽到无可挽救的地步，文武将士很多都怀着个人的私心杂念，置国家大事于不顾。然而，就是在这种黑暗、残破的局势中，仍然不乏为复明抗清事业效力奔走的志士仁人。其实一切都成了定局，所有的努力都归于徒劳。小说通过对史可法、黄宗羲、沈士柱等人的反抗、斗争，昭示了一种生命哲学：个人的力量是有限的，与运行于冥冥之中的"天道"相比，人其实是那样的卑微；但是，人为了一种信念而付出惨重的代价，生命在对抗中获得力度，由此升华出一种崇高感，获得生存意义的证明。《鸡鸣风雨》中黄宗羲对孙嘉绩所说的一段话，可以看作是黄宗羲为实现生命意义的誓词："时至今日，拯天下，安社稷，复三代圣人之德意，令苍生各得其私，各得其利，千秋拥戴，万邦咸与者，舍我仁人君子之外，已无他人！纵然时不我与，天不佑人，但也惟有奋起一搏，哪怕肝脑涂地，粉身碎骨，也要使天地间留此一股浩气，一身肝胆！"这使我们想起中国古代神话中的夸父逐日的故事，也使我们想起古希腊神话中盗火的普罗米修斯。它既有理想的力量，也有殉道者受难的悲壮。对理想境界的追求和献身精神，是人类能够生存、发展的内驱力之一，文学表现这种"上下求索"的意志，具有一种美学上的崇高感，能够引起我们极大的心灵震撼。

《白门柳》通过对明末清初那一代知识分子的历史命运的描写，开掘出一种深刻的人生的意念或底蕴。小说搭建起宏大的历史、人生构架，从历史的角度看人生，从人生的角度观照历史，历史事件、历史变革都纳入人生的轨道。作者表现历史、人生并不限于个人的经历、情感、思想，而且要写出人生感、命运感，从总体上揭示出人生况味。《白门柳》所传达出的人生意蕴，不是单纯的某个人的命运悲惨、令人同情；也不是某种情感体验大起大落，使人感受到心理冲击的强度；作品不满足于表层的人生现象的描写，而是要通过对人生现象的书写，升华出一种人生的哲理，让人们感受到生命的真谛。所谓英雄豪气、儿女柔情、乱离之苦、取义成仁等等，这些全都是人生的内容，全都来自人生。将这一切都确定为生命的本性，人的力量和局限，人的崇高和卑微才能表现得如此淋漓尽致。人的生、死、情、爱，人性的各个侧面，人类最隐秘的精神世界和心理层面都得到了充分的表现。

《白门柳》中的主要人物黄宗羲、冒襄等，他们都经历了大的起伏、大的磨难，然而却保留着各自的人生态度和生命意志，小说给人以深刻的人生省悟。黄宗羲他们所追求的，归根结底是人在特定历史、文化背景中的生存信念。人只有实践了一种信念之后，才能焕发出生命意志，升腾起不息的生命内力。同黄宗羲相比，冒襄似乎一直都是在默默地屈从于命运，饱尝时世艰难之苦，经历了一番颠沛流离之后，锐气全消。他原想着把家人平安带回如皋，从此隐居乡下，打发余生。然而当身负秘密使命的义军中人重新找到他，他的心思一度有了改变，他决心为王事而死，而不愿意再过那种没完没了的虫豸蝼蚁一般的卑贱生涯。小说结尾这样写，无疑为冒襄的形象增添了不少亮色。从作品的整体构思来看，小说已经跳出了对其具体命运经历和沧桑心情的思考和感悟，抽象出了一种人生价值观念和态度。个体生命面对社会时局无可奈何，然而在他的无意识深层、内里，仍然有一种生命意识在跃动。

人生、命运，这是一个宏大的命题，《白门柳》展示出了一幅人物生命历程的长卷，激发起人们对生命奥秘的感悟。作者舍弃了历史事件的惊险、曲折的过程，有意将刀光剑影、血雨腥风的攻伐杀戮推到背景上，将历史生活化，侧重表现人物的命运、情感和心态，围绕历史发展过程中出现的各种复杂的社会活动、思想文化现象，来思考和探询人生问题，具有人生的哲理感，传达出了一种人生的希望和力量。

必须看到，人生的视角与思想文化、社会历史的视角是不可分割的。视角的立体化，不是几种角度的简单相加，它们实际上是一个整体，如同混沌的历史不可分割一样。它们混合在一起，相互交叉渗透，组成一个和谐的、有机的整体，涵盖了生活的各个层面，辐射出巨大的思想能量。而这，正体现了现实主义原则对创作的要求。如斯登所说："多向度描述的最终目的，在于使小说的每一页和每一段情节都向我们展示确定而丰富的现实，增加我们对现实的感受。"① 现实主义是一种寻求表述某一整体社会或生活形式的写作模式。《白门柳》借助多维度、立体化的观照视角，唤起我们对社会历史、思想文化和人生的整体关注，显示了现实主义创作方法、叙事策略的优势。

3. 综合与提升中完成的叙事突破

文学史的发展往往会出现这样一种现象，已有的题材与创作方法发展到一定的阶段，会出现突破性的作品问世。作家综合既有的题材与形式，进行提升与深化，达到一种新的艺术高度。《白门柳》就属于这种情况。

从题材的角度来看，当代文学史上以知识分子作为主人公的历史小说，为数尚不少。20世纪60年代初期，就有《陶渊明写〈挽歌〉》、《广陵散》（陈翔鹤）、《杜子美还家》（黄秋耘）、《草堂春秋》（姚雪垠）等作品。这几篇小说以古代的大文学家作为表现对象，在当时的历史小说领域，具有题材的开拓性。在强调写工农兵题材的年代里，作家敢于将历史上的知识分子搬到文学作品中，透过古代的生活引申出可资借鉴的某种东西，曲折地表达对现实的针砭，这无疑是需要创作勇气的。这几篇小说发表后不久，随着"左"倾思潮的加剧，不少作品被扣上"影射现实""反党"的帽子，被打成了"毒草"，受到不应有的批判。极"左"思潮的严重干扰，作家的创作受到了巨大限制。文学处于这样的生存环境中，对历史上知识分子的表现也就很难深入。

20世纪70年代末以来，沉寂多年的历史小说领域出现了创作的大繁荣。单以知识分子题材为例，就出现了数量相当的作品。这其中以塑造古代文学家形象的作品尤其引人注目：《曹雪芹》（端木蕻良），《风雨草堂》《醉卧长安》（马昭），《李清照》（郁雯），《李贺的梦》（师陀），《李白外传》（田一文），《天涯沦落人》（杨书案），《离离原上草》（行人），《磨难曲》（大风），《京华

---

① J. P. Stern, *On realism*, New York：Routledge and Kegan Paul, 1973.

梦》（宋词），《壮岁旌旗》（彭明道），《佛骨疏》（徐启新），《归去来兮》（宋歌），《司马迁下狱》（刘征泰）等作品，展现了曹雪芹、杜甫、李白、李清照、李贺、白居易等著名文学家的风采。另外，一批古代杰出科学家也走进了文学的画廊，如数学家、天文学家祖冲之（之扬的《天上人间》），哲学家范缜（侯民治的《范缜》），地理学家徐霞客（晏国琉的《徐霞客游黑山》），医学家华佗（《华佗恨》），等等，丰富了古代文人学者的形象世界。

在众多反映文人学者生活、命运的作品中，《白门柳》的成就是显著的。一般的历史小说表现文人学者的生活，多侧重于描写他们的坎坷经历和痛苦命运，意在揭示封建制度的罪恶。比如陈翔鹤写《广陵散》，如作者在"附记"中所说的，"是想通过嵇康、吕安的无辜被杀，来反映一下在魏晋易代之际，由于封建统治阶级争夺王位和政权，一些具有反抗性、正义感的艺术家们，曾经遇见过怎样的一种遭遇"。中国封建社会长达两千多年，它对人构成的压迫和奴役令人触目惊心。作为历史小说，自然应该深入到它的内部肌体之中，揭发其罪恶。但是，也应该看到，对封建社会的认识，可以从不同的角度来切入。历史生活的复杂性在于，它是一个完整的总体结构。客观的社会历史变动与主观的精神生活，沉滞、落后的生活方式与鲜活、跃动的人生渴求，风云变幻的政治场面与积淀在民族记忆中的文化心理等，都应该成为文学关注的对象。与同类题材的作品相比，《白门柳》描写文人的命运，具有一种波澜壮阔的广度。小说打破传统单一的叙述视角，从不同的角度、不同的侧面来审视历史，观照人生，开掘出沉雄浑厚的意蕴。

刘斯奋不拘囿于现行的小说美学，而是追求自己的艺术个性。在长达十六年的创作过程中，作家勇于探索，大胆实践，其艺术触角伸向了前人所未曾涉及过的领域，形成了自己对小说表现艺术体系的独到的理解和实践。这突出地表现在作家主体意识的高扬和审美意识的自觉等方面。

小说艺术毕竟是一种个人的主观创造。作家通过心灵运思，实现"我与世界联系在一起，我用我全部心理和生理的动作，用我的整个存在去对形象的综合与运动作出反应"①。《白门柳》不是被动地、机械地反映历史，作者突破狭隘的、简单的社会政治功利论，高扬主体意识，把自己的情感、生命体验和理性思考融进小说之中，使历史感与当代性、思想性与艺术性实现完美的结合。

---

① [苏] 阿·托尔斯泰著，程代熙译：《论文学》，北京：人民文学出版社，1980 年。

在这里，作家的思维意识、观念，占据着很重要的位置，只有深入到作家深层的思维方式和心理个性特征，才能真正把握作品的艺术风貌。与一般的作家相比，刘斯奋的创作思维具有一种整体的宏阔性、开放性和发散性，同时又兼有周密、审慎的思维品质，极富创造性。这使得作家能够站在高处和远处鸟瞰全局，洞察历史发展的本质规律，表现历史进程中内在矛盾运动的各个侧面；另一方面，历史生活的纤细纹理，社会图景中的世态人情、众生百相，总之，对象复杂的多维网络关系，刘斯奋都能洞察入微。作家敞开恢宏的艺术视域，构成全局，给人一种设身处地的鲜活感觉。

与这种创作思维相对应，刘斯奋始终以审美作为自己创作活动追求的目标，自觉地按照艺术的审美功能和自身规律进行创作，全方位地广泛摄取，大幅度地拓展艺术表现的空间。《白门柳》有意识地调整或转移文本的叙事重点、焦点，从平凡的社会生活诸形态中，发现具有美学价值的那种"不平凡"，"道人人眼中所有，写人人笔下所无"，并使之有机地糅合在艺术的总体描写之中。小说不追求新、奇、怪，而是按照生活的固有样式去描写生活，所谓"信手拈来无不是"。小说的这种叙事取向，具有实质性的审美功能，它使作品涵容了巨大的历史生活内容，表现为沉雄、厚重的艺术风度和质朴、自然的美学风格。而且，这种审美追求，可以最大限度地发挥作家的艺术才华，调动作家全部的知识经验和生活积累，编织成精致的生活的网、细节的网，将世俗生活画面、社会人生图景推到历史的前台，对现实生活的各种关系，作出更深广的把握。

按照法国年鉴—新史学派的观点，最终决定历史发展的力量在于变化缓慢但在长时段起作用的事物，如社会的经济体系、社会习惯、文化心态、生活方式，等等。相对于这些事物来说，短时段的人物活动、政权更迭等历史事件，只能算是海浪表层上的泡沫，是昙花一现、转瞬即逝的东西，对总的历史进程并无实际的影响力。[①] 《白门柳》将叙事的重心、焦点放在平淡无奇的日常生活、社会风尚和文化心态等上面，用生活画面、人物心灵活动的轨迹来印证历史的辩证法，在更高的艺术层次上再现了整体的、真实的历史。

（原载于黄树森主编：《文人心灵的历史回声——〈白门柳〉论》，广州：广东人民出版社，2000年）

---

① 高毅：《法兰西风格：大革命的政治文化》，杭州：浙江人民出版社，1991年。

# 《白门柳》叙述语言论

文学是语言的艺术。创作的过程也就是使用语言进行艺术创造的过程，语言是构成文本的物质基础。离开了语言，文学的审美世界也就无从实现。正因为此，高尔基在《和青年作家谈话》中指出："文学的第一个要素是语言。语言是文学的主要工具，它与各种事实、生活现象结合在一起，构成了文学的材料。"

但是，长期以来，在我们的观念中，语言仅仅是工具、手段，语言仅仅作为思想、情感的载体而存在，自身没有多大的价值和意义。这一严重的偏颇不能不限制我们对语言的理解和运用。

对叙述语言进行美学阐释，也就是注意到文学文本固有的语言特性，发掘语言自身的本体价值，确认其审美意义，真正做到像高尔基所说的把文学作为"借语言文字来做雕塑描写的艺术"来认识。

基于此，本文以《白门柳》为例，重点探讨叙述语言的美学功能，分析其独特的语言方式与小说的审美世界之间的关联。"实用功能认为语言作为'手段'，只有对某种目的起作用时才有价值，而美学功能是从语言本身所固有的价值角度来理解的。"① 换句话说，文学语言本身即富有美的质素，"美"是具有语言性的，语言创造了美，美不能脱离语言而存在。

## 一、杂语现象：复合型审美结晶体

### 1. 开放性文本对语言的涵容力

历史叙事以其客观精谨、准确严密著称，中国悠久的史学叙事传统在这方面树立了自己的典范。"秉笔直书""春秋笔法"就是对这一典范的简洁概括。但是，对历史的客观叙述，并不排除史家在语言形式方面自觉的美学追求，这

---

① ［日］池上嘉彦著，张晓云译：《符号学入门》，北京：国际文化出版公司，1985 年。

两者是相辅相成的。章学诚在《文史通义·史德》中说："夫史所载者事也，事必藉文而传；故良史莫不工文，而不知文而患于为事役也。盖事不能无得失是非，一有得失是非，则出入予夺相奋摩矣；奋摩不已，而气积焉。事不能无盛衰消息，一有盛衰消息，则往复凭吊生流连矣；流连不已，而情深焉。凡文不足以动人，所以动人者，气也；凡文不足以入人，所以入人者，情也。气积而文昌，情深而文挚；气昌而情挚，天下之至文也。"章学诚将"事""文""气""情"四者紧密地联系在一起，看到了历史叙事背后的语言形式创造以及史家的道德情感介入，这的确是有见识的。而后他又说："史之赖于文也，犹衣之需乎采，食之需乎味也。"这就将历史叙事中的语言形式问题提到了很重要的位置。

虽然章学诚谈论的是历史著述的写作问题，但对历史小说的创作来说也是如此。没有完美的语言形式，文学作品很难成为"天下之至文"。《三国演义》"文不甚深，言不甚俗"，将高文典册叙述的历史事件普及到民间，千百年来赢得了无数为之倾倒的读者；另一方面，这种语言形式又为其驾驭庞大的历史事件提供了广阔的用武之地。《三国演义》半文半白的语言，具有独特的审美意趣。

其实，历史小说的叙述语言与作品所要表现的各种历史事实、古代的生活现象是有紧密联系的。它既要求自身具有独特的审美意趣，又要契合作品的题材特点和叙事内容。《三国演义》用一种半文半白的语言进行叙事，承袭了宋平话的面貌。明清以来的讲史小说、历史演义也都是以这种语言方式叙事的。因为是历史小说，取材于历史，所以用文言多一些。

显然，现代历史小说已经不可能照搬明清以来讲史小说、历史演义的语言形式，它需要新的艺术创造。从语体来看，《白门柳》借鉴了古代历史小说半文半白的写法，但又进行了极大的改造，这表现在叙述者用的是纯正的现代白话文，人物对话杂以浅显的文言文，偶尔使用方言俚语。在历史小说中，文言文与现代白话文、方言俚语的掺杂使用，我们称之为"杂语现象"。《白门柳》的这种语言特点，与作品本身的开放性有关。小说文本容纳了不同的语体形态，发挥不同语体在传达不同文化意味方面各自的优势，使语言具有的复杂多层性也相应地得到展示。这不仅显示了作家驾驭语言的能力，以及语言自身的魅力，同时也昭示了小说文本蕴涵着开放的精神性意义。

这种语言方式的最早实践并非始自《白门柳》，但它无疑有着自己的理论依据和现实生命力。茅盾的长文《关于历史和历史剧》对历史文学的语体形式曾有过专门论述，他在文中提出了历史文学的语言应避免"古人穿今人衣服"的观点。虽然茅盾并不主张让古人满口之乎者也，但他强调一些现代语（尽管它们富有生命力）不宜出于古人之口，因为这些现代语所包含的思想意识非古人所有。陈白尘在《历史与现实》中更进一步提出："历史语言＝现代语言，'减'现代术语、名词，'加'农民语言的质朴、简洁，加某一特定历史时代的术语、词汇。"郭沫若的《历史·史剧·现实》则认为："史剧用语……根干是现代语……在现代人能懂的范围内，应该要渗进一些古语或文言，这也和写现代剧要在能懂的范围内使用一些俗语或地方语一样。不同的只是前者在表示时代性，后者在表示社会性或地方性。"

前辈作家的论述无疑给我们以深刻的启发，他们在理论上提出的历史文学的语言问题，仍然是今天的小说家无法回避的：历史文学究竟应该以何种方式进行语言叙述？怎样才能使历史文学作品完成现代与古代之间的"对话"？关于此，不同的作家可能会有不同的语言方式的选择。比如，杨书案认为，"一部历史小说，它塑造的历史人物及其环境，其气质、精魂，必须是历史的；但其包装（艺术形式）又必须适合当代人的美学趣味"。基于这样的认识，杨书案的历史小说"从长篇小说《孔子》起，多了些表现（阐释），注重它的认识功能。现实主义更加开放，不但运用现代小说的叙述方式，吸取各种有表现力的现代艺术手法，叙述语言也更接近现代语言"①。诚然，杨书案的语言实践不失为一种有意义的选择。的确，历史小说毕竟是写给现代人看的，"写历史小说并非为了历史，而是为了当代，为了今天"。如杨书案所说，历史小说"要避免因袭明清以来讲史小说、历史演义的程式化的语言，更不能把那些陈腐的旧小说语言当作历史标签，贴入当代历史小说，反把当代生动活泼的语言，当作历史小说的禁忌，加以规避"。但是，值得注意的是，完全排斥文言文，或者把文言文仅仅作为语言标签也是不足取的。

五四运动之后，文言文的时代已经一去不复返了。但是，作为一种文化现象的文言文却沉淀在民族的记忆深处，它与特定时代人们的物质、精神生产、生活等有着紧密的联系。从某种意义上说，一种语言也就代表着一种特定的生活方式。作家梁斌在《漫谈〈红旗谱〉的创作》中说得好："不同的时代，有

---

① 杨书案：《历史小说创作回顾》，《文学评论》1994 年第 2 期。

不同的社会生活，因此有与之相适应的语言特点，只有深刻了解时代的社会生活，才能掌握这个时代的语言特点。"历史生活是发生在过去的事实，文学语言具有时代性特点，它也必定会打上历史的印记。因此，在历史小说中，适当地使用文言文是完全可以的。《白门柳》反映的是明末清初这一段时期广阔的社会生活，与这一时代的社会生活相适应，小说的语言也必须有特定的历史内涵。这突出地表现在词汇的选择、历史文献的运用以及人物对话上。

首先，古代的一些专有名词、特定称谓，如《白门柳》中的官职名"东阁大学士""兵部尚书""都察院左都御史""礼部尚书""吏部左侍郎"等，在白话文中就找不到对等的名词，为了忠于历史，就不能将它们现代化，否则就会显得不伦不类。

其次，文言文中的一些词汇、句式富有精当的表现力，简洁凝练而又能使文气酣畅淋漓。试看《白门柳》第三部《鸡鸣风雨》中黄宗羲对其弟黄宗会说的一段话："鞑子的援兵眼下齐集富阳。我们这是绕出其侧，避其锋芒，攻其不意。赶明儿一旦拿下海宁，便北上嘉兴，直趋太湖。此数地俱为鞑子力所不逮之处。倘使顺利，便可联络当地义师，闹他个天翻地覆，令洪承畴、张存仁顾此失彼，博洛如芒在背。到那时，孙、张二公再乘机挥师西进。那么，便不止浙东之危可解，就连杭州——哼，说不定也能一举收复呢！"黄宗羲所说的这段话，没有现代汉语芜杂、冗长的弊病，作者用精炼的文字，写出了时处逆境的黄宗羲对战局的通盘考虑，尽管其中有黄宗羲个人想象的成分在内，但从语言表达来说，无疑是极为俭省的，有力地表现了黄宗羲的胆魄和自信。

类似的例子举不胜举，下面是《鸡鸣风雨》中黄宗羲在同一处对其弟黄宗会所说的话，更是动人心魄，荡气回肠："是的，要立一榜样！皆因国家丧亡至此，天下丧亡至此，全由士大夫因循故习，不思变革进取之故，要拯救之，振拔之，就须得打胜这一遭生死存亡之役，成大功，立大名，然后因势利导，雷厉风行，革故鼎新。只要为兄一息尚存，定要坚行到底，绝无……"像这样的语言，就充分发挥了文言文的表达优势。语句铿锵有力，掷地有声，一个顶天立地的千古大儒形象跃然纸上。

白话文与文言文在构词方法上存在的差异，使得它们在表述上各有特点：前者大多数是复合词，联合式词组、偏正式词组、动宾式词组，等等；而文言文基本上都是单音词，单字、单词占绝大多数。这样一来，在表述同一事件时，前者在用字量上就大大超过了后者。恰当地运用文言词汇、句式，就能够达到语言精练、句式简洁的效果，显得文气跌宕，节奏感强。正因为这个缘故，许多作家、学者从文学价值的角度，对文言文作过肯定性的评价。著名语言学家周祖谟曾指出："我们应该认识到现代汉语就是古代汉语的继续，文言既是古代的书面语言，它的语法基本上与现代语相同，我们就不能说文言是已经死去的语言。文言中所表现的语法结构与现代语语法结构的一致性，正表现出古今语言是一个，现代语就是继承古代语发展来的。"① 作家舒芜也说："文言文和白话文只是不同的两种书面语，并无好坏之分，古文之为古文则是从内容到形式的一个完整的系统，今人文章里吸收文言文成分，并不等于复古。"② 对于历史小说作家来说，向古代汉语汲取精华显得尤其必要。

再次，历史小说因其对史实有一定的依赖性，为了昭示历史的本来面目，有选择性地接纳一些文言文乃至历史文献资料，可以达到模拟真实的效果。《白门柳》中就出现了数量相当的朝廷奏对、书信往来以及诗词歌赋等。当然，如果纯粹从阅读的角度考虑，这些文言文也可以翻译成现代语。但是，如果全部这样处理，难免出现弊端，那就是将古人现代化，将历史内容和现代生活直接挂钩，从而造成艺术失真。

比如朝廷奏对，用文言文显得极其庄重、严肃，有助于表现封建社会的礼教森严，还原出特定的历史氛围，同时也能够凸显人物的性格。《白门柳》第二部《秋露危城》中群臣参奏阮大铖一节，陈子龙的奏词是："据微臣所知，朱统𨰥诬诋姜曰广，其疏实出于阮大铖之手。大铖蒙圣上垂悯，得复冠带之后，仍不自足，更四出煽惑，必欲谋翻先帝钦定之逆案。他以曰广持正不阿，峻阻之，遂抱恨于心，出此奸邪手段。统𨰥年幼无知，误为所用。愿陛下恕统𨰥而斥大铖，以息廷竞，安人心！"陈子龙的这段话，绕开皇族中人朱统𨰥而端出阮大铖，既抓住了问题的实质，又保全了皇帝的骨肉情面，为人臣者小心谨慎，处处为皇帝谋划可见一斑。到了钱谦益，则又是一番言辞："启奏陛下，陈子龙所言，恐怕得自误传，微臣丁此事实一无所知！"钱谦益生性胆怯、狡猾，故而在此处装聋作哑，明哲保身。至于刘宗周，则是措辞激烈："启奏陛下：谓大铖心术不端，非臣妄测之辞！""其阿附逆党，便是显证。况且，大铖当年因争入吏垣而不得，竟迁怒于给事中魏大中，后更借魏逆忠贤之手，陷大中于诏狱，

① 周祖谟：《从"文学语言"的概念论汉语的雅言、文言、古文等问题》，《北京大学学报》1956 年第 1 期。

② 舒芜：《论周作人的是非功过》，北京：人民文学出版社，1993 年。

摧残至死。蛇蝎为心，莫此为甚！是故大铖之用黜，所关风纪甚大。臣忝居纠察之职，实不能付之默默。伏乞陛下圣衷明鉴！"刘宗周一片孤忠，再加上年高德彰，其言辞不免充满愤激。上述人物的朝廷奏对，既可以从中窥见封建社会的朝廷礼仪，又刻画了人物性格，这都是运用现代汉语所不及的。

另外，《白门柳》中还有一些书信往来也直接运用了文言文。如《秋露危城》中清摄政王多尔衮致史可法的文书，作者大段采用，都可以看作是特定历史的见证。清国与南明王朝不仅在战场上兵戎相见，就连书信往来也充满了火药味。小说写道，在书信的开头，多尔衮还摆出一副仗义兼爱的面孔，甜言蜜语地表示要帮助明朝讨"逆"报仇："闯贼李自成称兵犯阙，荼毒君亲，中国臣民不闻加遗一矢，平西王吴三桂界在东陲，独效包胥之哭。朝廷感其忠义，念累世之凤好，弃近日之小嫌，爰整貔貅，驱除枭獍。"信写到后面，终于露出了凶暴的本相，要求江南朝廷不得"拥号称尊"，否则将被视为敌对行动，威胁要"转旆东征"，甚至扬言将联合农民军一起打过江南来。历史就是这么复杂，虚虚实实，软硬兼施，被称为蛮夷之地的人原来也会施展攻心策略，充满狡黠的机智。

最后，必须看到，历史小说中灵活地运用文言文，都只是一种叙述策略的需要。语言固有的人文特性，使得它成了特定时代民族生存方式的某种见证。同一民族的语言，在社会历史的不同发展阶段，会显示出不同的时代性特征。作为历史小说，当然不可能把本民族语言的时代特征全部显示出来，历史小说的目的也不在于此。历史小说中文言文的采用，意在表达特定历史时期人们的生存境遇，敞开古人的精神与心理世界。《白门柳》的主人公是名士与名妓，因此，小说中有对人物写诗作赋以及酬唱应答的场面的描写，这不能视为纯粹的附庸风雅。因为诗词歌赋本身就是古代文人生活的一部分，它甚至与人物的灵魂、心灵融为一体了。《白门柳》第一部《夕阳芳草》第一章就有钱谦益写给柳如是的《献岁书怀二首》。小说这样处理，既展示了钱谦益不羁的才华，对柳如是的心仪、怜爱，同时也是把日常生活雅趣化，避免使儿女私情描写陷入烂俗境地。

总之，历史小说的语体形式具有与一般文学作品不同的特点，它要求调动作家的全部语言储备，穿行于古代与现代之间，进行创造性的合成。上面我们着重分析了历史小说中的文言文现象，这种语体形式与作品所要表现的历史内容是协调的，它贯串着"求真"的原则，还原出真实的人物和情节、时间和空间、环境和地点，乃至本民族的文化生存方式，给读者一种可以信赖的真实感。但是，这绝不是说现代历史小说就应该都用文言文来进行叙述，历史小说中的文言文毕竟只是一种局部语言现象，其叙述语言的根干应该是现代汉语，关于此，我们不准备多作论述。事实上，《白门柳》的叙述话语就是纯正的白话文，文言文仅限于在人物对话中或个别特殊的地方使用，这是符合历史小说的创作规律的。

历史小说创作在语言把握上有相当的难度，一方面要考虑语言的"历史"特征、时代特征，避免将富有现代意味、现代意识或思想、价值观念的语言强加给古人，使他们戴上现代的脸谱；另一方面，从读者接受的角度考虑，为了便于读者阅读、理解，又必须将历史生活转化为现代读者容易接受的审美对象，正如黑格尔所说的，历史文学作品"之所以创作出来，不是为着一些渊博的学者，而是为一般听众，他们须不用走寻求广博知识的弯路，就可以直接了解它，欣赏它"，这样，"用不着凭广博的知识就可以懂得清清楚楚，就可以使我们感到它亲近"，如果把包括语言在内的外在方面写得"稀奇古怪不可理解"，不管它何等符合历史实况，也是令人不屑一顾的。① 因此，对历史小说家来说，"历史"与"现代"之间同时也存在着语言的障碍。纯粹用文言文是不行的，它只会将障碍加大。如何面对这种两难境地，调和文言与白话、"历史"与"现代"之间的矛盾呢？这就有一个"度"的问题，即小说家必须把握好分寸。这一点，《白门柳》是处理得比较好的：叙述话语明白、晓畅，是纯正的白话文；人物对话用了一定的文言文，但作者尽量将文言文浅显化，做到了如《三国演义》那样的"文不甚深、言不甚俗"，从而使小说能够雅俗共赏。即使是一些历史文献资料，作者都作了巧妙的艺术处理，比如《鸡鸣风雨》写到钱谦益在前明国史馆翻阅史料，无意中发现了一份《扬州十日记》抄本，小说引用其中的文字较长，但每引用一段，作者都加入了阐释性叙述，并结合钱谦益的情绪、心态，这样，读者阅读起来丝毫不觉得生硬。再比如小说中人物的书信往来，作者多用叙述者转述的方法，而不是全文照搬。《夕阳芳草》第一章，钱谦益的妻舅陈在竹从京师带回一封很重要的信，书信的正文再加上三封副启，是极其冗长烦琐的，但作者都是略述其大意，只引用了信的最后几句，既无损于情节发展的需要，同时又达到了黑格尔说的"用不着凭广博的知识就可以懂得清

---

① ［德］黑格尔著，朱光潜译：《美学》第 1 卷，北京：商务印书馆，1982 年。

清楚楚"的艺术效果。

　　作为一种独特的艺术形态，历史小说的语言倾注了作家极大的艺术匠心，既要不违背"历史化"的原则，又必须注重其审美功能。但是，这种制约也还是为作家的艺术创造留下了较为广阔的空间，而不是如人们想象的那样凝固、板滞。《白门柳》的人物对话中甚至有一些方言俚语，带有浓郁的市井民间气息，这也显示了小说文本的开放性特性，将不同的语言因素涵容在同一部作品中，形成一个有机的整体。从塑造人物的角度来看，为了显示人物的气质，展示地方特色，《白门柳》适当地接纳了一些方言俚语，以及不同阶层人物所操的土语行话。江南女子的柔媚清秀配上温香的吴侬软语，勾栏瓦肆的鸨母、闲汉，吐出或圆滑世故或恶俗的市井语言，摇曳多姿，另有一种趣味。

　　索绪尔说过："言语活动是多方面的、性质复杂的，同时跨着物理、生理和心理几个领域，它还属于个人的领域和社会的领域。我们没法把它归入任何一个人文事实的范畴。"[①] 文学创作中的语言现象从一个方面深刻地体现了这种复杂性。尤其是历史小说，必须处理好传统与现代、认识与审美等各种微妙的关系。在这一方面，当代理论界还缺乏足够的认识，对历史小说语言的研究远不够深入。《白门柳》等历史小说的出现，无疑为我们解析历史小说的语言形态，形成比较系统的、富有深度的语言美学理论，提供了极有价值的文本。

　　2. **语言杂多的美学—文化意义**

　　《白门柳》的语体特征，比较典型地反映了历史小说在语言方面的要求，其语言杂多的表现形式，与客观历史生活以及现代美学的趣味取得了和谐一致。因此，我们有必要指出其美学和文化意义。

　　先说美学意义。所谓"美学意义"，首先离不开语言本身的价值及其对叙事内容的表现功能。《白门柳》的叙事内容带有百科全书的性质，帝王将相、名士名妓、平民百姓，构成了清明上河图式的人物长卷。这一人物长卷铺开来，生活场景丰富多彩，艺术时空不断变换。封建朝廷内部的争权夺利，党派之间相互倾轧；战乱频生，烽烟四起，人物旦夕祸福；亡国的惨痛，同时也是一场灵魂的考验，何去何从，迫使人物作出无可逃避的选择；历史悲剧与儿女柔情，生与死，血与火，情与欲，交织成复杂的网络。在这样大的艺术构架中，作者富有才情的文笔游刃有余。历史内容的多样性，决定了语言表现的多样性。与

---

　　① ［瑞士］索绪尔著，高名凯译：《普通语言学教程》，北京：商务印书馆，1980 年。

其他叙事作品比较，历史小说的使命显得更复杂，它不仅要客观地再现历史，同时要真实地摹写人生。从历史的"真"到人生的"真"，既要表述事件的发展过程，又要刻画特定历史时空背景中的人物，描述种种具体可感、形象生动的生活图景（包括人物的心灵世界）。内容方面的这一特点，决定了历史小说的基本功能就是用多样化的语言描摹真实的历史人生。从语体的混杂来看，《白门柳》的语言是综合的，熔种种语体形式于一炉；同时又是统一的，统一于描摹历史、人生的基本功能。

《白门柳》充分发挥了汉语的语体优势，调动一切语言手段达到描摹的绘声绘色、穷形尽态、惟妙惟肖。这样，语言本身的价值也得以凸显，成为富有审美意味的语言形象，这种语言形象是构成小说作品艺术性的一个重要方面。如果把小说文本比喻成一座宏大的艺术殿堂，那么语言形象则是这一艺术殿堂的最直接外观。而语言中的文字组合、词汇选择、句子和段落安排，以及字形、音色、声调、词义、句法等都是构建小说艺术殿堂的基本材料。

语言的多种因素、多种属性、多种功能在《白门柳》中达到了有机的统一，构成了完整的艺术整体。这种不同语体的组合在美学方面的第二个意义是形成了一种语言的"张力效应"，张力效应的取得来自不同语体释放出的审美潜能相互激荡，它表现为传统与现代、陌生与熟悉、雅与俗之间的对立统一。

所谓传统/现代，指的是语言的时代属性及其所形成的不同审美品格在小说作品中的反映。总的来说，现代汉语与古代汉语在表现和描写对象方面各有自己的特点。现代汉语是从古代汉语发展而来的，从形式上看，现代汉语具有语法结构严密的特点，长于表达缜密、复杂的含义。虽然它也有一些句子省略、词序倒置等语法现象，但比较严谨，能够看出句子之间的明确性关系。现代汉语广泛运用虚词，句子之间的起承转合，有更多的变化。试看《秋露危城》中这段话：

不过，尽管如此，马士英也已经被眼前发生的事情弄蒙了。黄澍区区一个七品巡按，竟敢来朝堂之上大放厥词，穷凶极恶地攻击诽谤自己，这已经是十分奇怪。不过，也还可以理解为他仗着背后有左良玉撑腰，不敢为难于他，才装出这副不怕死的模样。那么，弘光皇帝的表现，却是无论如何也解释不通。他不是明明靠了自己的力量，才当上了皇帝的吗？怎么竟然容忍黄澍来攻击自己？怎么不立即严加斥责，反而称为言之有理，还让高弘图记下来？莫非他真的打算采纳黄澍的主意，将自己斩首？莫非由于自己功高权重，使皇帝产生了猜忌和疑惧，所以暗中串通高弘图，安排下今日这幕，故意让黄澍发难，来造成诛杀自己的口实？事实上，这并不是不可能。因为功高震主而招致杀身之祸的元勋重臣，在历代各朝中真是不知凡几！本朝的太祖皇帝就曾经干过，后来的英宗皇帝也同样干过！这么一想，马士英就从心底里冒出瑟瑟的寒意，额角上冒出豆大的汗珠，两条腿随之发起抖来。

这段话虚词运用频率较高，表达的意义细致而明晰。权臣马士英一向城府极深，由于迎立弘光帝有功，居功自傲，没把黄澍放在眼里。然而，他内心也有心虚胆怯的一面，当七品巡按黄澍神情激愤，豁出命来一般，在弘光帝面前直陈其"十可斩之罪"，马士英竟无可辩驳。叙述者从他的心态入手，把这位权臣复杂的心理活动揭示得淋漓尽致。马士英先是感到惊诧、奇怪，黄澍怎么会有这么大的胆量，敢在朝堂上和他公开对抗；然后他又联想到黄澍背后的支持者左良玉，这是黄澍敢于和自己作对的原因；至于弘光帝的表现，是最令马士英害怕的，弘光帝不动声色，甚至对黄澍所言颇为赞许，这不能不令马士英胆战心惊。这样，小说层层深入，传达出丰富、密集的人物心理信息。

比较起来，古代汉语在句法、语言组织方面，显得自由散漫，有较大的随意性，语言组织缺乏严密的关系和逻辑控制。但是，古代汉语在表达意义方面更凝练、含蓄、俭省，如果运用得好，就会使语言精工、漂亮、传神写照。《鸡鸣风雨》中有一段吴应箕痛骂洪承畴的文字：

建房占我土地，掠我财货，焚我居室，杀我人民，淫我妇女，逼我剃发，只江南一地，便有扬州十日、嘉定三屠、江阴之戮，百万生灵，尽遭灭绝，虽虎狼食人，亦不致如此之惨！你还要我以人类视之，真亏你说得出口！还有，你洪亨九生为汉裔，幼承名教，世受国恩，不思一死以报，却苟且偷生，认房作父，引狼入室，可谓不知人间有羞耻事！今日居然还在此惺惺作态，要与我吴某切磋什么学问。试问你配吗？啊？

吴应箕所说的这段话，以事实为基础，语气咄咄逼人。然而从句式来看，却很简洁，文字极其俭省。面对吴应箕的指责，洪承畴要想反驳也十分困难。不过，这段文字之所以能有相当的冲击力，显得滔滔雄辩，主要倒不在于语言内在的逻辑力量，它在很大程度上依赖于小说凝练的语言所造成的强大气势以及人物内心激烈的感情奔突。

文言与白话的糅合，其实并不是简单的拼贴、叠加，它要求作家具备深厚的语言功底，处理好传统与现代的矛盾，使叙述语言更好地起到描摹真实的历史人生的作用。在这个意义上，我们也就可以真正理解林纾所说的"非读破万卷，不能为古文，亦并不能为白话"这句话的含义。文言与白话的综合运用，实则是对作家语言能力的一种极大的考验。众所周知，鲁迅是公认的语言大师，白话文的倡导者。然而他的作品，都不能算是严格意义上的白话文，其中有很多文言文的因素，这不仅表现在炼字和古代汉语语法方面，而且也有古语的直接嵌入。因此，历史小说的语言也可以灵活一些，只要是内容表达的需要，文白夹杂能产生独特的审美效果。

从读者的审美心理、接受心态来考虑，语体混杂产生的"张力效应"的第二个表现即是"陌生/熟悉"双重的审美心态。因为所处的时代不同，今天的读者对文言文会有一定的距离感，文言文已经不是通用的语体了。但是，从审美的角度出发，适当的距离感能调节读者的审美感知触角，起到特殊的美学效果。按照俄国形式主义学派的观点，"陌生化""疏远"是文学的本质，任何一种写作，只要有足够的独创性，读后都会有陌生、疏远感。文学阅读的习惯，总是把词语从它们的实际境况中分离出来，离开它们的实用目的，将其归结为某种具有更广泛或更深刻意义的东西。俄国形式主义者可能夸大了文学的"陌生化"特征，但是，从阅读习惯来说，读者喜欢一些比较新鲜、陌生的东西应该是没有疑义的。以熟悉的现代汉语为主，加入一些陌生的文言文，这有利于强化读者审美认知的愿望。如《鸡鸣风雨》中引用《扬州十日记》最后两页文字：

初二日，传府道州县已置官，执安民牌遍谕百姓毋得惊惧；又谕各寺院僧人焚化积尸……查焚尸簿载其数，前后约八十万余。其落井投河，闭户自焚，及深入自缢者不与焉……

初三日，出示放赈……

初四日，天始霁，道路积尸，既经积雨暴胀，而皮表如蒙鼓，血肉内溃，秽臭逼人，复经日炙，其气愈甚。前后左右，处处焚灼，室中氤氲，结成如雾，腥闻百里。盖百万生灵，虽天地鬼神，不能不为之愁惨也！

　　扬州十日屠杀这样的历史事件，作者通过一位经过了这场浩劫的无名氏的眼睛，把读者带入了"天地愁惨"的历史氛围。语言的陌生化反而能引发读者身临其境的现场感，这也是文学语言特殊的地方。

　　不同的语体形式给人不同的审美感受。比较起来，现代汉语则给人一种熟悉的亲近感。实际上，在文学活动中，语言不仅传达现实的客观内容，还要传递对该内容的主观的、情感的体验。读者阅读一部作品，既是把握一种生活方式，同时也是体验一种情绪过程。现代汉语毕竟是现代生活的产物，它体现了历史的必然要求，与现代人的深层心理结构是一致的。这就决定了历史小说不可能完全以"历史语言"进行创作，它毕竟是面向当代的，满足当代读者的情感、思想和心理需求。但是，人的审美意识往往具有多样性、差异性的特征，"陌生"与"熟悉"的语体相互混杂使用，呈现出不同的美感形态，适应了人们多元化的审美需要。

　　从作品本身的审美价值定位来看，语体混杂体现了一种雅俗中和的美学归趋。从某种意义上说，雅俗共赏应该是文学创作追求的一个理想目标。读者接受的层次越广泛，作品产生的社会效应也就越好。但在实际情况中，却往往很难兼顾，所谓"曲高和寡"，就是如此。作家在创作中不能不有所偏重，而读者也会在阅读时有所选择。不过，作家也不能为了雅俗共赏这一目标而放弃自己的创作初衷，去迁就读者，作家的个体劳动与读者大众的接受应该有一个比较好的结合部。在这一方面，《白门柳》并未刻意去迎合读者，语言上的混杂不过是顺其自然，无论是高雅的文言还是精致的现代书面语，或者是鄙俗的方言俚语、口语，都是内容表达的需要。主观上不去刻意追求，而客观上达到了雅俗中和的审美效果。

　　以上我们论述了《白门柳》语言杂多的美学意义，下面我们简要地谈谈其文化意义。

　　提到语言与文化的关系，首先必须着眼于语言与历史的关系。历史的客观叙述，只有经由语言才能完成，语言、叙事是架起现代人通向历史的桥梁。语言之所以能起到这样的作用，是因为"语言忠实地反映了一个民族的全部历史文化，忠实地反映了它的各种游戏和娱乐，各种信仰和偏见"[①]。语言是我们生存的见证，是本民族历史/文化的投影。母语内涵的丰富性，是我们在历史长河

---

　　① ［英］帕默尔著，李荣等译：《语言学概论》，北京：商务印书馆，1983 年。

中进行生存活动时所赋予的，从中可以窥见人类心灵的全部历程。正如苏联著名教育家乌申斯基所说："人类一代一代地把深刻的内心活动的结果，各种历史事件、信仰、观点已成陈迹的悲哀与欢乐，都收入祖国语言的宝库中——简言之，人民精心地把自己精神生活的全部痕迹都保存在民族语言中。语言是一条最生动、最丰富和最牢固的纽带，它把古往今来世世代代的人民连接成一个伟大的、历史的活生生的整体。"①

语言杂多可以看作是现代人和古人在历史通道中永无休止的心灵对话的一种表现。历史小说以其独特的形式反映了这种对话的内在要求，小说里的语言杂多是对历史语言、社会语言杂多最全面的再现，过去与现在的话语同时共存。

《白门柳》的语言形式，在其社会历史文化的层面上，积淀着异常丰富深刻的人文内涵。语言的人文心理内涵表现在，有时简单的一个词组，如名教纲常、华夷之辨、剃发改服等等，都可以传递出特定的文化信息。作家从文本的形式创造出发，以传达历史内容为目的，塑造了一批栩栩如生的人物形象，这些人物都是中国文化母体中孕育出来的产儿，打上了民族集体无意识的烙印。解读历史文本，绝不能无视叙事语言、叙述形式中的文化意蕴。

当然，如果从语言的规范化角度着眼，语体混杂也许是不值得提倡的。不过，所谓语言的稳定性、规范性和纯洁性，强调的都是语言的社会功能，以便于人们的社会交流、信息传播，等等；而历史小说创作是从语言的审美功能、文化内涵出发，本身就是一种创造性的语言活动，不同于一般的语言交流，这应该是另当别论的。


## 二、文体相互借鉴与语言的多极参照

随着人们的创作观念、创作思维的转变，当代小说愈益显示出一种综合的趋势。作家的视野不断开阔，创作方法、叙事技巧越发多样。不同文体之间相互借鉴以及不同艺术门类之间的相互启发，成为当代小说创作的一个醒目特征。这里，我们拟从《白门柳》的语言形式入手，阐发其不拘一格的文体特征。文类边界的撤除，使《白门柳》的语言具备了多元化的审美意趣，正如苏轼所形

---

① ［苏］高尔斯基主编，熊尧祥、周添舜译：《思维与语言》，北京：生活·读书·新知三联书店，1963 年。

容的："如万斛泉涌，不择地而出，在平地滔滔汩汩，虽一日千里无难。及其与山石曲折，随物赋形而不可知也。"① 由于作品兼纳了各种类型的话语，小说创作的空间也就变得相对自由、潜力无限。

杰拉德·普林斯在其《叙事学词典》中曾指出："一个确定的文本与它所引用、改写、吸收、扩展或在总体上加以改造的其他文本之间的关系，并且依据这种关系才可能理解这个文本。"也就是说，一个文本不是单独存在的，它处在一种关系网络之中，不同文本形式之间存在着相互作用和影响。这种影响，不仅表现在一部作品对其他作品类型的具体借鉴——形式方面的承续以及意义方面的吸纳，同时也包括文学与非文学的其他种种艺术门类（比如音乐、绘画等）之间的相互渗透。

不过，所谓"影响"，其实也包含着作家创造性的主观发挥。在创作过程中，作家将各种文学、艺术类型与他自己的意图、他所想要表现的现实、历史内容不断地进行联系，进行取舍，把选中的东西以及适合表现其对象的东西结合到他新创作的文本之中，就像刘勰所说："寂然凝虑，思接千载；悄焉动容，视通万里。吟咏之间，吐纳珠玉之声；眉睫之前，卷舒风云之色。"② 作家在构思的过程中，无数的意念涌上心头，全部的生命体验、知识积累和文学艺术修养凝聚成奔腾的潜流，最后形之以语言文字，使抽象的意念和文学艺术经验外化为具体的文本形态。

1. 史才、诗笔与议论

宋人赵彦卫在《云麓漫钞》中曾谓："唐之举人，先藉当世显人，以姓名达之主司，然后以所业投献。逾数日又投，谓之'温卷'。如《幽怪录》《传奇》等皆是也。盖此等文备众体，可见史才、诗笔、议论。"中国早期小说与子书和史书有割不断的血脉联系，其叙事模式脱胎于子、史。唐传奇兴起后，小说创作以"诗笔"出之，实现了一次新的文类综合，"史才、诗笔、议论"交融互渗，使史才、议论在新的小说体式中获得了诗意升华。

唐人小说的叙事模式虽有开创之功，然而远未成熟，艺术上未臻化境。宋代传奇小说便忽视了小说文体的叙事规律，而把叙事纳入了伦理说教。真正把"史才、诗笔、议论"熔于一炉，树立"文备众体"的经典范例，是历史小说

---

① 苏轼：《文说》，《苏轼文集》，北京：中华书局，1986 年。
② 刘勰：《文心雕龙·神思》，周振甫：《文心雕龙今译》，北京：中华书局，1986 年。

《三国演义》。它"据正史，采小说，证文辞，通好尚，非俗非虚，易观易入，非史氏苍古之文，去瞀传诙谐之气，陈叙百年，该括万事"①。其叙事成就为后世的历史小说提供了永恒的参照。

一部成功的长篇历史小说，应该具备一种雄大活泼、深沉蕴藉的艺术精神，在叙事操作上应该体现海纳百川的气魄。但是，长期以来，由于当代作家过分注重历史小说的认识、教育功能，而忽视了文学的审美功能，以至于历史小说的叙事模式出现定型化、凝固化，缺少兼容并包的宏大气势，历史小说创作成了一个十分保守的领域。作家的创作思维单一化，导致历史小说叙事优势的失落。直至近年，这种状况才有所改变。面对中国传统思维意识的潜在渗透与西方现代思维图式的冲击，作家封闭的自我心灵世界逐渐敞开，单向度的思维方式为复杂的、立体的审美观照所取代。表现在小说文体创造上，作家也有了更多的探索，这主要集中在两个方面：一是学习西方的文体经验，二是对中国古代小说文体的借鉴和再创造。《白门柳》属于后者，它继承和发展了传统小说的叙述优势，实现了新的艺术创造和审美综合。但是，由于小说自身的容量较大，形式与体裁较为复杂，手法灵活多样，这里，我们的论述只能是有选择性的，主要集中在"史才、诗笔、议论"的交融互渗对小说语言形式创造的意义。

一般情况下，文学与历史有着严格的分野，它们有各自的对象、领域和世界，具备不同的价值。因此，在人们的印象中，史书基本不是文学，更不是小说，如果史书具备了文学的品格，则可能出现这样的情况：历史学家要对其史料的确凿性提出质疑。当然，这不是说，史书不能有文学性（如《史记》的文学成就是众所公认的），史书的文学性特征只是史书写作的一个附带产品，"真实"才是它的最高准则。反过来说，如果文学具备了历史的品格或者说因素，情况又会怎样呢？

从中国小说的源流来看，小说对历史有很大的依赖性。"小说"是"小道"，"君子弗为"，但小说又有一定的史料价值和认知价值，传统的史学家认为它可以"自成一家，而能与正史参行"②。小说"与正史参行"，并不是说它能与正史并驾齐驱，而只能是作为一种参考。可见，在传统的观念中，小说本

---

① 高儒：《百川书志》卷六，上海：古典文学出版社，1957年。
② 刘知几：《史通》卷十"杂述"，沈阳：辽宁教育出版社，1997年。

身并没有独立的地位，历史的权威性使它黯然失色。小说只能借助"历史"，排斥虚构，有益于人们"治身理家"，方"有可观之辞"。今天看来，传统的小说观念有着很大的局限性。文学不等同于历史，历史也不能取代文学。文学的功能主要是审美，满足人们的心灵需求；历史的功能主要是认知，提供兴亡成败的教训或借鉴。虽然两者差别甚大，但也有交叉互渗的地方。文学与历史的嫁接，产生了独特的艺术门类——历史小说，历史小说具有"文学"与"历史"的双重品格。

历史小说作家必须善于吸取史传文学的营养，具备"良史"之才。中国有着悠久的史传文学传统，积累了丰富的历史叙事经验，这是一笔取之不尽、用之不竭的宝贵精神财富。古代历史学家遵循"实录"的原则，对历史事实考订、爬梳，秉笔直书，不逞臆说，体现了史家的学识、修养和操行。这都是值得后世历史小说家借鉴的。

《白门柳》对史传文学传统的继承，比较突出的是在叙事精神和语言修辞方面。《汉书·司马迁传》评《太史公书》（《史记》）曾谓，"其文直，其事核，不虚美，不隐恶"，这是一种正视历史、直面事实的叙事精神。在这种叙事精神的支配下，中国史传文学基本都采取客观叙述的传统笔法。史家记叙历史，往往字斟句酌，不是直白地表明自己的情感倾向、价值立场，而是让事实直接说话。《白门柳》坚持的，正是这样一种叙事精神，语言文字平实、客观。

平实、客观主要是就叙述者语言来说的。叙述者即故事的讲述者，作者委托的叙事人。《白门柳》的叙述者熟知南明的历史，他掌握故事的全部线索和各类人物的隐秘，对事件的过程和人物的心态作详尽全面的解说。由于历史文学的特殊性，叙述者受到一定的限制，他不能违背史实，必须有节制地发出信息。下面是《秋露危城》中叙述史可法为迎立新君而费尽心机的一段文字：

虽然吕大器等人在全力以赴地为拥立潞王而密谋策划，但是在南京兵部尚书史可法那里，对于这件事却始终有点举棋不定。无疑，自从北京的朝廷覆灭之后，作为江南地区的最高军事长官，史可法无形中已经成为对重建朝廷负有全责的人物。但正因为这个缘故，他就不能像吕大器等人那样，采取一面倒的态度，而必须尽量摆平各方面的意见，以期未来的朝廷能够获得最广泛的拥戴和支持，从而造成一种和衷共济的局面。史可法认为，这样一种局面，对于维系人心，重振旗鼓，乃至造成国家的中兴，都是绝对必要的。

# 附 录

· · · · · ·

叙述者尽量站在客观的立场来写史可法为挽救明朝覆灭、迎立新君所处的左右为难的境地。究竟是拥立潞王，还是拥立福王，抑或桂王，史可法有点难以决断。这可以理解为小心谨慎、顾全大局，也可以说成是优柔寡断、当断不断。叙述者以最朴素的语言方式和风格，向读者讲述单纯的事实，不直接表明自己的主观态度和价值判断，而让读者去思考、判断。

讲述单纯的事实，用冷静的语言以强化叙述的客观性，叙述者能够很好地起到讲述故事的作用，给人制造一个身临其境的氛围，形成一种可以信赖的真实感。《夕阳芳草》中，虎丘大会失败之后，阮大铖和钱谦益有着不同的反应：

李宝没有欺骗柳如是，前一天夜里，钱谦益确实是在书房里过的。当天傍晚，瞿式耜摆酒给从南京赶来帮他修园子的计成接风，把钱谦益请去作陪。待到酒阑人散，回到府里已经很晚，他便没有再过我闻室来，就在匡斋歇下了。从计成的口中，他了解到，阮大铖听说虎丘大会那桩图谋，由于周镳、周钟兄弟出面干预，已告失败，十分伤心，捶胸顿足地痛哭了一场；后来就致书周延儒，请求起用马士英来代替自己。据说此事已有眉目，马瑶草不日便会东山再起云云。听到这个消息，钱谦益心里很有点酸溜溜的。"啊，马瑶草到底又上去了！可是我钱某人呢？难道真的注定就这样一沉到底？难道真的应了几年前周延儒所说的那句挖苦话——'钱牧斋只堪领袖山林'？唔，如今只怕连山林领袖都当不成了。近一个月来，到半野堂来登门求见的士子比过去已经明显地减少了……"这样一想，钱谦益就变得垂头丧气，只剩下苦笑。虽然他仍旧同计成约定，趁第二天他们全家要去拂水山庄游玩，先过来替他瞧瞧该如何规划，可是已经兴致大减。回到匡斋之后，他思前想后，在床上折腾了大半夜，今早起来，勉强打起精神，正打算走过我闻室来瞧瞧柳如是，却碰上何思虞带了个人来，说是要"献产"，临时又耽搁住了。

叙述者隐身于文本之中，追求一种"自然而然"的语言效果。整段文字的叙述一波三折，类似于日常生活的流程，信息量大，既有人物的行程、活动，又有具体的心态描写和生活情境的描述。但小说尽量不露出叙述的痕迹，仿佛人物心态、事件过程自行呈现。

客观叙述，意味着让事实说话，但绝不是没有作者的观点和立场，只是作品中的主观因素不在叙述者的叙述中流露，而是借助一定的语言、文体技巧表现出来。中国古代的史传文学注重一字寓褒贬、微言显大义的"春秋笔法"，其实就是客观叙述的一种。杜预分析这种笔法曾归纳出五种类型：

> 一曰微而显，文见于此而起义于彼，称族尊君命、舍族尊夫人、梁亡、城缘陵之类是也。二曰志而晦，约言示制，推以知例，参会不地、与谋曰及之类是也。三曰婉而成章，曲从义训以示大顺，诸所讳避、璧假许田之类是也。四曰尽而不污，直书其事，具文见意、丹楹刻桷、天王求车、齐侯献捷之类是也。五曰惩恶劝善，求名而亡，欲盖弥彰，书齐豹盗、三叛人名之类是也。①

历史小说作家对"春秋笔法"的继承，未必是全盘照搬，但史家所谓文约而事非、言近而旨远、辞浅而义深的境界，同时也是一种较高的审美境界。《白门柳》的表达方式，多采用形神兼备的白描手法，讲究寓意，人物对话个性化，这与史传文学的"春秋笔法"是有着内在联系的。《夕阳芳草》写阮大铖书房的布局、陈设，"有官万事足，无子一身轻"的对联与《百子山樵笠展图》构成绝妙的对照，叙述者不着一字进行褒贬，简朴的陈设以及画中世外闲人的神气，都掩盖不住阮大铖对官场、名利的向往。小说随后写到阮大铖、徐青君、马士英的对话，更是充满了强烈的反讽色彩。阮大铖久不得志，遭受复社党人的逼逐，然而他却把复社党人说成是咏怀堂的功臣，这样，他对复社党人的憎恶心理反而欲盖弥彰。

史传对历史小说的启发，当然远不止上面这些。唐朝刘知几在《史通》中，曾将史传的叙事成分归纳为四体：一曰"直纪其才行"，二曰"唯书其事迹"，三曰"因言语而可知"，四曰"假赞论而自见"。这四体大致对应于现代的描写、叙述、对话和议论。也就是说，史传的叙事方式可以为历史小说提供多方面的参照。但是，不管是哪一体、哪一种叙述方式，都要求简约，做到忠于历史，这才是真正具备"良史"之才。

必须看到，历史小说平实、朴素的客观叙述并不排斥诗情的渗透和诗意的点化，这就是"诗笔"。"诗笔"的运用，在《白门柳》中主要有两种表现：一是古典诗词曲赋直接进入小说；一是化用古典诗词的语言和意境来描摹场景、营造氛围、表达人物的心曲。

---

① 杜预：《春秋左传集解序》，上海：上海人民出版社，1977 年。

# 附 录

· · · · · ·

人物复杂难言的心态，借助古典诗词来显现，往往能起到委婉含蓄、深沉蕴藉的效果。《鸡鸣风雨》写到钱谦益南归，柳如是的私情被揭发，小说用一首七言律诗来表明钱谦益的态度：

> 水击风抟山外山，前期语尽一杯间。
> 五更噩梦飞金镜，千叠愁心锁玉关。
> 人以苍蝇污白璧，天教市虎试朱颜。
> 衣朱曳绮留都女，羞杀当年翟茀班。

男女私情是一个极其尴尬的话题，钱谦益戴了绿帽子，他不便直接与柳如是说出自己的想法，用诗律的形式可以淡化彼此直言的尴尬，又曲折隐晦地表明了自己的心迹：诗的头两句追述往事，重温旧梦，老头儿想起北上前夕与柳如是信誓旦旦的谈话，言犹在耳，弥漫着一种脉脉的温情；三四句写别后的思念之苦，愁肠百结；五六句将告发柳如是私情的人痛斥为污蔑她清白的"苍蝇"，是"三人市虎"式的诬陷；至于最后两句，更是夸奖她宁折不弯的民族气节。这短短的几句诗，既化解了难言的尴尬，又表彰了柳如是秉持民族大义、特立独行的精神。

用诗词曲赋来传情达意，倾诉人物的衷肠，或者抒发其感慨，这是《白门柳》常用的一种叙述技巧。"诗言志，歌永言"，古代文人习惯用诗歌来抒发情志，表达思想感情。《夕阳芳草》中方以智吟哦起"唉斯世之难处兮，又奚之而可适？夜耿耿兮不眠，睇东方兮何时明？独储与不寐兮，长太息兮人生！"这几句诗，可以看作封建末世文人面对不平之事、乱离之苦忧心如焚而又无能为力的深长喟叹。

叙述中插入诗词歌赋和戏曲文，有利于刻画人物形象，增大小说的审美浓度，使作品散发出浓郁的诗情、诗味。《夕阳芳草》编排了一节陈贞慧借阮大铖的家班演出《燕子笺》的文字，《秋露危城》有一段柳如是为阮大铖的《燕子笺》改易文字的情节，小说不断穿插《燕子笺》的曲词戏文，可以说是颇具匠心。《燕子笺》乃是阮大铖平生最得意的一个戏本，这个戏本反映出阮大铖确实颇有才华。张岱在《陶庵梦忆》中说："阮圆海大有才华，恨居心勿静，其所编诸剧，骂世十七，解嘲十三，多诋毁东林，辩宥魏党，为士君子所唾弃，故其传奇之不著焉。如就戏论，则亦镞镞能新，不落窠臼者也。"张岱回忆自己在阮大铖家中看戏的情景："阮圆海家优讲关目，讲情理，讲筋节，与他班孟浪不同。然其所打院本，又皆主人自制，笔笔勾勒，苦心尽出，与他班卤莽者又不同。故所搬演，本本出色，脚脚出色，出出出色，字字出色。余在其家看《十错认》《摩尼珠》《燕子笺》三剧，其串架斗笋、插科打诨、意色眼目，主人细细与之讲明，知其义味，知其指归，故咬嚼吞吐，寻味不尽。至于《十错认》之龙灯、之紫姑，《摩尼珠》之走解、之猴戏，《燕子笺》之飞燕、之舞象、之波斯进宝，纸札装束，无不尽情刻画，故其出色也愈甚。"

阮大铖的人品不足论，但其文藻、才情却颇为出众。《夕阳芳草》中侯方域评《燕子笺》说："弟瞧此戏非但结构奇妙，词采华赡，格局谨饬，且宾白、科诨，无不生动自然，曲曲传神，足与曲文相得益彰。时下词曲家竟喜以临川、吴江高自标榜。吴江一派且不论，若临川一派，其真能窥玉茗堂之精奥而传者，依弟之见，只怕除了这阮圆海，已无第二人了！"《白门柳》不惜篇幅，在叙事中插入有关《燕子笺》的文字，从人物塑造来看，阮大铖为"有才之小人"的形象呼之欲出；从语言形式角度来考虑，它丰富了小说的语言世界，表现为华美的辞章和多样的叙事色彩。至于《秋露危城》写到柳如是为《燕子笺》略改数字，更是传神的妙笔。柳如是当着阮大铖的面，指出《燕子笺》尚未尽善尽美，其文字尚有可斟酌之处：

"譬如（《醉桃源》一词）首二句：'风吹雨过百花残，香闺春梦寒。'虽然雅丽有致，终觉平熟了些，不如改作'没来由巧事相关'，更能紧扣当前；'香闺'二字，亦不妨改作'琐窗'较胜。又如第四句'丹青放眼看'，'放眼'二字，与闺中观画之情状未谐，不若改作'误认'，更能道出颠倒之情。换头二句：'扬翠袖，伴红衫'，略嫌太露，不似大家小姐口吻，若易作'绿云鬟，茜红衫'，便有含而不露之致。"

《燕子笺》是阮大铖自认为足以睥睨古今的一大杰作，柳如是却轻易地指出了其中尚欠工稳的地方，这足以见出柳如是的才华。另一方面，阮大铖时为兵部尚书，与权臣马士英抱为一团，炙手可热，而柳如是身为女流之辈，身份卑微，可她不是曲意奉承，阿谀拍马，相反，却表现出了独立的人格和不逊须眉的胆识，凭着自己绝世的才华，令阮大铖不得不服，承认柳如是为自己的"一字之师"。这里，《燕子笺》已经成了情节构成的一个因素，它为人物性格的展开提供了耐人寻味的诗意触媒。

《白门柳》中的"诗笔"，不仅表现为古典诗词直接进入小说，它更是一种诗的想象跟叙事的结合，诗情渗透到叙事的肌理之中，叙事的过程融合了作家的才学意趣，语言具有诗化的典雅美。试看《夕阳芳草》中的一段文字：

这当儿，天已经破晓，一轮红日从右前方冉冉升起，照亮了雾气缭绕的广阔原野，给拖着长长的影子前进的旅人的脸上、身上，以及他们的行李、马匹上，抹上了一片淡淡的红晕。几只乌鸦呱呱地叫着，从路旁的树桠上飞了起来。黄宗羲为着试验一下自己的骑术到底恢复得怎样，就放松了缰绳，在马屁股上轻轻敲上一鞭，催着马越过方以智，顺着变得清晰起来的大路，向前慢跑起来。

这段叙述文字，虽不是在行文中直接作诗，但诗的氛围弥漫在字里行间。小说在叙事的过程中，结合具体的情节、环境，化用了古典诗词的语言和意境，使诗意要素改头换面在叙事作品中出现。

叙事作品对诗意要素的接纳，是有选择性的。叙事作品毕竟不同于诗歌，抒情言志不是它的主要功能。它们相通之处，主要还是在艺术精神方面，即给读者以独特的艺术感觉和艺术享受。古典诗词善于运用意象，具有独特的美感形态，当它们泛化到叙事作品之中，往往给叙事作品注入了新鲜的美质，诗情画意在作品中流淌。作为一部精致、雅化的历史小说，《白门柳》颇为注重意象的构建，《秋露危城》有这样一段叙述：

已是傍晚时分，苍茫的暮色，正从天东的大海那边升腾起来。但西方的地平线上，那一轮即将隐没的夕阳，还在散发着明亮而柔和的余晖。这一带，本是孤立于江心的一个沙洲，由于接近海口，江面陡然开阔，水流也随之缓慢下来，久而久之，不断沉积的泥沙便使沙洲北面的航道变得越来越窄，越来越浅，逐渐同北岸连接起来。现在，沟洫纵横的洲渚上，已经垦出了一片一片的稻田，聚起了一个一个的村落。芒种已过，端午节将临，在夕阳的映照下，稻田里的簇簇秧苗，仿佛展开了一片墨绿色的、闪着金光的地毡，显得那样宁静，那样旷远。每当江风吹来，秧苗就轻轻摆动着，把一层一层的轻浪，向天边远远地传送开去。这时，河汊上、田塍里的水面便荡漾起来，晚霞的倒影被搅乱了，于是又平添了几许变幻，几许缤纷……

　　暮色、夕阳、稻田、秧苗以及水面中晚霞的倒影，这些大自然的意象给人以恬静、安详的感觉。这优美的景致与明末的战乱、惨祸以及人世的沧桑、苦难形成一种极大的反差，读者不由自主地会发出深长的感喟。

　　如果从更宽泛的意义上讲，"诗笔"还可以理解成语言的心灵化和审美化，即用抒情写意的语言文字传达人物的心曲，使人物心灵的旋律外化为渗透着诗意的篇章。《白门柳》揭示人物心态的方法多种多样，既有平静的描写，也有抒情的感叹；既有梦境的展示，也有人物朦胧忽闪的思绪的捕捉，等等。从语言的诗化效果来看，《白门柳》往往借助叙述者无所不至的眼睛，用浸渍着浓烈情感的文字，深入到人物的灵魂窍里，表现人物的心态，形成语言的情意化、诗性化。如《秋露危城》第九章，余怀、沈士柱和柳敬亭三人受瑞昌王朱宜泃之托，前往浙东与当地义军联系，当他们到达南京时，特意到明孝陵拜谒，小说这样解释人物行为的心理动因：

　　他们之所以于凶险四伏，行色匆匆之际，还要特地到孝陵来，是因为这个地方，埋葬着明朝的开国之君太祖皇帝朱元璋和他的皇后马氏。二百多年来，它一直作为大明王朝赫赫功业的象征，在臣民心目中享有崇高的地位。如果说，时至今日，随着农民军的攻陷北京，大清国的入主中原，无比强盛的大明王朝已经成为了一个支离破碎的旧梦的话，那么孝陵却仍旧以其不朽的光荣，时时牵扯着、温暖着孤臣孽子们的心，使他们壮怀激烈地想到，只要像祖先们那样勇猛无畏，不屈不挠，就一定能够创造出复兴大明的奇迹来。因此，还在筹划南下那阵子，三位朋友就已经商定，一旦到了城外，无论如何要上孝陵去瞻仰朝拜，献上大明臣子的一片耿耿孤忠，同时祈求太祖皇帝的在天之灵保佑他们此行顺利平安，成功而归……

　　清国入主中原，明帝国土崩瓦解，这是余怀、沈士柱他们不得不接受的事实，然而在心灵深处，感情的纽带仍然把他们与故国维系在一起，使他们不能忘怀昔日不朽的光荣。小说用几个长句，把他们的这种情感、心理揭示出来，具有极强的情感穿透力。

　　叙事作品与诗学联姻，可以充分显示作家的才情、趣味，丰富作品的叙事色彩、审美情调。但是，这其中也有一个适度与自然的问题，运用得好，就能起到画龙点睛的作用。

《白门柳》的语言、文体同时兼容了史家的笔法、诗的成分以及论说体的因素，作家的眼界、视野变得相当开阔，其审美创造也变得异常复杂。比较起来，"史才""诗笔"的表现在《白门柳》中要明显一些，而"议论"则要隐蔽得多。

小说中的"议论"是指叙述者从自己的情感、道德立场和思想倾向出发，公开或隐蔽地述说自己对人物和事件的评价以及对人生、历史、社会的理解，它不一定是滔滔雄辩的长篇大论，往往是在叙事的过程中间插入。根据故事内容的需要，"议论"经常以多种面目出现。《白门柳》中的议论方式主要有三种，即阐发性介绍、修辞性评论以及对话式议论。

阐发性介绍是由叙述者对故事的基本情况进行阐述、解释，让读者对故事发生的时代背景、具体情境以及人物的概况有所了解，它既可以是细微的局部的分析、介绍，也可以表现为宏观的、整体的洞察。阐发性介绍以其确定的信息，为读者理解整个故事的内容提供基本的依据。

《夕阳芳草》第二章首先介绍南京城里的基本情况，奢靡繁华的生活表象下潜伏着巨大的灾难和惨祸，商铺云集、笙歌艳舞的热闹场景掩盖不住民间的凄苦和哀怨。叙述者洞若观火的眼光，一下触摸到了这个时代的脉搏底里，小说用智者的口吻娓娓道来：

其实，令人不安的影子也不是没有——街上的流民乞丐明显增多了，而且有越来越多的趋势；米铺里，因为无人食用，过去很少出售的大麦、荞麦，现在忽然成了热门货，五千钱一石，仍然供不应求；酒筵歌席之上，那些哗笑哄饮的豪客，会因突如其来的一声悲叹，而举座为之失欢；甚至那些并无事实根据的谣言，也不只一次地使城中的居民惊慌失措起来……不过，这些看来都无伤大体。正如向巨大的生活漩涡投下了几片枯叶，虽然多少使人感到惨淡和萧瑟，但是随即就被吞没、被包容，成了这个都市光怪陆离的日常生活必不可少的组成部分，一种很自然的色彩，不再引起人们的注目和惊诧了。是啊，天空这么晴朗，春光如此明媚，满城的柳树都开始吐芽了——这些被骚人墨客艳称"白门秀色"的柳树，有的已经十分古老，其中几株，也许还是太祖皇帝营建应天府城的时候种下的。经历了二百七十余年的漫长岁月，它们依然青青如昔。如果竟然说大明的一统江山不迟不早，偏偏注定就在他们这一辈人的面前彻底坍塌，眼前这无限的繁华将连同这满城柳色一道灰飞烟灭，这是多么荒唐、愚蠢和不可思议！

因为叙述者对这个时代有全盘的了解和清醒的认识，所以在行文当中，亡国大祸的端倪已露。别看南京城里目前似乎还是繁华的"乐土"，但国家的局势已坏到无可挽回的地步，大明的江山正处于风雨飘摇的极险境地，随时都有覆灭的可能。小说的这种历史性叙述，从时代背景的介绍入手，让人生发出兴亡治乱的历史感，具有一种史家开阔的视野。

除了对故事内容、时代背景等作整体概述之外，阐发性介绍还表现为对具体的情境作出说明，对人物行为的心理动因进行揭示。如《秋露危城》第一章，史可法接见自北京潜逃回来的明朝官员，小说通过陈贞慧的眼睛，写北京沦陷之后史可法的变化：

陈贞慧不响了。以他的复社领袖身份，应聘到幕里来办事，在主人面前，自然是有相当的进言资格。不过，他却不想滥用这一点。事实上，他早就发觉，自从得知北京陷落的噩耗之后，素以精明干练著称的史可法，脾气明显地变了，变得冷静、宽容少了一点，急躁、严刻多了一点，常常碰上个小事就毫无必要地发火。陈贞慧也明白，这是由于心灵深受刺激，极为痛苦的缘故。说起来，京师是在三月十九日陷落的。而南京的文武大臣们却一直徘徊观望，拖到四月初一才决定誓师勤王，其情报之闭塞，行动之迟缓，都到了可笑的地步。而作为最高军事长官的史可法，在这件事上自然负有主要责任。虽然尚未有人公开就此提出责难，但明睿而又忠诚的史可法绝不会不明白这一点，不可能不为自己在京师最危急、皇上最绝望的时刻竟然毫无行动，甚至不曾发出一兵一卒前往救援，而感到深深的自责，从此背上了强烈的罪孽感。正是这种内心的折磨，改变了他的性格。可是陈贞慧认为，事情既然到了这一步，如今江南地区的安危，以至大明王朝的存亡绝续，几乎都维系在史可法的身上，并迫切地等待他作出清醒的、正确的决策时，过深地沉溺于这种情绪不仅没有必要，而且还十分有害。

史可法的这种变化，叙述者的评价是隐含在行文当中的，借助具体的场景和人物，叙述者可以不直接出面进行评说，他隐身于人物、事件之外，让人物自己站出来，直接表明他们的看法、见解或感受。虽然人物的看法不一定完全代表叙述者的看法，但无疑叙述者是和人物一起在思考的，同时也能引发读者的思考。作为"复社四公子"之一的陈贞慧，才华横溢，见识超人，他之所以在正式取得功名之前，充任史可法的幕僚，是希图凭借当权人物的信用，谋求对政局发挥影响。要取得当权人物的赏识，首先要对他的性情志趣有比较多的了解。因此，通过陈贞慧的眼光写出的史可法，是比较真实的形象。作为幕僚，陈贞慧对史可法的情感、心理，应该是有充分的把握的，对史可法的看法，也是以事实为依据的。

《白门柳》的第二种议论方式，是修辞性评论。这里所说的修辞不只是简单的对语词、文章的修饰，而是从广义的角度指叙述者运用各种语言叙述手段，有效地传达信息、意义，进而影响、控制读者，修辞的形式本身也会蕴涵着一定的价值观念、价值判断。

《鸡鸣风雨》第十一章，柳敬亭施展妙技，亢声弹唱："风雨凄凄，鸡鸣喈喈。既见君子，云胡不夷！风雨潇潇，鸡鸣胶胶。既见君子，云胡不瘳！风雨如晦，鸡鸣不已。既见君子，云胡不喜！"小说由此展开抒情式的联想、议论：

在座的都是熟读诗书的文士，自然立即听出这几句歌词出自《诗经》中的《郑风》，原题就叫《风雨》。本是抒发一位女子在风雨交加、心情郁闷的日子里，忽然遇见意中人归来的欣喜心情。但是，眼下被柳敬亭配上悲壮的音乐，再用粗犷的歌喉唱出来，那意味就完全变了。的确，眼下正当国破家亡，大难未已，又何尝不是一片风雨交加，天地变色的景象？所幸全国各地尚有一批不甘屈服的仁人志士坚持反抗，也正如寂寥的旷野中，依旧啼响着声声高亢的鸡鸣。而他们这些君子，为着同一种信念和追求，在经历了种种磨难之后，终于又重新走到一起来了。这难道不是十分值得庆幸的吗？且不论将来是成是败，是生是死，光是能得到这一份情谊，就已经是人生最大快慰了！

这是一种联想式的抒发，由《诗经》中的《风雨》联想到眼前国破家亡、大难未已的景象。在这风雨交加、天地变色的乱世中，全国各地尚有一批不甘屈服的仁人志士在坚持反抗，如同旷野中啼响着声声鸡鸣。这种类比联想，分明包含着叙述者的价值评判。

《白门柳》的第三种议论方式，主要借助人物对话来完成。在理想的主人公身上，往往寄托着叙述者的某种信念或追求，他们所发表的议论，能够在一定程度上代表叙述者的观点。《白门柳》经常借助人物对话来表明他们的情感、道德和思想倾向。如《秋露危城》中黄宗羲对君主独尊地位表示非议，认为君臣都应该以分享天下万民的劳苦为己任，臣子出仕于朝，是为万民而非为一姓：

> 上古之世，君主所以立，实因天下有公利须兴，公害须除，于是推一首倡之人，出任其劳。当其时，天下为主，君主为客。又因天下之大，非一人所能治理，而须分治于群工，于是复有人臣之设。故君与臣，名虽异而实相同——无非为天下万民分任其劳而已！明乎此，则身为人臣者，其进退出处，当以天下万民之休咎祸福为归依，而不应以君主之亲疏好恶而取舍。若吕、张、姜、高诸公，仅以见疏于今上，便意不自安，草草告归，弃天下万民之责而不顾，此亦与史道邻自请出守淮扬，同为不明君臣之义！

上述见解通过黄宗羲的口说出来，既明确表述了人物的思想观念，同时又有助于深化读者的认识。黄宗羲从民主主义的思想立场出发，阐明"君臣之义"，发出了他那个时代振聋发聩的声音。按照他的看法，吕大器、高弘图等人，仅因为得不到皇上的信任、器重，便放弃维护天下万民的职责，草草告归，这与史可法自请出守淮扬，同为不明君臣之义。黄宗羲的这种精辟、犀利的见解，无疑加深了小说的思想内涵。

总的看来，《白门柳》的文体是复杂的，作家厚重的审美经验积累为小说的语言形式创造提供了坚实的基础。"史才、诗笔、议论"的交融，多种叙事笔法的使用，扩大了审美创造的自由度，使得小说文体包容了所要表现的历史生活内涵和人们的心灵内涵。

2. 音乐性、画面感及语言的质地

《白门柳》的语言构成体现了一种多元综合的态势，这不仅表现在语体的多样合成以及不同的文体相互借鉴等方面，而且表现在音乐、绘画等艺术的表达方式对小说语言规范的渗透和贯通。虽然音乐、绘画与文学属于不同的艺术门类，它们借助不同的艺术手段、表达方式来塑造形象，完成艺术交流，但是，这并不是说，不同的艺术门类之间截然不可相通。实际上，小说的语言空间充满了巨大的弹性，它为作家的美学创造提供了一片沃土。在一定意义上，小说正是通过不断地突破自身的成规戒律，实现了新的创造和超越。因此，小说的语言不能限于某一固定的方式，凝固成为一套僵化的叙述模式，它可以运用声

（音韵、节拍、旋律）、色（色彩、画面）、形（线条）等多种语言手段，唤起读者的视、听等多种感觉，从而使小说的形象世界具有身临其境的逼真感，呈现为多侧面、多角度的、立体的质感和美感。

从审美表现的角度考虑，小说借鉴音乐、绘画的表达手段，有助于强化文学形象构筑所取得的审美效果。传统的小说叙述语言，往往以情节、事件的讲述为中心，交代故事的发展，描述人物行动和性格历史，这很容易导致审美思维的单一化和凝滞化。要使小说的语言表述充满新鲜的、创造的活力，与作家所要营构的富有意味的形象系统相适应，增强文学的表现力，借鉴、参照其他艺术门类的语言方式就显得必要。

首先是音乐。音乐本质上可以称为情感的艺术，它为人类各种微妙、复杂的情绪、心态找到了与之对应的一定的声音关系，通过声音把特定的情感内容外化，形成声响、节奏、旋律，引起人们的听觉反应，构成音乐形象，从而达到心灵的共振和情感的交流。正因为此，卢梭把音乐称为"情感交流"，列夫·托尔斯泰把音乐称为一种"对于感情的回忆"，泰戈尔把音乐看作"表现情绪与情感的语言"，这些大文豪的见解无疑是精辟的。对作家来说，追求文学语言的音乐美，也就是从心灵深处寻找不同艺术的相通之处，使抽象的语言文字符号变得生动、可感，具有生命力。

《白门柳》语言音乐性的体现，主要在语言与情感、心灵的对位，文字无声的旋律与情感的高低迂回、心态的波折变化相融合，来表现人的精神、意志、旨趣，达到一种感觉的幻象。《夕阳芳草》第九章，董小宛一心一意地等着冒襄来迎娶她，然而许久都没有消息。一个夏秋之交的傍晚，董小宛倚在闺房的小窗前眺望。小说用曲折有致的笔法写出了董小宛种种变幻不定的心态变化和情绪流程。两个月前，由于方以智等人的热心撮合和督促，冒襄回心转意，答应到秋天来苏州迎娶董小宛。然而两个月很快过去了，可冒襄仍旧是音影全无，这使得董小宛的心情变得越来越焦虑不安：

火红的夕阳，已经落到了柳林后面，天色渐渐暗下来，几只回巢的鸟儿在水边匆匆飞过，河面上，除了三四只小划子外，暂时还看不见其他船只。眼下已是夏秋之交，天气本来就够热，加上这会儿连一丝风也没有，院子里的树木都静静地垂下枝叶，只有成群的知了，在看不见的地方，一齐发出震耳欲聋的鸣叫，更增加了人心上的烦闷。

自然界的景物、声响与人物烦闷、焦急的心态构成了一种对应，成群的知了发出震耳欲聋的鸣叫声，愈发衬出了董小宛内心的不安、焦虑。她开始自我安慰起来，冒襄三个月前到半塘来看她的时候，也就是在傍晚，她觉得这一次说不定他也会在这个时候来到，冒郎很可能要待到傍晚凉快些再动身来看她。但一想到冒襄也许到了苏州，却不急着首先来找自己，她禁不住从内心里埋怨他不懂自己的心。随后她又责备起自己来："你算个什么人！冒公子他答应娶你，肯这样远道迢迢来接你，就是天大的情分啦！别要不知足，只要他来了，迟一点早一点你可千万不能计较！"这样数落自己后，董小宛觉得心情平静了许多。小说就这样细腻地传达人物的心曲，人物心灵的旋律通过文字无声地表现出来了：焦虑不安—自我安慰—埋怨冒襄—责备自己—心情平静，这是一个完整的心理流程，富于曲折变化。随后，当董小宛看到通往苏州那边的河面上，出现了一艘船的轮廓时，她顿时紧张起来，她觉得冒襄就在船上，就要在已靠近码头的船上走下来。但是船并未靠岸，董小宛陷入失望之中，但她仍继续守候，小说接着写道：

天色越来越暗，树上的知了也叫得愈来愈起劲，周遭的热浪紧紧地围裹上来，把人闷得连气也有点透不过来了。可是董小宛下定决心无论如何要坚持下去，她的一双眼睛也始终没有离开山塘河面。正当她感到闷得实在难受，快要支持不住的时候，脸上忽然像给一根鹅毛轻轻拂了一下，感到丝凉意，接着又是第二下、第三下……说也奇怪，周遭的热浪仿佛遇到了什么难以对付的敌手似的，悄悄地、分明地退下去了。渐渐地，那鹅毛样的清爽感觉变得清晰起来，有力起来。董小宛的一缕鬓发开始摇摆。接着，她发觉衣衫也在飘动……蓦地，一道曲折的闪电划破了沉沉的夜幕，原来天空中不知什么时候已经乌云密布。这时，树上的知了早已停止了鸣叫，潮湿的空气到处弥漫，看来，一场大雨就要来临了。

语句大起大落，语意错落变化。每一个方块字在这里仿佛都具有音符的作用和效力，各种表现力不同的乐器奏响了心灵的旋律，构成有特定音响、色泽、质感的乐章，此起彼伏。在速度上，它有时缓慢地舒展，有时则迅速地急驰。在力度上，它时而微弱，时而响亮，时而抑郁地把声音压住，时而响亮地爆发。人物心理的能量也就在这乐曲的行进中得到释放。后面，小说荡开一笔，加入一段插曲，破落子弟陈小官很不识趣，又来纠缠董小宛，这只能引起董小宛的厌恶。待到董小宛把陈小官打发走后，陈小官临走时说的话却使董小宛陷入了更深的苦闷，她内心开始了激烈的争辩，冒襄会不会骗她？越是争论，她的心越往下沉，几乎变得失魂落魄起来。就在这心情抑郁的顶点，小说的笔锋又为之一转：然而，就是在这个时候，江面上隐隐约约传来了婉转悠扬的笛声。美妙醉人的旋律，仿佛要把人带入一个幻觉世界。但是，现实却要残酷得多。董小宛以为是冒襄在吹笛子，她兴奋地、飞快地奔到楼下，连雨具也不去拿，光着脑袋冒着哗哗而下的大雨，穿过院子，一直向山塘河奔去。可是，等她赶出来寻找时，码头上却空荡荡的，既没有船，也没有人，而且连笛声也忽然消失了……

　　上述文字始终以董小宛的情绪、心态变化为表现的中心，围绕人物的情绪、心态变化这条主线，和着音乐的旋律，情感迂回起落，小说完整地再现了人物的心灵世界，能够引起读者对柔弱女性命运、遭遇的深深同情。而人物情感的起伏、张弛，形诸字、词、句、章之中，就自然地构筑起了小说语言的音乐性。疾徐、抑扬、浓淡、显隐等，句式、语言的变化，与心灵旋律的飞扬构成某种一致。

　　小说语言构筑音乐美的另一种方式，还表现在音韵的和谐、节奏的轻重舒缓以及叙述的速度、力度、密度等方面。汉语在音乐形式美方面有着特别的优势，它通过语言材料的运动变化，调节各种语言因素，可以强化语言的美感效应，使文字读起来朗朗上口、悦耳动听。《秋露危城》第四章，方以智逃回南京后，他没有急于到吏部去报到，也没有忙着去找社友们，而是带着在丹阳时冒襄给他添置的随身行李，以及一名新雇的长班，首先前往秦淮河的旧院，去访旧日相好的名妓李十娘。小说写方以智在街道上所看到的情形：

　　现在，方以智乘坐的轿子，已经走在从桃叶河房到武定桥的街道上。这一带，本是南京城里顶有名气的吃喝玩乐的去处，要在平日，总是市声喧阗，游人如鲫，说不尽的风光热闹。可是眼下，由于一年一度的梅雨季节已经来临，阴沉沉、皱巴巴的天空从前天起就没有开朗过。那大一阵小一阵的长脚雨，也始终嘀嘀嗒嗒地下个不停。这雨虽说才开了头，还不曾让人腻烦到仿佛连骨头也要长出霉来的程度，但已经是使市面上陡然冷落下来。如今，街道上打着油纸伞、顶着竹笠，或者披着一片麻袋片儿的行人，自然也还不少，但多半是行色匆匆，难得有从容停歇的时候，更别说悠然自得地观赏街景、凑热闹了。即使是街道两旁的屋檐下，那平日吆喝得起劲的叫卖声，这会儿也泄了气，分明地沉寂下去。纵然有几个心性豪雄的角色，耐不住冷清，抖擞精神嚷嚷几句，那声音也像马上给雨水浇瘪了似的，呜呜咽咽地散落在青石板面路上，再也蹦跶不起来……

这一段文字的语言节奏显得不紧不慢，长句与短句相互交错，没有那种语流的紧迫感，句式大致整齐，句子成分也基本齐全，而且用了较多的虚词，显得文意周全而连贯，表现为沉稳滞重的节奏感，并创造出一种审美氛围。

汉语的字、词、句，都是以音节为整体性的基本单位，而音节一般都由"声"和"韵"两部分构成，具有音调。声韵、音调的配合，很容易造成押韵、平仄等现象。声调的高低起伏，节拍的自由控制，语句节奏的匀称，给人以音乐的美感，文字中仿佛鼓荡着无声的旋律、摇摆不定的节奏。韦勒克、沃伦在他们合著的《文学理论》中曾谈道："每一件文学作品首先是一个声音的系列，从这个声音的系列再产生出意义。在某些作品中，这个声音层面的重要性被缩减到了最小限度，可以说变成了透明的层面，如在大部分小说中，情形就是如此。但是即使在小说中，语音的层面仍旧是产生意义的必不可少的先决条件。德莱塞的一本小说与爱伦坡的一首诗（例如《钟声》）在这方面的差别仅表现在量上，不足以成为判明小说与诗这两种截然不同的文学类型的依据。"[①] 这就是说，小说不如诗歌那么倚重语音因素，但这只是从量的程度上说的，不足以构成质的区别。所有的语音成分，如声韵、节拍、语调等都存在于小说之中，只不过较之诗歌显得更自由、约束更少，不一定那么严整和均衡。《鸡鸣风雨》第七章写野外宿营的士兵，小说的语言自然舒展，如行云流水：

整片营地更深地坠入了沉沉的酣梦之中。随着远远近近的篝火一垛接一垛地黯淡下去，山野也不再像原先那样影像幢幢，而变得仿佛被一张无边的大氅遮蔽了似的，幽暗一片。只有天上银河依旧静静地横亘着，以它永恒的辉光呵护着疮痍满目、争战未已的人世，让它得以享受这难得的片刻安宁。不过，就

---

① ［美］韦勒克、沃伦著，刘象愚等译：《文学理论》，北京：生活·读书·新知三联书店，1984 年。

连银河其实也在悄悄地向西移动着。倒是从钱塘江那边吹来的湿冷的风，渐渐加强了势头，它不停地吹拂着，带走了露宿者们的疲劳、汗臭和梦魇，也带走了篝火的最后一点余温。于是，士卒们把身子蜷缩得更紧，脑袋向胸前埋得更深，彼此的身体在不知不觉中也挤靠得更近。不过，他们的酣梦并没有因此受到惊扰，相反还以更加高昂、悲怆的鼾声来显示对于艰苦环境的习以为常……

语音、语义的回环往复是这段文字的一个特点，小说利用自由的格式来灵活押韵，同时用了一些词义相近的形容词和副词来作修饰成分，变化出丰富多彩的节奏运动方式。

必须看到，小说语言音乐美的生成，不完全是语音变化的结果，还有其他语言构成要素。朱光潜说得好："节奏主要见于声音，但也不限于声音，形体长短大小粗细相错综，颜色深浅浓淡和不同调质相错综，也都可以见出规律和节奏。"[1] 不仅如此，语言的节奏、音乐性，还必须联系到作品整体的语境来考虑，即把语言、语法、语义作为一个整体来看待。虽然这是从较为宽泛的意义上来理解语言的音乐美，但对于小说这种散文化的文体，应该作如是观。前面我们谈到《白门柳》从人物的心态情绪入手，把握人物心灵的旋律，语言文字与心灵世界对应，就是一种极具创造性的音乐美形态。

音乐以其流动的旋律和错杂的节奏，引起读者的艺术联想，触发人们的听觉美感；而绘画则运用色彩、线条等表现手段，直观地描画生活图像，给人以视觉的美感效应。文学语言作为一种抽象符号，本身并不能构成直观表象，缺乏视觉表现力。它必须借助形象思维，移用造型艺术的语言材料和表达方式，转化为读者视觉中的立体形象。文学语言这种特殊的符号被视觉感官所接收，就能够诱发读者无限的审美联想，引起奇妙复杂的生理和精神反应，赋予形象以质感和具象轮廓，在人们的想象世界中间接地完成艺术造型。

小说语言追求直观的画面感，可以激活形象思维的创造力，使读者产生不同的空间感受以及视觉的冲击力。高尔基曾称赞契诃夫"用一个词儿就足够创造一个形象"[2]，这不仅是称道契诃夫小说文字的简练、传神，而且也说明，好的小说就应该字字有形象、句句有画面，让读者的想象可以自由活动，从而增

①　朱光潜：《谈美书简》，上海：上海文艺出版社，1980年。

②　［苏］高尔基著，曹葆华、渠建明译：《文学书简》上卷，北京：人民文学出版社，1962年。

加叙述语言、文字的表现力。《白门柳》的作者本身就是画家，对绘画艺术甚为精通，融画面入小说，自然是轻车熟路：

> 已经是傍晚时分。薄云浮荡的天空中，冬日的斜阳无力地照临着。从北岸吹来的风，紧一阵慢一阵地揪扯着人们的衣衫，也摇撼着远近灌木丛光秃的枯枝。因为这一带正在打仗，绝大多数居民都已经逃离，如今偌大一片河滩上，空荡荡的看不见人影。只有几只白色的沙鸥从钱塘江那边飞来，侧着身子匆匆掠过，一转身，又扑扇着修长的翅膀，消失在烟波浩渺的远处，使萧瑟寂寥的天地，好歹增添了一点活跃的声息……

这是一幅笔墨洒脱、不事修饰的写意画。冬日的斜阳、灌木丛光秃的枯枝以及白色的沙鸥，再辅以薄云浮荡的天空和烟波浩渺的钱塘江作背景，烘托出萧瑟寂寥的氛围。不经意的画面组合，具有深远的意境。

尽管小说语言描摹形象、画面不如绘画那么直接，"语言所用的客观因素不是作为直接的具体的物质的东西而生效，而只作为声音，作为运动……语言才成为传达精神媒介"①。但是，反过来看，小说语言塑造形象又具有潜在的丰富性，它长于摹写流动的具有时间发展的动态生活，展示广阔、深邃的人生内容。同那些凭物质手段塑造直观、实在形象的艺术门类相比，小说在语言形象展示方面显然有它的不足。不过，语言文字展现的小说世界也能让读者的各种感官充分活跃起来，达到身临其境，如见其人，如闻其声，如入画图的效果。小说的语言具有极大的自由性，它可以化抽象为具体，虚中见实，使任何形态的人生幻象都呈现于笔端。单就这一点来说，"在各种艺术中，语言艺术是最万能的"②，而小说这种语言艺术，又是万能中的万能。

当然，这里所谓的"万能"，也只是从相对的意义上来说的，小说语言毕竟是抽象的纯符号，语言文字与现实世界之间无法直接画等号。无论多么细致、逼真的小说笔墨，都必须借助读者的想象和联想，才能转化为具象、可感的东西。不过，这种局限恰恰又是小说语言的长处所在，它可以超越现实时空的限制，多角度、多侧面地反映社会生活，透视人的精神世界。特别是在勾画人物的心灵方面，小说的作用和功能更是无法取代。使无形的世界有形，使不可感

---

① ［德］黑格尔著，朱光潜译：《美学》第3卷，北京：商务印书馆，1982年。
② 苏联科学院哲学研究所等编，陆梅林等译：《马克思列宁主义美学原理》，北京：生活·读书·新知三联书店，1961年。

的东西可感，这是小说语言的魔力。在这一方面，《白门柳》借鉴中国古代绘画的技法，并巧妙地用之于小说，使人物的外在形态和内在性格特征表现得更充分、更具体，人物的面貌、动作、情态、心绪，形象生动地呈现在读者的面前。

白描绘形，工笔写心曲，《白门柳》将绘画技法用之于叙事性的文学作品，取得了很大的成功。白描原是中国绘画的传统技法之一，源于古代的"白画"。魏晋时期的顾恺之就曾提出过"以形写神而空其实对"的主张，在他看来，白描是画家的基本功，画家应善于"作人形骨成"，工于"尺寸之制，阴阳之数，纤妙之迹"①，也就是通过形体的比例、线条的阴暗、局部的细节的组合，用简练的墨色线条勾画人物，赋形呈意，不事烘托，干净利落地表现出对象的本质特征。《白门柳》描写人物的方法之一，就是吸取古代绘画的白描技法，来表现人物的外在形态和精神气质。它不求面面俱到，同时也不拘泥于一点，常常是选择最有特征性的东西，勾描人物的形貌。虽然着墨不多，却能够将人物肖像描写得栩栩如生、活灵活现。如《秋露危城》写柳敬亭：

说来也奇怪，别看柳敬亭是个长得又黑又丑的糟老头儿，外带一脸大麻子，看上去土头土脑，其貌不扬，可是只要他往讲台上一坐，惊堂木一拍，那股子生龙活虎的劲头，那穷形尽态的说书本领，以及那轰动四座的如珠妙语，就使他仿佛完全换了一个人。凡是听过柳敬亭说书的人，几乎没有不被他那神奇变幻的三寸舌头，和一双小而有神、永远闪烁着狡黠、活泼光芒的眼睛所征服。

柳敬亭只是《白门柳》中的一个次要人物，但由于作者抓住了人物的特征，能够给读者留下很深的印象。柳敬亭的形体、外貌固然有点特别：又黑又丑，外带一脸大麻子；但真正令人惊奇的是他的说书本领，他那神奇变幻的三寸舌头，和一双小而有神、永远闪烁着狡黠、活泼光芒的眼睛，化成了一个具有独特禀赋、才能的古代异人形象，令人神往。

白描落笔尚简，它往往是用粗线条大笔勾勒，写出人物的某些主要特征，以虚带实，不在某些细节上滞留，笔调快速流动。《夕阳芳草》中的另一个次要人物徐青君，小说是这样描写他的外貌的：

---

①　顾恺之：《论画》，《中国历代画论选》，长沙：湖南美术出版社，2007 年。

这是一张又大又白的脸。五官端正，甚至可以说是清秀，只不过每一样都过于小巧玲珑，同整张脸有点不大相配。下巴上挂着疏疏的几根黄胡子。

作者素墨淡彩，勾画了一个贵族公子的形象。单从外貌描写来看，就包含着叙述者对这位富家子弟的讥讽、厌恶，同时也为后文揭示人物的性格特征作了铺垫。作为世袭贵族子弟，徐青君家财优厚，一天到晚花天酒地、走马斗鸡、享乐挥霍，过着穷奢极欲的生活，联系到他外表的呆相，这里面隐含着叙述者对他的某种蔑视。

白描是一种"写意"，在简练的墨色线条之外，往往留有很多艺术空白，需要读者依靠想象去填充。对于一部长篇历史小说，如果纯用白描写人，毕竟只能呈现出人物的粗略轮廓。为了弥补这一不足，《白门柳》将白描与工笔结合起来使用，以白描绘形，工笔写心曲，二者交相配合，既描绘出人物的外在形貌，又深入到人物的心灵世界，达到人物外貌描写的形象性和心灵展示的丰富性，从而塑造出富有典型意义的人物形象。

工笔写心曲，也就是着重于人物灵魂的细部浮雕，以细腻准确的文字、曲折有致的笔法，真切生动地刻画人物的心灵世界，使人物形象富有立体的质感。

《鸡鸣风雨》第三章，清军占领无锡之后，勒令当地的士绅前去报到投诚。顾杲作为众所瞩目的一位大名士，自然也不例外。为了不受凌辱，不做顺民，顾杲毅然决定，把年迈的母亲托付给弟弟，自己带着妻儿，还有一批平日志同道合的密友和死士，趁机逃了出来，前往江阴，准备加入抗清的大军。小说写顾杲出逃时的心态：

是的，如果留在家中，剃了头去做鞑子的顺民，像狗一般摇尾乞怜地苟活于人世，那同死了又有什么分别？又如何对得起列祖列宗？与其那样，倒不如横下一条心，拼上一拼，或许还能闯出一条生路！就算不幸失败，战死在江阴，也博个忠勇壮烈，青史留名，不枉此生！

以死相拼，这种悲壮慷慨的念头激荡着顾杲，面临国破家亡的绝境，他无可选择，剃头改服，去做"大清顺民"，这是他无论如何也不能接受的。只要有一丝希望在，他也要冒着生命危险，拼上一拼。接着，顾杲想起自己的亲人和旧友，一份既遥远又亲近的情谊袭上心头：

　　他想到，这一次慷慨赴敌，最终能够凯旋，固然不必说了；倘若就此死去，那么留在家中的母亲、弟妹和别的亲人，还有那些平日要好的社友像黄宗羲、陈贞慧、吴应箕、方以智、冒襄、梅朗中、侯方域等等，今后恐怕就再也见不着了！而他，其实是多么想同旧友们再见上一面呀，特别是在眼下这种艰难竭蹶的时世！那么，如今他们都在做什么呢？是家中？是逃进了深山？还是同自己一样，正走在慷慨赴敌的征途上？

　　小说用详尽的笔墨表现人物的情感、思绪，结合具体的时空背景或特定的环境，让人物的心理现实充分展开，在纸面上跃现出一个活脱脱的真人来。由于人物抱定一死的决心，在这样的情况下，他必定不会去伪饰自己，所有的心理活动，都可以看作是一种人性之本真的流露。及至小说写顾杲被乡民误杀，他临死时的幻觉，都具有一种勾魂摄魄的艺术震撼力：

　　"嗯？杀了我？没有呀！"他奇怪地想，随即动弹了一下身子，为的是躺得更舒服一点，然后就疲倦地、宁帖地合上眼睛。于是，这个破碎而多难的人间一切，就从他的感觉里永远消失了……

　　应该看到，人物的心理世界千差万别，情绪、感觉复杂微妙、飘忽不定。这要求小说家要有敏锐的感受和艺术表现力。工笔写心曲，也就是力求把人物的心理变化、情感起伏融入、渗透到故事情节的每一个细枝末节中去，让他们的思想情感、心灵轨迹获得一种动态的展开，随着情节进展或隐或现，有变化、有节奏地表现出来，从而凸现人物的个性，创造出人事纷呈、情境逼真、允分具象的人生世界。

　　以上我们主要从叙述语言的本体价值方面，论述了《白门柳》的叙事特征及其美学上的追求。其实，按照什克洛夫斯基的观点，叙事的一切方面，包括主题的确定，情感、道德的评价乃至题材的处理等都是作品的形式因素，只有通过研究语言和艺术结构的规律，才能理解它们。文学作为语言的艺术，它与其他任何用语言表达的文献的差别就在于它的特殊表达方式和组合规律，因此，将叙事的一切方面都归结为语言，这未尝没有道理。但是，这里我们不可能一一展开来了。

　　另外，还必须指出的是，从作品整体的美学效果来看，语言并不是一种孤立的现象，它很难脱离整体语境而单独存在。索绪尔曾说："在语言的组织中，头一件引人注目的是句段的连带关系：差不多语言中的一切单位都决定于它们在语链上的周围要素，或者构成它们本身的各个连续部分。"① 英国语言学家帕默尔也认为："首先，我们要承认一条公理：集体并不等于它各个组成成分的总和。一个旋律不仅仅是一系列乐音。每一个乐音的意义都是从它与旋律的其他部分之间的关系中得来的……我们听到的每一个乐音都使我们回想已经过去的那些音，同时期待即将到来的那些音，因而蒙上一层特殊的色彩。我们说一件艺术品是一个有机的整体，就是这个意思。"索绪尔和帕默尔是从语言学的角度立论，强调语言的组织是一个有机的整体。对于小说来讲，道理也是一样的，小说语境讲究语言的整体效应。在这个意义上，《白门柳》不可拆开来看，只有连成一体，才能体会到语言整体所产生的美感及文体风格。

（原载于黄树森主编：《文人心灵的历史回声——〈白门柳〉论》，广州：广东人民出版社，2000 年）

---

① ［瑞士］索绪尔著，高名凯译：《普通语言学教程》，北京：商务印书馆，1982 年。

# 后　记

……

　　本书收入的文章，写作时间跨度超过 20 年，其中最早的一篇发表于 1996 年，最晚的发表于 2019 年。将这些不同时间发表的文章汇聚在一起，实则是一种自我审视。"却顾所来径，苍苍横翠微。"穿越时光隧道，与岁月一起流淌，既往旅程上的风景苍茫、混沌。打开尘封的记忆，复现过去的印痕，让人感慨无限。回望许多年以来走过的弯弯曲曲的足迹，集结在这里的文字正是自我精神闯荡的写照。

　　价值追寻是本书的话语脉络。无论是新闻还是文学，都有多重价值。从文化和认知价值的视角，新闻与文学对人们的感知、观念和思维方式都会产生一定的影响。人是价值的存在，精神创造物显示了人与外部世界之间所建立的一种特殊关系。人们从特定的价值理想出发，书写自身生活中的现实选择和未来憧憬，人间百态、风物千姿被赋予多元意义从而打上价值烙印。各种体裁的文本叙事，都应该指向精神世界的提升，用如椽巨笔书写世间万象、时代风云，融注以人为本、悲悯众生、求真向善的道德理想和深沉的人文情怀。在这个意义上，新闻与文学的价值追寻必然有着某种共通性。

　　新闻与文学的跨界书写，是我在学习、研究中"左顾右盼"的结果。从大学到博士研究生毕业，我学的都是文学专业。跟新闻结缘，是在硕士研究生毕业之后到南方日报社工作。7 年的报人经历，改变了我的知识和思维结构。2005 年调入暨南大学新闻与传播学院任教，是我职业的转型，由此开启的校园生活呈现出不一样的经验。作为"跨界者"，虽然我教学、科研的领地是在新闻学与传播学的范围内，但自己对文学依然保持着兴趣，也希望能够在新闻与文学之间找到一些共通的东西。我 2006 年完成的博士论文《传媒视域中的文学——建国后十七年小说的生产机制与传播方式》，就是力图沟通两个不同领域的一种尝试。这种跨界探索，延续在我后面的研究工作之中，而跨越的幅度更大。前些年出版的著作《媒介融合与话语越界》《广东文化产业发展战略研究》《社会思潮传播与核心价值引领》，都是我在不同界域之间跨越的一种冒险。跨界探索，有得也有失。在视角的转换中虽能发现不同的景观，但频繁的改弦易调总会留下一些遗憾，在很多方面都是浅尝辄止。坚守某一个阵地，锲而不舍地开掘，或许更能获得深耕细作带来的好收成。当然，兴之所至，无羁无绊，任意遨游，也是一种态度，此心安处是吾乡。

从阅读的兴趣而言，我更喜欢看文学作品。新闻面向当下，文学面向过去、现在和未来。新闻报道贴近实际，我们从中触摸粗糙的原生态生活；文学作品源于现实又高于现实，我们沉浸于作家编造的浪漫、真实的谎言。翻阅古今中外的典册高文，像闲云野鹤般游荡，可以暂时远离尘嚣。"我们坐在金字塔旁，阅尽各民族的沧桑，战争、和平、洪水和法场——纹丝不动一下脸庞。"这是歌德《浮士德》中描述的斯芬克斯们的态度，面对人世变迁都像若无其事一样。兴衰成败、天翻地覆也许与我们无关，但总能让人有所感触。我们都是凡人，坐在书桌前，闲看作家虚构的离奇荒诞的故事，反而更容易理解生活的真相。

本书中的篇章，都曾公开发表过，或者见诸报纸、期刊，或者被收入一些著作中。本书中最早的文章，刊发于广东省作协主办的文艺批评杂志《当代文坛报》。可惜，这家刊物停刊多年了。而有关《白门柳》的研究内容，原本是黄树森先生主编的《文人心灵的历史回声——〈白门柳〉论》的第一章和第五章。重新检视自己那些年的旧作，我对其中的一些文字作了必要的修订。每篇文章原来的发表之处，均在文末括号内注明。

本书中的一些文章写于20世纪90年代，我把它们从故纸堆中翻出来。那个年代电脑尚未普及，这些文字也就没有电子版的备份。我指导的博士生郭金金、孟宏宇，硕士生尹菊、陈子豪、夏露、张羽舒、黄小琪，帮我对照书刊复印件录入文字，完成了数字化。

"穿越"是本书写作时间的长度，"跨界"是本书的内容特点，"价值"是本书的话语指向。相比于价值目标的恒定性，生活实践总是充满了变化和偶然性。就我个人而言，从文学跨到新闻，从青年进入中年，荏苒时光足以改变许许多多的人和事。过去渐远，未来已来。滚滚滔滔时代变革大潮的壮观景象，我无力抓拍，如果能从一粒微尘折射一个小世界，这就足够了。

陈伟军

2020 年 7 月于广州暨南园